*Karl Reinhold*

# Heinrich von Kleist



Verlag
der
Wissenschaften

*Karl Reinhold*

**Heinrich von Kleist**

*ISBN/EAN: 9783957005748*

*Auflage: 1*

*Erscheinungsjahr: 2015*

*Erscheinungsort: Norderstedt, Deutschland*

Hergestellt in Europa, USA, Kanada, Australien, Japan
Verlag der Wissenschaften in Hansebooks GmbH, Norderstedt

*Cover: Tizian "Ländliches Konzert "*

# Menschen

in Selbstzeugnissen und
zeitgenössischen Berichten

# Heinrich von Kleist

Von

## C. F. Reinhold

Verlag Ullstein & Co / Berlin

# Inhalt

# Einleitung

Die Wahrheit ist, daß mir auf
Erden nicht zu helfen war.

Ein Fremdling, ein Unverstandener und Verkannter
ist Heinrich von Kleist durchs Leben gegangen. Voller
Abgründe und Geheimnisse, Disharmonien und Unbegreif-
lichkeiten erschien er seiner Umgebung, problematisch und
pathologisch der Nachwelt. Was er war, was er wollte,
ließ sich in das übliche Schema nicht einordnen. Merkwürdig, eigensinnig, störrig, beängstigend, düster, ein
wenig verdreht, ja ans Verrückte grenzend, nennen ihn
seine Zeitgenossen. Man sah die Schale und wußte zu dem
Kern nicht durchzudringen; das Zentrum, von dem diese
Gesichte und Erscheinungen ausstrahlten, blieb in Dunkel
gehüllt.

Es ist die alte, ewig wieder neue Tragödie des Genies,
die Kleist, wie kaum ein zweiter, bis zur Neige durchleben
mußte. Ein ganz in sich und seine innere Welt Versun-
kener, nimmt er kaum Anteil an dem, was sonst den Menschen das allein Wichtige scheint. „Eine Reihe von
Jahren," so sagt er einmal, „in welchen ich über die Welt
im großen frei denken konnte, hat mich dem, was die Menschen Welt nennen, sehr unähnlich gemacht. Ich trage
eine innere Vorschrift in meiner Brust, gegen welche alle

äußeren, und wenn sie ein König unterschrieben hätte,
nichtswürdig sind. Bildung schien mir das einzige Ziel,
das des Bestrebens, Wahrheit der einzige Reichtum,
der des Besitzes würdig ist." In' faustischem Drang ringt
seine leidenschaftliche Seele nach diesem hohen Ideal. Voll
inbrünstiger Sehnsucht strebt er, in das Wesen der Dinge
einzudringen: wo faß ich dich, unendliche Natur, euch
Brüste wo, ihr Quellen alles Lebens? Es ist ihm heiliger
Ernst mit seinem Ziel. „Durchdringe mich ganz," so betet
er, „vom Scheitel zur Sohle, mit dem Gefühl des Elends,
in welchem dies Zeitalter daniederliegt, und mit der Einsicht in alle Erbärmlichkeiten, Halbheiten, Unwahrhaftig-
keiten und Gleißnereien, von denen es die Folge ist."
Was kümmerte es ihn, ob bei allem Suchen und Streben
nach seiner Wahrheit sich auch ein praktischer Nutzen
ergeben möchte. Die einzige Antwort, die er auf ein
„Warum denn?" geben konnte, war: „weil es Wahrheit ist!" — „Aber wer versteht das?"

Nicht ist es ihm um logische Spitzfindigkeiten, um
blutleere metaphysische Schemen, um dialektische Lösung
von Welträtseln zu tun, er will unmittelbare Erkenntnis,
intuitives Erfassen, gefühlsmäßiges Durchdringen. Die
Einheit des Ich im handelnden Menschen, wo Empfinden,
Denken und Tun sich in vollem Einklang erleben, ist sein
letztes philosophisches Postulat. Er ist ein Feind alles Dua-
lismus. Wie Rousseau, sein großer Lehrmeister, fordert
er innigste Uebereinstimmung von Natur und Mensch,
Uebereinstimmung des äußeren und inneren Seins. In-
tellekt und Gemüt sollen nicht durch eine unüberbrückbare
Kluft getrennt sein, der denkende und der handelnde
Mensch nicht in zwei unvereinbare Welten auseinander-
fallen.

Aus tiefster Seele haßte er alle Halbheit und Lau-
heit, jede Unehrlichkeit und Phrase, verabscheute er das

Spielerisch-Intellektuelle, das sich mit Idealen nur drapiert,
das artistisch Aesthetische, das leer und kalt bleibt, ein
tönendes Erz und eine klingende Schelle. „Die Menschen,"
sieht Kleist bald, „sind zu gewitzigt, um offen, zu zierlich,
um wahr zu sein; Schauspieler sind sie, die einander wechselseitig betrügen und dabei tun, als ob sie es nicht
merkten." Er wollte sich nicht daran gewöhnen, in dieses
vielfache eitle Interesse umherum einzugreifen, um sein
wahres aus den Augen zu verlieren. Auch war er kein
Mann des Kompromisses. „Es ging streng in ihm her, er
war wahrhaft und litt viel," sagt Rahel Varnhagen.
Von sich selbst, wie von den anderen, verlangte er Aus-
schließlichkeit, Hingabe des ganzen Menschen, „ganz für das,
was man liebt in Grund und Boden zu gehen, das seligste,
was sich auf Erden denken läßt". Was wunder, daß diesem
Philosophen die Welt, die ihn umgab, fremd und fremder
wurde, daß er das Schicksal aller Propheten, aller Prediger
in der Wüste, teilen mußte!

Einzig Marie von Kleist, die von ihm mit höchster
Leidenschaft verehrte Freundin, hat wohl sein Wesen
wirklich erfaßt. „Er war ein Dichter," schreibt sie, als
ihr sein Tod bekannt wird, „und wenn er kein einziges Gedicht erzeugt hätte. Er war wirklich ein genialischer Mensch,
und in einem solchen gibt es viele Dinge, die sich nicht erklären lassen. Aber er war von einer Redlichkeit, Biederkeit, Echtheit des Charakters, die mir eigentlich einen so
großen Abscheu für allen Schein, für alles Prahlen, für
alles Absichtliche im Leben gegeben hat."

Daß man an diesem Wahrheitssucher Eigenheiten,
Rätsel und dunkelnde Tiefen genug fand, ist leicht begreiflich, um so begreiflicher, wenn man bedenkt, daß dem
inneren Reichtum, der hohen Differenziertheit seiner Seele,
eine leicht zu verletzende Feinhäutigkeit und herbe Keuschheit
entsprach. In einem jener hemmungslos hingebenden

letzten Briefe an Marie von Kleist gewährt er selbst uns
Einblick: „Dadurch, daß ich mit Schönheit und Sitte, seit
meiner frühesten Jugend an, in meinen Gedanken und
Schreibereien unaufhörlichen Umgang gepflogen, bin ich
so empfindlich geworden, daß mich die kleinsten Angriffe,
denen das Gefühl jedes Menschen nach dem Lauf der Dinge
hienieden ausgesetzt ist, doppelt und dreifach schmerzen.
Meine Seele ist so wund, daß mir, ich möchte fast sagen,
wenn ich die Nase aus dem Fenster stecke, das Tageslicht
wehe tut, das mir darauf schimmert." Wir begreifen es,
daß Kleist still, zurückhaltend und verschlossen schien.
„Und eher zeigt sich Dir das Mägdlein nackt, als solch ein
Jüngling Dir das Herz entblößt," sagt Hebbel, der sich auf
diese Schamhaftigkeit der Seele verstand. Es hat Kleist
gewiß nicht wenig Ueberwindung gekostet, seine Dichtungen,
die alle Selbstbekenntnisse im stärksten Maße geben, „einem
so rohen Haufen, wie die Menschen sind", zu überliefern.

Stets ist Kleist ein innerlich Einsamer gewesen. Er
hatte zu oft erlebt, daß man ihn kopfschüttelnd und ver-
ständnislos fragend anstarrte, wenn er es wagte, sein
Innerstes zu zeigen. Und er erkennt: „Der Mensch hat
von Natur keinen anderen Vertrauten, als sich selbst."
Von Herzen gern möchte er hingehen, wo ewig kein Mensch
hinkommt, denn er sieht es mit „trauriger Klarheit", daß
er nicht unter die Menschen passe. Sein Interesse ist dem
der übrigen Menschen so fremd und ungleichartig, daß sie
„gleichsam aus den Wolken fallen, wenn sie etwas davon
ahnen". Was blieb ihm also übrig als es immer tiefer in
das Innerste seines Herzens zu verschließen. „Doch wenn der
Mensch in seiner Qual verstummt, gab mir ein Gott, zu
sagen, was ich leide." Im Schaffen, im Dichten strömt
sein Empfinden und Wollen aus, fällt Schleier um
Schleier, um die ganze Schönheit seiner Seele hüllenlos
vor uns erstehen zu lassen.

Wie jeder derart veranlagte Mensch, so hat auch Kleist unter dieser scheinbar freiwillig gewählten und doch erzwungenen Einsamkeit gelitten. Die Sehnsucht nach Verständnis seines Seins und Strebens als Mensch und Dichter hat auch ihn gequält. Von einer Seele wenigstens möchte er zuweilen begriffen werden, ein Paar Augen finden, die ihm Beifall zunicken, wenn auch alle sonst ihn verkennen. Es ist rührend zu sehen, mit welcher Hingabe, man möchte fast sagen Demut, er um Anerkennung für seine Persönlichkeit und sein Schaffen bei seinen Verwandten ringt, wie er wünscht, ihnen Freude und Ehre zu machen und die Familientradition durch seinen Ruhm als Dichter fortzusetzen, wenn es schon nicht genügte, daß er ein Mensch war, der sichs hatte sauer werden lassen im Leben. Und man hört es seinen Worten an, wie zutiefst er unter dem platten Unverständnis gelitten hat, wenn er abschließend bekennt: „Der Gedanke, das Verdienst, das ich doch zuletzt, es sei nun groß oder klein, habe, gar nicht anerkannt zu sehen und mich von ihnen als ein ganz nichtsnutziges Glied der menschlichen Gesellschaft, das keiner Teilnahme mehr wert ist, betrachtet zu sehen, wahrhaftig es raubt mir nicht nur die Freude, die ich von der Zukunft erhoffte, sondern es vergiftet mir auch die Vergangenheit."

Das Höchste hat Kleist gewollt, in den Sternen hing der Kranz, nach dem er griff. Seine „seltsam gespannte Seele" konnte nie an dem, was ist, sondern immer nur an dem, was nicht ist, Genüge finden. Sein Ehrgeiz kannte keine Grenzen, weder Maß noch Ziel. Und so erscheint er oft beinahe als Fanatiker, starr, finster, hartnäckig, heftig. Aber wir täten seinem Charakter bitter unrecht, wenn wir ihn auf diese Formel bringen wollten. Seine schrankenlose Aufrichtigkeit, die kein opportunes Umbiegen kannte, mußte sich freilich im Fordern so scheinbar elementar und rücksichtslos äußern. Wir wissen jedoch, daß er „nichts weniger als anmaßend“ war, hören von seiner großen Herzensgüte und kindlichen Hingebung, seiner Sanftmut und liebenswürdigen Bescheidenheit, von seinem gemütvollen, wenn auch stillen, ernsten Wesen, „in dem sich immerdar der reinste Seelenadel offenbarte“.

Daß der „unselige Ehrgeiz“, mit seinem unaufhörlichen Zwang, zu streben, zu beneiden, zu wetteifern, das Gift aller seiner Freuden sei, blieb auch Kleist nicht verborgen. Nichts als Schmerzen gewähre ihm das ewig-bewegte Herz, und so sehnt er sich nach Selbstvergessenheit, nach Ruhe. Aber Befreiung aus diesen Banden fand er erst, als er die Abgründe der Verzweiflung durchschritten hatte, einer Verzweiflung freilich, die ihm den Weg zur Er- lösung freimachte. Er wird der Nichtigkeit und Ohn- macht seiner Maßlosigkeit inne und erkennt: nicht wer sie tut, auf die Tat allein kommt es an. Und schafft nun unermüdlich Werk auf Werk, schlicht und ohne Geste bekennend: ich dichte bloß, weil ich es nicht lassen kann.

Kleist war ein Mensch voll glühender Phantasie, ein Träumer und Illusionist. Es sei ihm ordentlich schmerz- haft, so sagt er einmal, sich das, was wirklich ist, ge- dächtnismäßig vorzustellen, so geschäftig seine Einbildung sonst sei, und so bestimmt in Umriß und Farben die Ge- stalten wären, die sie frei spielend hervorbringt. Er er- zählt, wie er zuweilen, wenn er in der Dämmerung ein- sam „dem Atem des Westwindes“ entgegengehe, ganze Konzerte höre, „vollständig, mit allen Instrumenten, von der zärtlichen Flöte bis zum rauschenden Kontra-Violon“. Sobald jedoch ein Gedanke daran sich rege, gleich sei alles fort, wie weggezaubert. Daß ein Mensch solcher Er- lebnisse seiner Umgebung häufig geheimnisvoll, zerstreut, abwesend erscheinen mußte, ist verständlich. Mit seinen Visionen, seiner inneren Welt beschäftigt, fühlte er kaum, wie isoliert er war, empfindet auch keine Neigung, in einen

engeren Konnex zur Umgebung zu kommen. Trat er jedoch
aus sich heraus, so wirkte er hinreißend und begeisternd.
Der zauberische Kleist, so nennt ihn Wielands Töchterchen.
Wie ein aus den Meerestiefen entstiegener Taucher erschien er dann, der von den Wundern und Schönheiten
einer unbekannten, entrückten Welt zu erzählen weiß.

Ein echter Prinz aus Genieland, besaß Kleist wenig
Talente fürs praktische Leben. Seiner geraden, ehrlichen,
fast schwerfälligen Natur fehlt es an Biegsamkeit, an
Anpassungsvermögen, an Lebensklugheit. Er fühlt sich unfähig, in ein konventionelles Verhältnis zur Welt zu
treten, sich in den bestehenden Schematismus einzuordnen
und ein „brauchbares" Glied der Gesellschaft zu werden.
Ordnung, Genauigkeit, Geduld, Unverdrossenheit, das seien
Eigenschaften, die ihm vollständig abgingen. Und in Geld-
angelegenheiten ist er ja stets der typische „Künstler" geblieben. Den Rock des Königs zieht der märkische Junker
aus, um sich ganz der Wissenschaft in die Arme zu werfen.
Aber in den Hörsälen findet er, was er sucht, so wenig, wie
er es in der Kaserne fand. Uniform hier wie dort. „Diese
Menschen sitzen sämtlich wie Raupen auf einem Blatt,
jeder glaubt, seines sei das beste, und um den Baum
kümmern sie sich nicht." Den ganzen „prächtigen Bettel
von Adel, Stand und Ehre" wirft er von sich, Zeit und
Kraft allein der Vervollkommnung seiner Seele zu
widmen. Was soll ihm, der sich berufen fühlt, ein Amt!
Das Einerlei einer solchen Tretmühle, die Misere des All-
tags würden ihn flügellahm gemacht haben vor der Zeit.
Ueber Höhen und Tiefen, durch Lust und Qual ringt er
sich so zur Klarheit durch. Als innerlich gefestigter, reifer
Mensch erhebt er sich von dem Krankenlager, nachdem
scheinbar alles zusammengebrochen, das Werk, der Robert
Guiskard, dem seine prometheische Anstrengung gegolten,
in Flammen aufgegangen war. Nicht als ein Unterlegener,

als einer, der sich selbst überwand, steht er vor uns. Der Egoismus des Himmelstürmers war besiegt, das unbekümmerte, sich selbst genügende Schaffen gewonnen, der dionysische Mensch erstanden.

Kleists Ethik ist der Monismus der Tat. Er ist ein Feind alles Rationalismus, ein Verächter des kühl überlegenden Verstandes. Das Gefühl ist ihm das Zentrum. „Nichts, nichts gedacht, frage dein erstes Gefühl, dem folge. Denn jede erste Bewegung, alles Unwillkürliche ist schön, und schief und verschroben alles, sobald es sich selbst begreift.“ Die alte, geheimnisvolle Kraft des Herzens geht ihm über Reflexion, Scharfsinn, Witz. Wissen, Kenntnisse haben ihm nur Wert, sofern sie vorbereiten zum Handeln. Empfindung, Eingebung, Intuition, kurz das Gemüt, sind die schöpferischen Kräfte des Ich. Nicht die Maxime, das Gesetz, die von außen herangetragene Idee, sondern die Persönlichkeit in ihrer mystischen Einheit und Geschlossenheit ist Kleists Forderung. Nur dann ist der Mensch Mensch im höchsten Sinne, wenn die Handlungen unbeirrt aus diesem Zentrum fließen. Und alle Qual, alles Unglück hat seinen Grund in den Hemmungen, mit denen der unglückselige Verstand diese Einheit des fühlend-handelnden Ich stört. Seit wir vom Baum der Erkenntnis gegessen haben, ist das Paradies für uns verriegelt, und erst wenn wir die Reise um die Welt gemacht haben, die Erkenntnis gewissermaßen durch ein Unendliches gegangen ist, findet sich die göttliche Unmittelbarkeit, die instinktive Sicherheit des Unbewußten wieder ein. Das Elementare, Traumhafte, Visionäre, Ekstatische in Kleists Dichtungen hat hier seine Wurzel.

Völlig unreflektiert gibt sich Kleist auch in seinen Briefen. Es sind Selbstbekenntnisse eines um das Höchste ringenden Menschen, diktiert von rücksichtsloser Ehrlichkeit. Diese so ganz subjektiven Aeußerungen, die alles Rhetorische meiden, geben uns ein Porträt seiner Entwicklung, wie wir es intimer kaum anderswo finden. In den Briefen haben wir die „Geschichte seiner Seele", nachdem das so betitelte Manuskript Kleists, wie so manches andere, durch die Unachtsamkeit seiner Freunde für uns verloren gegangen ist. Selbstgespräche sind es, die Antworten kaum zu fordern und zu erwarten scheinen. In ihnen schwingt der Rhythmus seines Lebens, klingt voll und stark die geheimnisvolle Melodie seiner Seele, können wir sie auch nur intuitiv erschauen, nicht verstandesmäßig aufzeigen.

Leben und Kunst sind bei Kleist eine untrennbare Einheit. Die gleiche, unheimliche Subjektivität, welche die Briefe atmen, offenbart sich auch in den Gestalten und Werken des schaffenden Dichters. Er fühlte sich ein Hoher Priester seiner Gottheit, einer jener auserwählten Knechte, denen es wie Schuppen von den Augen gefallen war, damit sie die Torheiten und Irrtümer der Gattung überschauten, und die dann, ausgerüstet mit dem Köcher der Rede, furchtlos und liebreich mitten unter die Menschen treten, um sie mit Pfeilen, bald schärfer, bald leiser, aus der wunderlichen Schlafsucht, in welcher sie befangen liegen, zu wecken. Aber wann hätte ein so unerbittlicher Apostel je ein Publikum gefunden! Die Enge und Kraftlosigkeit der Zeit hatte keinen Platz für diesen Sänger von der triumphalen Gewalt eines antiken Heros. Fremd und unbegreiflich blieb ihr dieser leidenschaftliche Kämpfer für Größe und Wahrheit, störend und unbequem fand man sein radikales, rigoroses Fordern. Die ungeheure Plastik, die sinnliche Tatsächlichkeit, die fast erschreckende Natürlichkeit dieses größten Dramatikers der deutschen Literatur begegnete einer Teilnahmlosigkeit, die ohne Beispiel ist. Von der Familie verkannt, von den Freunden vernachlässigt, von den Zeitgenossen nicht beachtet, von materieller Not bedrängt, so steht er schließlich da, ein Einsamer.

„Die Zeit wieder einzurücken", das überstieg die Kraft des
Einzelnen, und so blieb ihm kein anderer Weg als der,
sein Leben, „das allerqualvollste, das je ein Mensch geführt
hat", freiwillig zu opfern. Er fühlt, daß ihm hier „zu
lernen und zu erwerben nichts mehr übrig" ist. Was
konnte er auch noch mit den Menschen zu schaffen haben.
Alles auf Erden, das Ganze und Einzelne, hat er in
seinem Herzen völlig überwunden. „Träumend lauter
himmlische Fluren und Sonnen, halb wehmütig, halb ausgelassen", erhebt sich seine Seele, „wie ein fröhlicher Luftschiffer", über diese Welt. Und es ist ein „Triumphgesang", den seine Seele angesichts des Todes anstimmte.
In einem Strudel nie empfundener Seligkeit, voll Freude
und unaussprechlicher Heiterkeit ist er den Weg in das
„andere Zimmer" gegangen, „einen der Millionen Tode
gestorben, die wir schon gestorben sind und noch sterben
werden".

> „Denn selbstvergessen, allzubereit, den Wunsch
> der Götter zu erfüllen, ergreift zu gern,
> was sterblich ist und einmal offenen
> Auges auf eignem Pfade wandelt,
> ins All zurück die kürzeste Bahn."

# Jugend und Soldatenzeit

Heinrich von Kleist wurde nach dem Eintrag in das Geburts-
register der Garnison am 18. Oktober 1777 in Frankfurt a. O. geboren; er selbst bezeichnet den 10. Oktober als seinen Geburtstag.
Er war der Sproß eines alten, ursprünglich pommerschen Adels-
geschlechts, dessen Stammbaum sich bis in den Beginn des 12. Jahr-
hunderts zurückverfolgen läßt. Die Kleists waren eine Sol-
datenfamilie, trotz des alten Spruchs: „Alle Kleists Dichter“.
Man zählt unter ihnen 18 preußische Generäle, davon zwei Ge-
neralfeldmarschälle. Der Domherr Ewald von Kleist hatte sich
als Physiker und Erfinder der Kleistschen Flasche, jetzt gewöhnlich
Leydener Flasche genannt, (1745) einen Namen gemacht. Christian
E w a l d  v o n  K l e i s t  (1715—59) hatte sich als Dichter-
anakreontischer Lieder und Sänger des „Frühlings“ der Freundschaft eines Lessing und Gleim erfreuen dürfen. Sein Denkmal
in Frankfurt hielt die Erinnerung an den berühmten Geschlechts-
genossen dem jungen Heinrich stets lebendig. F r a n z  v o n
K l e i s t, der 1797, noch nicht 28 Jahre alt, starb, ist heute zwar
vergessen, doch hatte man große Hoffnungen auf ihn gesetzt, so daß
z. B. sein Zeitgenosse, der bekannte Dichter Fouqué, in seiner
Lebensgeschichte von diesem Franz von Kleist, den auch Heinrich
persönlich gekannt haben dürfte, sagt: „Meine jugendliche Seele
war ganz Freude und Echoruf, so oft eine neue Dichtung von
Franz von Kleist in die Welt hinaustönte.“

Von Kleists Eltern wissen wir so gut wie nichts. Sein Vater
starb als pensionierter Major 1788. Auch seine Mutter, eine ge-
borene Juliane von Pannwitz, verlor der Knabe, das fünfte von
sieben Geschwistern, früh (1793). Den ersten Unterricht erhielt
Heinrich zusammen mit einem wenig begabten, schwermütigen
Vetter von Pannwitz durch einen Hauslehrer, den jungen Theo-
logen M a r t i n i, der nach einem auf uns gekommenen Bericht
später über seine Zöglinge (Pannwitz machte 1795 seinem Leben
durch einen Pistolenschuß ein Ende) sich gesprächsweise geäußert hat.

## Albanus an Tieck

Chemnitz, den 12. April 1832

Jener Geistliche (Martini) versicherte mich, daß ihm nichts interessanter gewesen wäre, als jenen Scholaren, Kleist und Pannwitz, Unterricht zu erteilen, und sie zu beaufsichtigen, indem sie einander ganz entgegengesetzte Charaktere waren: Kleist ein nicht zu dämpfender Feuergeist der Exaltation selbst bei Geringfügigkeiten anheimfallend, unstet, aber nur dann, wenn es auf Bereicherung seines Schatzes von Kenntnissen ankam, mit einer bewundernswerten Auffassungsgabe ausgerüstet, von Liebe und warmem Eifer für das Lernen beseelt; kurz, der offenste und fleißigste Kopf von der Welt, dabei aber auch anspruchslos. — Pannwitz war ein stiller, gemütlicher Mensch, sehr zum Tiefsinn geneigt. Er stand zwar dem genialen Vetter Heinrich an Lust und Liebe zum Lernen, an ausdauerndem Fleiße nicht im geringsten nach; aber ihn hatte die Natur stiefmütterlich behandelt; er vermochte, so sehr er sich auch Mühe gab, nur schwer zu fassen, während Kleist spielend lernte und zur Fortstellung der Gegenstände beim Unterrichte eifrigst trieb. Daß der Stand des Lehrers, bei der großen Verschiedenheit der geistigen Anlage seiner Zöglinge, deren verschiedenen Temperamenten, ein fast mißlicher war, läßt sich denken. Was Kleist in einer Lektion loskriegte (um mich eines akademischen, aber passenden Ausdrucks zu bedienen), dazu bedurfte Pannwitz deren mehre, weshalb sich auch der Lehrer des letzteren um so mehr annehmen und den Eifer des ersteren zu zügeln suchen mußte. Er enthielt sich daher auch jeder Austeilung von noch so verdienten Lobsprüchen zu Kleists Gunsten, und zwar auf eine Weise, welche der Eitelkeit desselben nicht zunahetrat und dessen Lernbegierde nicht schwächte.

Die weitere Ausbildung erhielt Kleist in Berlin, wohin man
ihn im Todesjahr seines Vaters in Pension gab, im Haus des
Predigers Catel. Diesem literarisch vielseitig interessierten
Mann, der besonders als Uebersetzer tätig war, wird Kleist die
ersten künstlerischen Anregungen zu verdanken haben. Aber es
war für einen Kleist selbstverständlich, daß er, der Familientradition getreu, dem preußischen Heer auch seinerseits einen Offizier zu stellen hatte. So wurde er 1792, kaum fünfzehnjährig,
wohl infolge Vermittlung einflußreicher Verwandter bei Hofe,
Gefreiter-Korporal in dem feudalen Garde-Regiment zu Potsdam.
Schon im nächsten Jahr, gerade als Kleist seine Mutter, an der
er mit zärtlicher Liebe hing, verloren hatte, gab es eine willkommene
Unterbrechung des einförmigen Garnisonlebens. Mit der Rhein-
armee zog Kleist gegen die französischen Revolutionsheere. Friedrich de la Motte Fouqué (1777—1843), der wie Kleist den
Rheinfeldzug mitmachte, berichtete später aus der Erinnerung
über diese Tage.


## Im Felde

Nach Fouqué

Gleich seinen beiden Namensgenossen hatte Kleist als
Jüngling den Kriegsdienst ergriffen und Gott bescherte
ihm das Glück, sich gleich in den ersten frischen Jugend-
jahren dem Feind gegenüber als Soldat zu versuchen.
Die preußische Fußgarde, worin Heinrich v. Kleist im
Jahre 1794 diente, hatte vorzüglich bei Trippstadt einen
recht ernsten und unversehenen Angriff des kühnen Feindes
zu bestehen, den sie mit echt preußischer Entschlossenheit
zurückwies. Zu großen Hauptschlachten blühte der Kampf
dieses Jahres nicht auf, doch immer fanden die Kriegs-
leute Gelegenheit, vor sich und anderen ihre freudige Todes-
verachtung darzutun, und geehrt und geliebt von seinen
Waffenbrüdern zog nach geschlossenem Frieden der Jüngling Heinrich in seine Garnison Potsdam ein.

Kurz nach dem Baseler Frieden (1795) war Kleist zum Port-
epeefähnrich befördert worden; 1797 erhielt er das Patent als
Sekondeleutnant; 1799 nimmt er seinen Abschied. Die ersten
Potsdamer Jahre waren, wie uns Kleists Regimentskamerad
Fouqué überliefert, heiterer Geselligkeit gewidmet. Die „jugend-
lich eleganten Ritter“ verkehrten in den gastfreien Häusern der
„hochachtungswürdigen“ Familien der vornehmen Garnisonstadt. In
dieser Zeit knüpften sich die ersten Beziehungen Kleists zu Marie
von Kleist (1761—1831), einer geborenen von Gualtieri, der
Frau seines Vetters Christian von Kleist, der sich bei Hofe eines
großen Ansehens erfreute. Sie ist die Adressatin einiger der schönsten
uns erhaltenen Briefe Kleists aus seinen letzten Tagen, voll schwärme-
rischer Verehrung und leidenschaftlicher Hingabe. Wir wissen von
ihr nur sehr wenig. Die gewiß zahlreichen Briefe, die Kleist an
sie richtete, hat Marie von Kleist vernichtet, nur der Zufall hat
uns einige Bruchstücke aufbewahrt. Auch von ihren eigenen
Briefen an Kleist ist nichts erhalten. Was wir besitzen, sind nur
einige Aeußerungen von ihr nach Kleists Tode. Und doch war das
Verhältnis zu dieser geistvollen, warm empfindenden Frau seelisch
wohl das tiefste und innigste in Kleists Leben. Sie war ihm die
verstehende Freundin, die aufnahmebereite, ahnend sich versenkende
Leserin seiner Dichtungen, die treu und schlicht sorgende Helferin.
Ihr hat der scheue, empfindsame, keusch zurückhaltende, ja ver-
schlossene Dichter Einblick in sein Inneres gewährt, nur vor ihr
das Geäder, das Herz seiner Schöpfungen bloßgelegt.

Der Potsdamer Soldatenzeit gehören auch die Anfänge der
Männerfreundschaften an, die Kleist durch sein weiteres Leben begleiten. Er ist ein hingebender, ja fast weiblich zärtlicher, wenn
auch eigenwilliger, und manchmal launischer Freund gewesen, der
mit Enthusiasmus die Ergänzung, den Ruhepunkt im anderen
suchte. Wir sehen ihn im engen kameradschaftlichen Verkehr mit
Ernst von Pfuel (1779—1866), damals Fähnrich im Königs-
Regiment Nr. 18 zu Potsdam, später General und kurze Zeit
Kriegsminister und Ministerpräsident, mit Rühle von Lilienstern (1780—1847), damals Fähnrich im Garde-Regiment,
später Generalleutnant und Generalinspekteur des Militär-
Erziehungs- und Bildungswesens, mit Hartmann von
Schlotheim, damals Sekondeleutnant im Königs-Regiment
Nr. 18, der nach einem Selbstmordversuch, 1805, als Kapitän
des Quartiermeisteramts seinen Abschied nahm, endlich mit Karl
von Gleißenberg (1771—1813), Leutnant im Garde-
Regiment, später Oberstleutnant und Gouverneur der Militär-

Akademie. Gleiche Neigung und gemeinsame Interessen über den
öden, geisttötenden Drill des Kasernenhofes und die üblichen
rohen Vergnügungen der Offiziere mit Zechgelagen, Spiel,
Weibern, Pferden, Hunden hinaus mögen die Kameraden zu-
sammengeführt haben. Das Haus des oben erwähnten Stabs-
kapitäns Christian von Kleist, Heinrichs Vetter, war der ge-
sellige Mittelpunkt dieses Kreises.

Kleist ist ein großer Virtuose auf der Flöte und Klarinette gewesen. Ohne besondere musikalische Vorbildung komponierte er
Tänze, ohne Notenkenntnisse spielte er nach dem Gehör jede
Melodie. Da auch die drei Kameraden Kleists musikalisch talentiert
waren, so verbanden sie, sich zur Pflege der Musik zu einem
Quartett, dessen Leistungen ausgezeichnet gewesen sein sollen, und
die den Zuhörern noch nach Jahrzehnten lebendig im Gedächtnis
waren. Mit diesem Quartett hat Kleist auch jene Reise in den
Harz unternommen, von der uns die Ueberlieferung berichtet.

## Harzreise

### Nach E. v. Bülow

Eines Tages ward auf dem Gute eines Verwandten
zwischen Kleist, einer Schwester und zwei Freunden die
Frage aufgeworfen: wie lange man wohl, ohne einen
Groschen Geld zu besitzen, in der Welt fortkommen könne,
und die vier Menschen beschlossen, den tatsächlichen Versuch
zu machen. Sie zogen, als arme Leute verkleidet, jeder
mit einem Instrumente versehen, und keinen Groschen Geld
in der Tasche, zur Stunde aus und, ich weiß nicht, ob acht
oder vierzehn Tage lang, im Lande umher, indem sie ihr
Leben wirklich nur mit Musizieren in Dorfschenken und
Bauerhöfen fristeten.

Ein Fräulein Luise von Linkersdorf ist der Gegenstand der ersten Herzensneigung des jungen Offiziers. Er selbst
schreibt später einmal seiner Braut:

## Kleist an Wilhelmine v. Zenge

Leipzig, den 30. August 1800

Als ich vor Linkersdorfs Haus vorbeifuhr, ward es mir im Busen so warm. Jeder Gegenstand in dieser Gegend weckte irgendwo in meiner Seele einen tiefen Eindruck wieder auf. Ich betrachtete genau alle Fenster des großen Hauses, aber ich wußte im voraus, daß die ganze Familie verreist war. Wie erstaunte ich nun, wie froh erstaunte ich, als ich in jenem niebrigen, dunkeln Zimmer, zu welchem ich des Abends so oft geschlichen war, Luisen entdeckte. Ich grüßte sie tief. Sie erkannte mich gleich, und dankte mir sehr, sehr freundlich. Mir strömten eine Menge von Erinnerungen zu. Ich mußte einigemal nach dem einst so lieben Mädchen wieder umsehen. Mir ward ganz seltsam zumute. Der Anblick dieses Mädchens, das mir einst so teuer war, und dieses Zimmers, in welchem ich so viele Freude empfunden hatte — sei ruhig. Ich dachte an Dich und an die Gartenlaube, noch ein Augenblick, und ich gehörte wieder ganz Dir.

Je ernster jedoch das Bildungsbestreben der „gelehrten Offiziere", mit denen Kleist sich freundschaftlich zusammengefunden hatte, wurde, je tiefer sie die „vollkommene moralische Ausbildung" als ihre heiligste Pflicht empfanden, je weiter sie ihre Studien der Mathematik, Philosophie und alten Sprachen ausdehnten, um so stärker wurde auch die Abneigung Kleists gegen den Soldatenstand. Der in engen Formen erstarrte Gamaschendienst mit seinem trostlosen Einerlei konnte den erwachenden Freiheitsdrang Kleists nicht befriedigen. Die barbarischen, oft grausamen und unmenschlichen Ausbildungsprinzipien, der rohe, überhebliche Ton und die sprichwörtliche Korruption des Offizierkorps wurden ihm je länger je mehr zum Abscheu. So entschloß er sich, wie mancher seiner Kameraden in dieser Zeit, seinen Abschied zu nehmen und sich ganz den Wissenschaften zu widmen. Seinem alten Lehrer Martini in Frankfurt gibt er in einem ausführlichen Schreiben Rechenschaft über diesen Schritt.

## Kleist an Martini

Potsdam, den 19. März

Ich komme nun zu einem neuen Gegenstande, zu der Natur des Standes, den ich jetzt zu verlassen entschlossen bin, und es ist nötig, Ihnen auch hierüber meine Denkweise mitzuteilen, weil sie Ihnen einigen Aufschluß über die Ursachen meines Entschlusses gewähren wird.

Ich teile Ihnen zu diesem Zwecke einen Brief mit*, den ich, bei dem Eifer für die Güte meiner Sache, vor einem Jahre in der Absicht an den König schrieb, um denselben an ihn abzuschicken, — aber, nach Vollendung desselben, abzuschicken nicht für gut fand, weil ich fühlte, daß die Darstellung des Gegenstandes so fehlerhaft wie unvollständig ist, und daß die Sprache, die ich darin führe, nicht besonders geschickt ist, um zu überzeugen und einzunehmen. Dennoch werden Sie unter vielen Irrtümern notwendig auch manche Wahrheit entdecken, und auf jeden Fall einsehen, daß der Gesichtspunkt, aus welchem ich den Soldatenstand betrachte, ein neuer, entscheidender Grund ist, ihn sobald wie möglich zu verlassen.

Denn eben durch diese Betrachtungen wurde mir der Soldatenstand, dem ich nie von Herzen zugetan gewesen bin, weil er etwas durchaus Ungleichartiges mit meinem ganzen Wesen in sich trägt, so verhaßt, daß es mir nach und nach lästig wurde, zu seinem Zwecke mitwirken zu müssen. Die größten Wunder militärischer Disziplin, die der Gegenstand des Erstaunens aller Kenner waren, wurden der Gegenstand meiner herzlichsten Verachtung; die Offiziere hielt ich für so viele Exerziermeister, die Soldaten für so viele Sklaven, und wenn das ganze Regiment seine Künste machte, schien es mir als ein lebendiges Monument der Tyrannei. Dazu kam noch, daß ich den

---

* Dieser Brief ist nicht erhalten.

üblen Eindruck, den meine Lage auf meinen Charakter machte, lebhaft zu fühlen anfing. Ich war oft gezwungen, zu strafen, wo ich gern verziehen hätte, oder verzieh, wo ich hätte strafen sollen, und in beiden Fällen hielt ich mich selbst für strafbar. In solchen Augenblicken mußte natürlich der Wunsch in mir entstehen, einen Stand zu verlassen, in welchem ich von zwei durchaus entgegengesetzten Prinzipien unaufhörlich gemartert wurde, immer zweifelhaft war, ob ich als Mensch oder als Offizier handeln mußte; denn die Pflichten beider zu vereinigen, halte ich bei dem jetzigen Zustande der Armeen für unmöglich.

Und doch hielt ich meine moralische Ausbildung für eine meiner heiligsten Pflichten, eben weil sie mein Glück gründen sollte, und so knüpft sich an meine natürliche Abneigung gegen den Soldatenstand noch die Pflicht, ihn zu verlassen.

Das, mein teurer Freund, ist die getreue Darstellung der Gründe, die mich bewegen, den Soldatenstand zu verlassen. Welche Gründe ich für die Wahl eines anderen Standes habe, braucht nicht untersucht zu werden; denn wenn ich mich den Wissenschaften widmen will, ist es für mich kein neuer Stand, weil ich schon, seit ich in Potsdam, mehr Student als Soldat gewesen bin. Ich habe mich ausschließlich mit Mathematik und Philosophie, als den beiden Grundfesten alles Wissens, beschäftigt, und als Nebenstudien die griechische und lateinische Sprache betrieben, welche letztere ich nun zur Hauptsache erheben werde. Ich habe außer einer nicht sehr bedeutenden Hilfe eines übrigens gescheuten Mannes, des Konrektors Bauer, jene beiden Wissenschaften und besonders die Philosophie ganz allein studiert, und bin daher auch in den zwei Jahren, welche ich der Mathematik, und dem halben Jahre, welches ich der Philosophie gewidmet habe, nicht weiter vorgerückt, als in jener Wissenschaft bis zur

Vollendung der gemischten Arithmetik, mit Einschluß der Lehre von den geometrischen Reihen und einigem von der Geometrie, sowie in dieser nicht ganz bis zur Vollendung der reinen Logik. Dagegen aber darf ich mich getrauen zu behaupten, daß ich das, was ich betrieben habe, weiß, und fühle, nicht bloß über fremder Herren Länder gewandelt zu sein, sondern es zu meinem Eigentume gemacht zu haben.

Sie fragten mich in Frankfurt, welcher Grund mich bei dem schon lange gebildeten Entschlusse, den Dienst zu verlassen, besonders bestimmt habe, es in diesem Zeitpunkte zu tun, und luden mich ein, ihn zu prüfen. An den Grund, den ich Ihnen vortragen werde, knüpft sich noch die nahe Exerzierzeit, die mir eine kostbare Zeit rauben würde, wenn ich ihr nicht zu entgehen suchte. Und, Lieber! dieser Grund ist an sich so zufällig und scheinbar unbedeutend, daß Sie sich so ganz in meine Denkungsart versetzen müssen, um ihn wichtig genug zu finden, diese Lage zu bestimmen. Vergessen Sie auch nur nicht, daß der Wille, den Dienst zu verlassen, schon längst in meiner Seele lag.

Mich fesselte nichts in Potsdam . . . . In zwei Tagen war ich in Frankfurt, um keinen Augenblick mehr die Erfüllung meines Entschlusses aufzuschieben. Man machte mir Einwürfe, fragte mich, welche Brotwissenschaft ich ergreifen wolle; denn daß dies meine Absicht sein müsse, fiel niemanden ein zu bezweifeln. Ich stockte. Man ließ mir die Wahl zwischen Jurisprudenz und der Kameralwissenschaft. Ich zeigte mich derselben nicht abgeneigt, ohne mich jedoch zu bestimmen. Man fragte mich, ob ich auf Konnexionen bei Hofe rechnen könne? Ich verneinte anfänglich etwas verlegen, aber erklärte darauf, um so viel stolzer, daß ich, wenn ich auch Konnexionen hätte, mich nach meinen jetzigen Begriffen schämen müßte, darauf zu rechnen. Man lächelte; ich fühlte, daß ich mich übereilt hatte. Solche Wahrheiten

muß man sich hüten, auszusprechen. Man fing nun an,
nach und nach zu zweifeln, daß die Ausführung meines
Planes ratsam sei. Man sagte, ich sei zu alt, zu studieren.
Darüber lächelte ich im Innern, weil ich mein Schicksal
voraus sah, einst als Schüler zu sterben, und wenn ich
auch als Greis in die Gruft führe. Man stellte mir mein
geringes Vermögen vor, man zeigte mir die zweifelhafte
Aussicht auf Brot auf meinem neuen Lebenswege, die ge=
wisse Aussicht auf dem alten. Man malte mir mein
bevorstehendes Schicksal, jahrelang eine trockene Wissen=
schaft zu studieren, jahrelang und ohne Brot mich als
Referendar mit trockenen Beschäftigungen zu quälen, und
endlich ein kümmerliches Brot zu erwerben, mit so barocken
Farben aus, daß, wenn es mir auch nur im Traume hätte
einfallen können, meine jetzige, in vieler Hinsicht günstige
Lage darum mit diesem Lebensplane zu vertauschen, ich
mich den unsinnigsten Toren hätte schelten müssen, der mir
je erschienen wäre.

Aber alle diese Einwürfe trafen meinen Entschluß
nicht. Nicht aus Unzufriedenheit mit meiner besseren
Lage, nicht aus Mangel an Brot, nicht aus Spekulation
auf Brot, — sondern aus Neigung zu den Wissenschaften,
aus dem eifrigen Bestreben nach einer Bildung, welche,
nach meiner Ueberzeugung, in dem Militärdienste nicht zu
erlangen ist, verlasse ich denselben. Meine Absicht ist,
das Studium der reinen Mathematik und reinen Logik
selbst zu beendigen und mich in der lateinischen Sprache
zu befestigen, und diesem Zwecke bestimme ich einen jahre=
langen Aufenthalt in Frankfurt. Alles, was ich dort
hören möchte, ist ein Kollegium über literarische Ency=
klopädie. Sobald dieser Grund gelegt ist, — und um ihn
zu legen, muß ich die genannten Wissenschaften durchaus
selbst studieren — wünsche ich nach Göttingen zu gehen
und mich dort der höheren Theologie, der Mathematik,

Philosophie und Physik zu widmen, zu welcher letzteren ich einen mir selbst unerklärlichen Hang habe, obwohl in meiner früheren Jugend die Kultur des Sinnes für die Natur und ihre Erscheinungen durchaus vernachläſſigt geblieben ist, und ich in dieser Hinsicht bis jetzt nichts kann, als mit Erstaunen und Verwunderung an ihre Phänomene denken.

Diesen Studienplan lege ich Ihrer Prüfung vor, und erbitte mir darüber Ihren Rat, weil ich hierin meine Vernunft nicht als alleinige Ratgeberin anerkennen, nicht vorzugsweise meiner Ueberzeugung trauen darf, und es einen Gegenstand betrifft, dessen ich unwiſſend bin, und über den andere aufgeklärt sind.

Welche Anwendung ich einst von den Kenntniſſen machen werde, die ich zu sammeln hoffe, und auf welche Art und Weise ich mir das Brot, das ich für jeden Tag, und die Kleidung, die ich für jedes Jahr brauche, erwerben werde, weiß ich nicht. Mich beruhigt mein guter Wille, keine Art von Broterwerb und Arbeit zu scheuen, wenn sie nur ehrlich sind. Alle Beispiele von ungeschätztem Verstande und brotlosen, wiewohl geschickten Gelehrten und Künstlern, von denen es freilich leider! wimmelt, erschrecken mich so wenig, daß ich ihnen vielmehr mit Recht dieses Schicksal zuerkenne, weil niemand zu hungern braucht, wenn er nur arbeiten will. Alle diese Leute — mit Ausschluß der Kranken und Unvermögenden, welche freilich kein hartes Schicksal verdienen, — sind entweder zu unwissend, um arbeiten zu können, oder zu stolz, um jede Art von Arbeit angreifen zu wollen. Brauchbare und willige Leute werden immer gesucht und gebraucht. Diese Ueberzeugung beruht nicht auf der Tugend der Menschen, sondern auf ihrem Vorteile, und um so weniger soll sie mir, zu meinem Glücke, jemand rauben.

Vielleicht ist es möglich, daß Zeit und Schicksal in mir Gefühle und Meinungen ändern; denn wer kann davor sicher sein! Es ist möglich, daß ich einst für ratsam halte, eine Bedienung, ein Amt zu suchen, und ich hoffe und glaube auch, für diesen Fall, daß es mir dann leicht werden wird, mich für das Besondere eines Amtes zu bilden, wenn ich mich für das Allgemeine, für das Leben gebildet habe. Aber ich bezweifle diesen möglichen Schritt; weil ich die goldene Unabhängigkeit von der Herrschaft der Vernunft mich stets zu veräußern scheuen würde, wenn ich erst einmal so glücklich gewesen wäre, sie mir wieder er- worben zu haben. Diese Aeußerung ist es besonders, die ich zu verschweigen bitte, weil sie mir ohne Zweifel viele Unannehmlichkeiten von seiten meines Vormundes ver- ursachen würde, der mir schon erklärt hat, ein Mündel müsse sich für einen festen Lebensplan, für ein festes Ziel bestimmen. Sobald ich aber nur erst meinen Abschied erhalten habe, um dessen Bewilligung ich bereits nach- gesucht, werde ich freimütig und offen zu Werke gehen.

Welcher Erfolg dieses Schrittes im Hintergrunde der Zukunft meiner wartet, weiß allein der, der schon jetzt wie in der Zukunft lebt. Ich hoffe das Beste; wiewohl ich auch ohne Bestürzung an schlimme Folgen denke. Auch in ihnen ist Bildung, und vielleicht die höchste Bildung mög- lich, und sie werden mich nicht unvorbereitet überraschen, wenigstens mich unfehlbar nicht meinen Entschluß be- reuen machen. Ja, täten sie dies, müßte ich dann nicht dasselbe fürchten, als wenn ich bliebe, wo ich bin? Man kann für jeden Augenblick des Lebens nichts anderes tun, als was die Natur für ihren wahren Vorteil erkennt.

Ein zufälliger Umstand schützt mich vor dem tiefsten Elende, vor Hunger und Blöße in Krankheiten. Ich habe ein kleines Vermögen, das mir in dieser Rücksicht — und weil es mir manchen Vorteil für meine Bildung ver- schaffen kann — sehr teuer ist, und ich mir, aus diesem Grunde, möglichst zu erhalten strebe.

Mein Glück kann ich freilich nicht auf diesen Umstand gründen, den mir ein Zufall gab, und ich will es daher nur wie ein Geschick, nicht wie eine angeborene Eigenschaft genießen, um mich, wenn ich es verlieren sollte, wenigstens nicht ärmer zu fühlen, als ich war. Ich sinne oft nach, welchen Weg des Lebens ich wohl eingeschlagen haben würde, wenn das Schicksal mich von allen Gütern der Erde ganz entblößt hätte, wenn ich ganz arm wäre? Und fühle eine nie empfundene Freude, Kopf und Herz wechselseitig kräftigend, daß ich dasselbe, ganz dasselbe getan haben würde.

Ja, Lieber! Nicht Schwärmerei, nicht kindische Zuversicht ist diese Aeußerung. Erinnern Sie sich, daß ich es für meine Pflicht halte, diesen Schritt zu tun; und ein Zufall, außerwesentliche Umstände können und sollen die Erfüllung meiner Pflicht nicht hindern, einen Entschluß nicht zerstören, den die höhere Vernunft erzeugte, ein Glück nicht erschüttern, das sich nur im Innern gründet.

In dieser Ueberzeugung darf ich gestehen, daß ich mit einiger, ja großer Gewißheit einer fröhlichen nud glücklichen Zukunft entgegensehe. In mir und durch mich vergnügt, o, mein Freund! wo kann der Blitz des Schicksals mich treffen, wenn ich es fest im Innersten meiner Seele bewahre! Immer mehr erwärmt und begünstigt mein Herz den Entschluß, den ich nun um keinen Preis der Könige mehr aufgeben möchte, und meine Vernunft bekräftigt, was mein Herz sagt, und krönt es mit der Wahrheit, daß es wenigstens weise und ratsam sei, in dieser wandelbaren Zeit so wenig wie möglich an die Ordnung der Dinge zu knüpfen.

Diese getreue Darstellung meines ganzen Wesens, das volle unbegrenzte Vertrauen, dessen Gefühle mir selbst frohe Genüsse gewähren, weil eine zufällige Abgezogenheit von den Menschen sie so selten macht, wird auch Sie nicht ungerührt lassen, soll und wird mir auch Ihr Vertrauen erwerben, um das ich im eigentlichsten Sinne buhle. Den

Funken der Teilnahme, den ich bei der ersten Eröffnung
meines Planes in Ihren Augen entdeckte, zur Flamme
zu erheben, ist mein Wunsch und meine Hoffnung. Seien
Sie mein Freund im deutschen Sinne des Worts, so wie
Sie einst mein Lehrer waren, jedoch für länger, für immer.

Es wird mir lieb sein, wenn dieser Brief meiner
Schwester Ulrike zur Lesung überschickt wird. Sie ist die
Einzige von meiner Familie, der ich mich ganz anzuver-
trauen schuldig bin, weil sie die Einzige ist, die mich ganz
verstehen kann.

Ihr Freund Kleist

# Student in Frankfurt an der Oder

Der nachgesuchte Abschied wurde Kleist vom König gnädigst bewilligt, und so eilte er befreit nach Frankfurt a. d. O., damals noch Sitz einer kleinen Universität. Mit wahrem Feuereifer stürzt er sich in das Studium und arbeitet mit größter Hingabe an seinem Plan, sich ein umfassendes Weltbild zu erringen, sein Ich universell zu vervollkommnen. „Ich habe mir ein Ziel gesteckt, das die ununterbrochene Anstrengung aller meiner Kräfte und die Anwendung jeder Minute Zeit erfordert, wenn es erreicht werden soll. Ich habe eine Masse von Geschäften auf mich geladen, die ich nicht anders als mit dem allermühsamsten Fleiß bearbeiten kann, von der ich daher, wenn ich sie dennoch trage, mit Recht sagen kann, daß ich das fast Unmögliche möglich gemacht habe." Die Briefe an seine Schwester Ulrike aus diesen Tagen geben uns einen vollen Einblick in das etwas schwerfällige, pedantisch ernste und gründliche Streben des Frankfurter Studiosus. Ihr, die ihm jetzt die Freundin, die verstehende Seele sein soll, öffnet er sein Herz.

## Kleist an Ulrike

Frankfurt a. d. O., Mai 1799

Wenn ich von jemandem Bildung erhalte, mein liebes Ulrikchen, so wünsche ich ihm dankbar auch wieder einige Bildung zurückzugeben; wenn ich aus seinem Umgange Nutzen ziehe, so wünsche ich, daß er auch in dem meinigen einigen Nutzen finde; nicht gern möchte ich, daß er die Zeit bei mir verlöre, die ich bei ihm gewinne.

Wie lehrreich und bildend Dein Umgang mir ist, wie vielen wahren Vorteil Deine Freundschaft mir gewährt, das scheue ich mich nicht, Dir offenherzig mitzuteilen; vielmehr ist es recht und billig, daß ein Wohltäter den ganzen Umfang seiner Wohltat kennen lernt, damit er sich selbst durch das Bewußtsein seiner Handlung und des Nutzens, den sie gestiftet hat, belohne. Du, mein liebes Ulrikchen, ersetzest mir die schwer zu ersetzende und wahrlich Dich ehrende Stelle meiner hochachtungswürdigen Freunde zu Potsdam. Ich scheue mich auch nicht Dir zu gestehen, daß die Aussicht auf Deine Freundschaft, so sehr ich sonst andere Universitäten zu beziehen wünschte, mich dennoch, wenigstens zum Teil, bestimmte, meinen Aufenthalt in Frankfurt zu wählen. Denn Grundsätze und Entschlüsse wie die meinigen, bedürfen der Unterstützung, um über so viele Hindernisse und Schwierigkeiten unwandelbar hinausgeführt zu werden. Du, mein liebes Ulrikchen, sicherst mir den guten Erfolg derselben. Du bist die Einzige, die mich hier ganz versteht. Durch unsere vertraulichen Unterredungen, durch unsere Zweifel und Prüfungen, durch unsere freundlichen und freundschaftlichen Zwiste, deren Gegenstand nur allein die Wahrheit ist, der wir beide aufrichtig entgegenstreben und in welcher wir uns auch gewöhnlich beide vereinigen, durch alle diese Vorteile Deines Umgangs scheidet sich das Falsche in meinen Grundsätzen und Entschlüssen immer mehr von dem Wahren, das sie enthalten, und reinigen sich folglich immer mehr, und knüpfen sich immer inniger an meine Seele, und wurzeln immer tiefer, und werden immer mehr und mehr mein Eigentum. Deine Mitwissenschaft meiner ganzen Empfindungsweise, Deine Kenntnis meiner Natur schützt sie um so mehr vor ihrer Ausartung; denn ich fürchte nicht allein mir selbst, ich fürchte nun auch Dir zu mißfallen. Dein Beispiel schützt mich vor allen Einflüssen der Torheit und des Lasters, Deine Achtung sichert mir die meinige zu. —

34

Doch genug. Du siehst, wie unaufhaltsam mir Dein Lob entfließt, mit wie vielem Vergnügen ich mich als Deinen Schuldner bekenne. Ich schätze Dich als das edelste der Mädchen, und liebe Dich, als die, welche mir jetzt am teuersten ist. Wärst Du ein Mann oder nicht meine Schwester, ich würde stolz sein, das Schicksal meines ganzen Lebens an das Deinige zu knüpfen. —

Tausend Menschen höre ich reden und sehe ich handeln, und es fällt mir nicht ein, nach dem Warum? zu fragen. Sie selbst wissen es nicht, dunkle Neigungen leiten sie, der Augenblick bestimmt ihre Handlungen. Sie bleiben für immer unmündig und ihr Schicksal ein Spiel des Zufalls. Sie fühlen sich wie von unsichtbaren Kräften geleitet und gezogen, sie folgen ihnen im Gefühl ihrer Schwäche, wohin es sie auch führt, zum Glücke, das sie dann nur halb genießen, zum Unglück, das sie dann doppelt fühlen.

Eine solche sklavische Hingebung in die Launen des Tyrannen Schicksal ist nun freilich eines freien, denkenden Menschen höchst unwürdig. Ein freier denkender Mensch bleibt da nicht stehen, wo der Zufall ihn hinstößt; oder wenn er bleibt, so bleibt er aus Gründen, aus Wahl des Besseren. Er fühlt, daß man sich über das Schicksal erheben könne, ja, daß es im richtigen Sinne selbst möglich sei, das Schicksal zu leiten. Er bestimmt nach seiner Vernunft, welches Glück für ihn das höchste sei, er entwirft sich seinen Lebensplan und strebt seinem Ziele nach sicher aufgestellten Grundsätzen mit allen seinen Kräften entgegen. Denn schon die Bibel sagt, willst Du das Himmelreich erwerben, so lege selbst Hand an.

Solange ein Mensch noch nicht imstande ist, sich selbst einen Lebensplan zu bilden, solange ist und bleibt er unmündig, er stehe nun als Kind unter der Vormundschaft seiner Eltern oder als Mann unter der Vormundschaft des Schicksals. Die erste Handlung der Selbständigkeit eines Menschen ist der Entwurf eines solchen Lebensplanes. Wie nötig ist es, ihn so früh wie möglich zu bilden, davon hat mich der Verlust von sieben kostbaren Jahren, die ich dem Soldatenstande widmete, von sieben unwiederbringlich verlorenen Jahren, die ich für meinen Lebensplan hätte anwenden gekonnt, wenn ich ihn früher zu bilden verstanden hätte, überzeugt.

Ein schönes Kennzeichen eines solchen Menschen, der nach sicheren Prinzipien handelt, ist Konsequenz, Zusammenhang und Einheit in seinem Betragen. Das hohe Ziel, dem er entgegenstrebt, ist das Mobil aller seiner Gedanken, Empfindungen und Handlungen. Alles, was er denkt, fühlt und will, hat Bezug auf dieses Ziel, alle Kräfte seiner Seele und seines Körpers streben nach diesem gemeinschaftlichen Ziele. Nie werden seine Worte seinen Handlungen, oder umgekehrt, widersprechen, für jede seiner Aeußerungen wird er Gründe der Vernunft aufzuweisen haben. Wenn man nur sein Ziel kennt, so wird es nicht schwer sein, die Gründe seines Betragens zu erforschen.


## Kleist an Ulrike

Frankfurt a. d. O., den 12. Nov. 1799

Wenn man sich so lange mit ernsthaften abstrakten Dingen beschäftigt hat, wobei der Geist zwar seine Nahrung findet, aber das arme Herz leer ausgehen muß, dann ist es eine wahre Freude, sich einmal ganz seinen Ergießungen zu überlassen; ja es ist selbst nötig, daß man es zuweilen ins Leben zurückrufe. Bei dem ewigen Beweisen und Folgern verlernt das Herz fast zu fühlen; und doch wohnt das Glück nur im Herzen, nur im Gefühl, nicht im Kopfe, nicht im Verstande. Das Glück kann nicht wie ein mathematischer Lehrsatz bewiesen werden, es muß empfunden werden, wenn es da sein soll. Daher ist es wohl gut, es zuweilen durch den Genuß sinnlicher Freuden von neuem zu beleben; und man müßte wenigstens täglich ein gutes Gedicht lesen, ein schönes Gemälde sehen, ein sanftes Lied hören — oder ein herzliches Wort mit einem Freunde reden, um auch den schöneren, ich möchte sagen, den menschlicheren Teil unseres Wesens zu bilden.

Dieses letzte Vergnügen habe ich seit Deiner Abwesenheit von hier gänzlich entbehren müssen, und gerade dieses ist es, dessen ich am meisten bedarf. Vorsätze und Entschlüsse, wie die meinigen, bedürfen der Aufmunterung und der Unterstützung mehr als andere vielleicht, um nicht zu sinken. Verstanden wenigstens möchte ich gern zuweilen sein, wenn auch nicht aufgemuntert und gelobt; von einer Seele wenigstens möchte ich gern zuweilen verstanden werden, wenn auch alle anderen mich verkennen. Wie man in einem heftigen Streite mit vielen Gegnern sich umsieht, ob nicht einer unter allen ist, der uns Beifall zulächelt, so suche ich zuweilen Dich; und wie man unter fremden Völkern freudig einem Landsmann entgegenfliegt, so werde ich Dir, mein liebes Ulrikchen, entgegenkommen. Nenne es immerhin Schwäche von mir, daß ich mich so innig hier nach Mitteilung sehne, wo sie mir so ganz fehlt. Große Entwürfe mit schweren Aufopferungen auszuführen, ohne selbst auf den Lohn, verstanden zu werden, Anspruch zu machen, ist eine Tugend, die wir wohl bewundern, aber nicht verlangen dürfen. Selbst die größten Helden der Tugend, die jede andere Belohnung verachteten, rechneten doch auf diesen Lohn; und wer weiß, was Sokrates und Christus getan haben würden, wenn sie vorausgewußt hätten, daß keiner unter ihren Völkern den Sinn ihres Todes verstehen würde.

Ich überlese jetzt den eben vorangegangenen Punkt und finde, daß er mir mißfallen würde, wenn ich

ihn, so wie Du hier, aus dem Munde eines jungen
Menschen hörte. Denn mit Recht kann man ein
Mißtrauen in solche Vorsätze setzen, die unter so vielen
Menschen keinen finden, der sie verstände und billigte.
Aber doch ist es mit den meinigen so; verstanden werden
sie nicht, das ist gewiß, und daher, denke ich, werden sie
nicht gebilligt. Wessen Schuld es ist, daß sie nicht verstanden werden — das getraue ich mich wenigstens nicht zu
meinem Nachteil zu entscheiden. Wenn ein Türke und ein
Franzose zusammenkommen, so haben sie wenigstens
gleiche Verpflichtung, die Sprache des andern zu lernen,
um sich verständlich zu machen. Tausend Bande knüpfen
die Menschen aneinander, gleiche Meinungen, gleiches
Interesse, gleiche Wünsche, Hoffnungen und Aussichten;
— alle diese Bande knüpfen mich nicht an sie,
und dieses mag ein Hauptgrund sein, warum wir
uns nicht verstehen. Mein Interesse besonders ist dem
ihrigen so fremd und ungleichartig, daß sie gleichsam wie
aus den Wolken fallen, wenn sie etwas davon ahnen. Auch
haben mich einige mißlungene Versuche, es ihnen näher
vor die Augen, näher ans Herz zu rücken, für immer davon
zurückgeschreckt; und ich werde mich dazu bequemen müssen, es
immer tief in das Innerste meines Herzens zu verschließen.

Was ich mit diesem Interesse im Busen, mit diesem
heiligen, mir selbst von der Religion, von meiner Religion
gegebenen Interesse im engen Busen, für eine Rolle unter
den Menschen spiele, denen ich von dem, was meine ganze
Seele erfüllt, nichts merken lassen darf — das weißt
Du zwar nach dem äußeren Anschein, aber schwerlich weißt
Du, was oft dabei im Innern mit mir vorgeht. Es ergreift mich zuweilen plötzlich eine Aengstlichkeit, eine Beklommenheit, die ich zwar aus allen Kräften zu unterdrücken mich bestrebe, die mich aber dennoch schon mehr
als einmal in die lächerlichsten Situationen gesetzt hat.

Die einzige Gesellschaft, die ich täglich sehe, ist Zengens, und ich würde um dieser peinlichen Verlegenheit willen auch diese Gesellschaft schon aufgegeben haben, wenn ich mir nicht vorgenommen hätte, mich durchaus von diesem unangenehmen Gefühl zu entwöhnen. Denn auf meinem Lebenswege werden mir Menschen aller Art begegnen, und jeden muß ich zu nutzen verstehen. Dazu kommt, daß es mir auch zuweilen gelingt, recht froh in dieser Gesellschaft zu sein; denn sie besteht aus lauter guten Menschen, und es herrscht darin viele Eintracht und das Aeußerste von Zwanglosigkeit. Die älteste Zengen, Minette, hat sogar einen feineren Sinn, der für schönere Eindrücke zuweilen empfänglich ist; wenigstens bin ich zufrieden, wenn sie mich zuweilen mit Interesse anhört, ob ich gleich nicht viel von ihr wieder erfahre. Aber von allem diesem ist nichts, wenn der ganze Haufen beisammen ist. Ein Gespräch kann man ihr sich durchkreuzendes Geschwätz nicht nennen. Wenn ein Gespräch geführt werden soll, so muß man bei dem Gegenstande desselben verweilen, denn nur dadurch gewinnt es Interesse; man muß ihn von allen seinen Seiten betrachten, denn nur dadurch wird er mannigfaltig und anziehend. Aber hier — doch Du kennst das. Ich wollte Dir nur zeigen, daß das Interesse, das mir die Seele erfüllt, schlecht mit dem Geiste harmoniert, der in dieser Gesellschaft weht; und daß die Beklommenheit, die mich zuweilen ergreift, hieraus sehr gut erklärt werden kann.

Mit Minette, Wilhelmine von Zenge (1780—1852), Tochter des Generalmajors August Wilhelm von Zenge, verlobt sich Kleist, und die folgenden zwei Jahre ihres Brautstandes sind die an Briefen reichste, wenn auch an undurchsichtigen Problemen trotzdem nicht ermangelnde Zeit seines Lebens.

Student und Lehrer

Nach E. v. Bülow

Er studierte fleißig Philosophie und alte Sprachen und lebte in heiterer Geselligkeit mit seinen Freunden und Geschwistern, welche letztere, mit ihm zusammen, ihr elterliches Haus bewohnten. Dem wunderlichen Hauswesen, das sie darinnen führten, stand eine alte liebreiche Tante (v. Massow) rüstig vor, und es beseelte in dem kleinen Kreise jung und alt der beste Geist.

So kindisch ausgelassen er auch sein konnte, war Kleist freilich ebensooft still, ernst und zerstreut. Ebenso glühend hingerissen von allem Großen und Schönen, als durch alles Gemeine und Niedrige empört. Es konnte ihn der geringste Verstoß gegen die Sittlichkeit, ein Blick, eine Miene außer Fassung bringen.

Es währte nicht lange, so hatte Kleists Erscheinung in dem Familienkreise, zu dem auch die Töchter eines ganz nahebei wohnenden Generals (v. Zenge) gehörten, dessen Gestalt vollkommen umgewandelt. Als gute Preußen der damaligen Zeit sprachen namentlich die Damen ein sehr schlechtes Deutsch. Dies stellte ihnen Kleist als eine Schande vor und erteilte ihnen Unterricht in ihrer Muttersprache. Sie mußten ihm insgesamt nach aufgegebenen Thematen Aufsätze machen, und er war sehr erfreut, wenn sich eines mit Ehren aus der Sache zog.

Er sorgte für die Lektüre der jungen Mädchen, brachte ihnen die besten Dichter, las ihnen vor und ließ sich ihre Bildung eifrigst angelegen sein. Als er nachmals den Gedanken gefaßt hatte, Professor zu werden, hielt er ihnen sogar ein Kollegium über die Kulturgeschichte, zu welchem er sich ein ordentliches Katheder hatte bauen lassen. Er betrieb dies Geschäft mit solchem Ernste, daß, als einmal eine seiner Zuhörerinnen auf einen vorüberkommenden

Zug aufmerksamer als auf ihn war, er plötzlich sehr erzürnt abbrach und seine Vorlesungen auf lange Zeit ein-
stellte, um sich nur erst nach vielem Bitten und mit vieler
Mühe zu ihrer Fortsetzung überreden zu lassen.

Kleist ging neben diesen ernsteren Beschäftigungen
nicht minder auf die Spiele der jungen Mädchen ein, und
als sich deren Neigung dereinst Sprichwörtern zugewendet
hatte, richtete er nicht nur mehrere zum Aufführen ein,
sondern schrieb auch ganz besonders einige für sie, die er
ihnen sorgfältigst einstudierte und mit denen er ebenso wie
mit seinen Neujahrs- und Gelegenheitsgedichten vielen
Beifall erwarb.

Als schüchterner und doch empfindlich selbstbewußter Liebhaber
tritt uns Kleist entgegen, völlige Hingabe an seine mit unge-
stümem Herzen angestrebten Ideen und Pläne fordernd.

## Kleist an Wilhelmine

Frankfurt a. d. O., Anfang 1800

Inliegenden Brief bin ich entschlossen, morgen abend
Ihrem Vater zu übergeben*. Ich fühle, seit gestern abend,
daß ich meinem Versprechen, nichts für meine Liebe zu
tun, das ein Betrug Ihrer würdigen Eltern wäre, nicht
treu bleiben kann. Vor Ihnen zu stehen und nicht sprechen
zu dürfen, weil Andere diese Sprache nicht hören sollen,
Ihre Hand in der meinigen zu halten und nicht sprechen
zu dürfen, weil ich mir diese Sprache gegen Sie nicht
erlauben will, ist eine Qual, die ich aufheben will und
muß. Ich will es daher erfahren, ob ich Sie mit Recht
lieben darf oder gar nicht. Ist das letzte, so bin ich entschlossen, das Versprechen, welches ich Ihrem Vater in den
letzten Zeilen meines Briefes gebe, auszuführen. Ist es

---

* Dieser Brief ist nicht erhalten

nicht, so bin ich glücklich. — Wilhelmine! Bestes
Mädchen! Habe ich in dem Briefe an Ihren Vater zu
kühn in Ihre Seele gesprochen? Wenn Ihnen etwas darin
mißfällt, so sagen Sie es mir morgen, und ich ändere es ab.

Ich sehe, daß das neue Morgenlicht meines Herzens zu
hell leuchtet und schon zu sehr bemerkt wird. Ohne diesen
Brief könnte ich Ihrem Rufe schaden, der mir doch teurer
ist als alles in der Welt. Es komme nun auch, was der
Himmel über mich verhängt, ich bin ruhig bei der Ueberzeugung, daß ich recht so tue.

Heinrich Kleist

N. S. Wenn Sie morgen einen Spaziergang nicht ab-
schlagen, so könnte ich von Ihnen erfahren, was Sie von
diesem Schritte urteilen und denken. — Von meiner Reise
habe ich, aus Gründen, die Sie selbst entschuldigen werden,
nichts erwähnt. Schweigen Sie daher auch davon. Wir
verstehn uns ja.

## Kleist an Wilhelmine

Frankfurt a. d. O., Anfang 1800

Ich will es Ihnen nur offenherzig gestehen, Wilhelmine, was Sie auch immerhin von meiner Eitelkeit
denken mögen — eigentlich bin ich es fest überzeugt, daß
Sie mich lieben. Aber, Gott weiß, welche seltsame Reihe
von Gedanken mich wünschen lehrt, daß Sie es mir sagen
möchten. Ich glaube, daß ich entzückt sein werde und daß
Sie mir einen Augenblick voll der üppigsten und innigsten
Freude bereiten werden, wenn Ihre Hand sich entschließen
könnte, diese drei Worte niederzuschreiben: ich liebe Dich.

Ja, Wilhelmine, sagen Sie mir diese drei herrlichen
Worte; sie sollen für die ganze Dauer meines künftigen
Lebens gelten. Sagen Sie sie mir einmal und lassen Sie

uns dann bald dahin kommen, daß wir nicht mehr nötig haben, sie uns zu wiederholen. Denn nicht durch Worte, aber durch Handlungen zeigt sich wahre Treue und wahre Liebe. Lassen Sie uns bald recht innig vertraut werden, damit wir uns ganz kennen lernen. Ich weiß nichts, Wilhelmine, in meiner Seele regt sich kein Gedanke, kein Gefühl in meinem Busen, das ich mich scheuen dürfte, Ihnen mitzuteilen. Und was könnten Sie mir wohl zu verheimlichen haben? Und was könnte Sie wohl bewegen, die erste Bedingung der Liebe, das Vertrauen, zu verletzen? — Also offenherzig, Wilhelmine, immer offenherzig. Was wir auch denken und fühlen und wünschen — etwas Unedles kann es nicht sein, und darum wollen wir es uns freimütig mitteilen. Vertrauen und Achtung, das sind die beiden unzertrennlichen Grundpfeiler der Liebe, ohne welche sie nicht bestehen kann; denn ohne Achtung hat die Liebe keinen Wert und ohne Vertrauen keine Freude.

Ja, Wilhelmine, auch die Achtung ist eine unwiderrufliche Bedingung der Liebe. Lassen Sie uns daher unaufhörlich uns bemühen, nicht nur die Achtung, die wir gegenseitig füreinander tragen, zu erhalten, sondern auch zu erhöhen. Denn dieser Zweck ist es erst, welcher der Liebe ihren höchsten Wert gibt. Edler und besser sollen wir durch die Liebe werden, und wenn wir diesen Zweck nicht erreichen, Wilhelmine, so mißverstehen wir uns. Lassen Sie uns daher immer mit sanfter, menschenfreundlicher Strenge über unser gegenseitiges Betragen wachen. Von Ihnen wenigstens wünsche ich es, daß Sie mir offenherzig alles sagen, was Ihnen vielleicht an mir mißfallen könnte. Ich darf mich getrauen, alle Ihre Forderungen zu erfüllen, weil ich nicht fürchte, daß Sie überspannte Forderungen machen werden. Fahren Sie wenigstens fort, sich immer so zu betragen, daß ich mein höchstes

Glück in Ihre Liebe und in Ihre Achtung setze; dann werden sich alle die guten Eindrücke, von denen Sie vielleicht nichts ahnen und die ich Ihnen dennoch innig und herzlich danke, verdoppeln und verdreifachen. – Dafür will ich denn auch an Ihrer Bildung arbeiten, Wilhelmine, und den Wert des Mädchens, das ich liebe, immer noch mehr veredeln und erhöhen.

Wilhelmine hat später, in einem Brief vom 16. Juni 1803 an ihren nachmaligen Gatten, den Professor der Philosophie Wilhelm Traugott Krug (1770–1842), eine Darstellung ihres Verhältnisses zu Kleist gegeben, die uns ein anschauliches Bild sowohl der Beziehungen beider zueinander als auch des Charakters Wilhelmines gibt. Wenn man jedoch die Briefe Kleists an sie betrachtet, von denen man gesagt hat, daß sie keine Liebesbriefe, sondern weit eher schulmeisterliche Aufsätze eines blutleeren Pedanten wären, so darf man nicht übersehen, was Wilhelmine 1823 einer Freundin schrieb: „Ich muß es nur bekennen, daß ich so töricht war, viele von diesen Briefen zu verbrennen. Als ich mich verheiratete, nahm ich mir vor, diese Briefe nicht wieder zu lesen, weil sie alle in der höchsten Leidenschaft geschrieben, und da ich mir selbst nicht so viel Kraft zutraute, meinem Vorsatz treu zu bleiben, verbrannte ich die Briefe. Zum Glück kam meine Schwester Luise dazu und rettete, was ich noch besitze."

## Wilhelmine v. Zenge an W. T. Krug

Frankfurt, am 16. Juni 1803

Mein bester Freund! Sie äußerten gestern abend bei Ahlemanns den Wunsch, ich möchte weniger geheimnisvoll sein. Für Sie will und werde ich nie etwas verheimlichen. Es hängt ganz von Ihnen ab, alles, was meine Person betrifft, von mir zu erfahren. Da ich so sehr wünsche, daß Sie mir ganz Ihr Vertrauen schenken möchten, so will ich Ihnen den Teil meines Lebens beschreiben, welcher bis jetzt für mich der wichtigste und interessanteste war, und ich hoffe, Sie werden mich Ihres Vertrauens wert finden. Daß ich von meinen Eltern sehr einfach und häuslich erzogen wurde, ist Ihnen bekannt. Von meinem sechzehnten Jahre an führte mich meine Mutter in alle Gesellschaften, sie begleitete mich in alle Assembleen, wo ich das Hofleben anstaunte. Opern, Redouten und Bälle besuchte ich und genoß, da mir diese Freuden so ganz neu waren, dies alles eine Zeitlang mit großem Interesse, doch blieb mein Herz bei dem allen sehr leer, und mit Freuden kehrte ich wieder in unsere stille Häuslichkeit zurück. Als ich achtzehn Jahre alt war, bekam mein Vater das Regiment in Frankfurt. Damals trennte ich mich sehr ungern von Berlin, da ich einen sehr geliebten Bruder und eine ebenso geliebte Freundin zurücklassen mußte; doch war mein Herz noch von keinem Manne besonders gerührt worden. Mit einem tanzte und unterhielt ich mich, vielleicht lieber als mit dem anderen, doch hatte keiner besonders teil an meiner Traurigkeit bei dem Abschiede von Berlin.

Die erste Zeit gefiel es mir gar nicht in Frankfurt, wir alle lebten noch ganz in Berlin, bis sich auch hier Menschen fanden, welche sich für uns interessierten und uns durch mancherlei Vergnügungen zu zerstreuen suchten. Unter diesen zeichnete sich besonders die Kleistsche Familie aus.

Der Leutnant Kleist (Leopold) stand damals noch bei des Vaters Regiment. Auch er kam mit seinen Schwestern beinahe täglich zu uns und wurde von allen gern gesehen, weil er ein sehr fröhlicher junger Mann war und uns durch seinen Scherz oft zu lachen machte. Sein älterer Bruder, welcher als Leutnant bei der Garde stand, nahm damals den Abschied, um hier in Frankfurt zu studieren. Auch er wurde unser Nachbar, nahm aber keinen Teil an unserer Gesellschaft, wenn wir zu seinen Schwestern kamen. Erst als sein Bruder nach Potsdam versetzt wurde und seine Schwester ihren Begleiter und wir einen angenehmen Gesellschafter verloren hatten, gesellte er sich zu uns. Wir

fanden aber alle, daß er die Stelle des Bruders nicht ersetze, denn er war sehr melancholisch und finster und sprach
sehr wenig. Bald aber begleitete er uns auf allen Spaziergängen, kam mit seinen Schwestern auch zu uns, spielte
und sang mit mir und schien sich in unserer Gesellschaft
zu gefallen. Damals hörte er Experimentalphysik bei
Dr. Wünsch, wovon er uns gewöhnlich nach dem Collegio
mit großem Interesse unterhielt. Auch wir nahmen so lebhaft Anteil an allem, was er uns darüber sagte, daß seine
Schwestern, wir und noch einige Mädchen aus unserem
Kreise zu dem Dr. Wünsch gingen und ihn baten, auch
uns Vorlesungen darüber zu halten. Dies geschah, und
wir waren sehr aufmerksame Zuhörerinnen, repetierten mit
unserem Unterlehrer, dem Herrn v. Kleist, und machten
auch Aufsätze über das, was wir hörten. Als Kleist einen
Abend die Aufsätze von seinen Schwestern gelesen hatte,
bat er mich, ihm auch den meinigen zu zeigen; ich tat es,
und er fand ihn gut, nur sehr fehlerhaft geschrieben.

Er bat sich die Erlaubnis aus, mir die Hauptregeln der
deutschen Sprache nachgerade in kurzen Aufsätzen mitteilen
zu dürfen, welches ich recht gern annahm und recht fleißig
studierte, um seine Mühe zu belohnen.

Eines Abends, als ich bei Kleists war, gab er mir einen
ähnlichen Aufsatz, wie gewöhnlich in ein weiß Papier geschlagen, doch wie erstaunte ich, als ich es zu Hause öffnete
und darin von ihm einen Brief fand, worin er mir sagte,
daß er mich schon lange herzlich liebe und ich ihn durch
meine Hand sehr beglücken könne. Mir war es bis jetzt
noch gar nicht eingefallen, daß ein Mann mich jemals
lieben könne, denn ich fand mich immer sehr häßlich und
unleiblich und war nie mit mir zufrieden. Ich hatte ihn
immer sehr unbefangen behandelt und war ihm gut, wie
einem Bruder, doch liebte ich ihn nicht und erstaunte über
seine Erklärung, da ich vorher auch nicht das geringste

davon geahnt hatte, sondern immer glaubte, er zöge meine Schwester Lotte mir sehr vor. Luisen machte ich zu meiner Vertrauten und gestand ihr, daß ich ihm gut sei, doch wäre er gar nicht der Mann nach meinem Sinn. Den anderen Tag schrieb ich ihm, daß ich ihn weder liebe noch seine Frau zu werden wünsche, doch würde er mir als Freund immer recht wert sein.

Leider konnte ich es nicht verhindern, ihn wiederzusehen. Er war außer sich über meine Antwort und wollte mir einen zweiten Brief geben, welches ich aber schleunigst verbat. Acht Tage lang suchte er mich auf den Spaziergängen auf, da ich nicht mehr zu seinen Schwestern kam, und bat Luisen so sehr, den Brief zu nehmen, und reichte ihn mir noch einmal mit tränenden Augen, so daß ich endlich bewegt wurde und ihn annahm.

In diesem Briefe fragte er, was ich an ihm auszusetzen habe, und versicherte, ich könne aus ihm machen, was ich wolle, ich möchte ihm aussagen, wie er meine Liebe gewinnen könne. Ich schrieb ihm wieder und schilderte den Mann, wie er mich glücklich machen könnte. Er gab sich so viel Mühe, diesem Bilde ähnlich zu werden, daß ich ihm endlich erlaubte, an meine Eltern zu schreiben, und ihm meine Hand versprach, sobald sie einwilligten.

Er hatte etwas Vermögen, aber nicht so viel, daß wir davon leben konnten, doch hatte er vom König das Versprechen, in einem Amte angestellt zu werden, sobald er ausstudiert habe. Meine Eltern gaben ihre Einwilligung, doch mit der Bedingung, so lange zu warten, bis er ein Amt habe, welches ich auch sehr zufrieden war. Meine Ausbildung und Veredlung lag ihm sehr am Herzen. Wenn er aus dem Collegio kam, so beschäftigte er sich eine Stunde mit mir. Er gab mir interessante Fragen, auf welche ich schriftlich antworten mußte, und er korrigierte sie. Er gab mir nützliche Bücher zu lesen, und ich mußte ihm meine Urteile darüber sagen oder auch Auszüge daraus machen. Er las mir Gedichte vor, und ich mußte sie nachlesen oder französisch übersetzen. Auch schärfte er meinen Witz und Scharfsinn durch Vergleiche, welche ich ihm schriftlich bringen mußte. So lebte er ganz für mich, ich gewann ihn recht lieb und machte es mir zur Pflicht, auch ganz für ihn zu leben. Wenn ich mir zuweilen gestand, daß er dem Ideale von Mann, welches ich mir entworfen hatte, noch immer nicht entsprach, so dachte ich, es gibt vielleicht keinen besseren, denn ich kannte auch keinen, der mir lieber war als er. Ich erfüllte mein Vorhaben redlich. Alles, was er an mir tadelte, suchte ich fortzuschaffen, und alles, was ich dachte und tat, bezog ich auf ihn. So lebten wir ein halbes Jahr sehr glücklich, da hatte er sein Studium hier beendet, er ging nach Berlin, um sich dort noch mehr zu vervollkommnen und zu einem Amte vorzubereiten.

Sein Umgang war mir nun so wert geworden, daß ich bei seiner Abreise sehr unglücklich war und ihn nachher bei jeder Gelegenheit vermißte. Alle vierzehn Tage schrieb er an mich, und so oft er konnte, war er bei mir und war noch immer der herzliche gute Mensch. Er hatte viel Geist, seine schnelle Fassungskraft wurde von all seinen Lehrern bewundert, seine Phantasie war sehr lebhaft und verleitete ihn oft zu Schwärmerei. Er hatte einen erhabenen Begriff von Sittlichkeit, und mich wollte er zum Ideal umschaffen, welches mich oft bekümmerte. Ich fürchtete, ihm nicht zu genügen, und strengte alle meine Kräfte an, meine Talente auszubilden, um ihn wohl vielseitig zu interessieren.

# Die Würzburger Reise

Nachdem Kleist kaum drei Semester auf der Universität in Frankfurt studiert hatte, ging er im August 1800 nach Berlin, um nach dem Wunsch seiner Verwandten ein Amt zu übernehmen. Die Entscheidung freilich, welche von den denkbaren Möglichkeiten er wählen solle, fällt ihm nicht leicht. „So stehe ich jetzt wie Herkules am fünffachen Scheidewege und sinne. — Ich wäge die Wünsche meines Herzens gegen die Forderungen meiner Vernunft ab, aber die Schalen der Wage schwanken unter den unbestimmten Gewichten." Er stellt sich dem Handelsminister von Struensee vor, der ihn zur weiteren Ausbildung im Verwaltungswesen dem Staatsrat Kunth, Direktor der Technischen Deputation, überweist. Aber nur wenige Tage währt dieser erste Aufenthalt Kleists in der Hauptstadt. Innere Unruhe und ein geheimnisvoller, nur unbestimmt angedeuteter Zweck treiben ihn weiter. Die Reise, die er nun unternimmt und die ihn schließlich nach Würzburg führt, ist für uns in Dunkel gehüllt. Aus den uns erhaltenen Briefen (ein von ihm als „Hauptbrief" bezeichneter Bekenntnisbrief ist verloren) läßt sich nur mit einiger Wahrscheinlichkeit erschließen, daß es sich bei Kleist hauptsächlich darum handelte, von einem Leiden, mit dem er seit seiner Kindheit behaftet war, befreit zu werden. Alle bestimmten Deutungen jedoch, die man versuchte, haben das Rätsel bisher nicht einwandfrei lösen können.

## Kleist an Ulrike

Berlin, den 14. August 1800

Noch am Abend meiner Ankunft an diesem Orte melde ich Euch, daß ich gesund und vergnügt bin, und bin darum so eilig, weil ich fürchte, daß Ihr, besonders an dem letztern, zweifelt.

Denn eine Reise ohne angegebenen Zweck, eine so schnelle Anleihe, ein ununterbrochenes Schreiben und am Ende noch obenein Tränen — das sind freilich Kennzeichen eines Zustandes, die dem Anschein nach Betrübnis bei teilnehmenden Freunden erwecken müssen.

Indessen erinnere ich Dich, daß ich bloß die Wahrheit verschweige, ohne indessen zu lügen, und daß meine Erklärung, das Glück, die Ehre und vielleicht das Leben eines Menschen durch diese Reise zu retten, vollkommen gegründet ist.

Gewiß würde ich nicht so geheimnisreich sein, wenn nicht meine beste Erkenntnis mir sagte, daß Verheimlichung meines Zweckes notwendig, notwendig sei.

Indessen Du, und noch ein Mensch, Ihr sollt beide mehr erfahren als alle übrigen auf der Welt und überhaupt alles, was zu verschweigen nicht notwendig ist.

Dabei baue ich aber nicht nur auf Deine unverbrüchliche Verschwiegenheit (indem ich will. daß das scheinbar Abenteuerliche meiner Reise durchaus versteckt bleibe und die Welt weiter nichts erfahre, als daß ich in Berlin bin und Geschäfte beim Minister Struensee habe, welches zum Teil wahr ist), sondern auch auf Deine feste Zuversicht auf meine Redlichkeit, so daß selbst bei dem widersprechendsten Anschein Dein Glaube an dieselbe nicht wankt.

Unter diesen Bedingungen sollst Du alles erfahren, was ich sagen kann, welches Du aber ganz allein nur für Dich behalten und der Welt nichts anderes mitteilen sollst, als daß ich in Berlin bin. Ich glaube, daß das Vortreffliche meiner Absicht die Ausbreitung dieses Satzes, selbst wenn er zuweilen eine Lüge sein sollte, entschuldigt und rechtfertigt.

Ich suche jetzt zunächst einen edeln, weisen Freund auf, mit dem ich mich über die Mittel zu meinem Zwecke beraten könne, indem ich mich dazu zu schwach fühle, ob ich gleich stark genug war, den Zweck selbst unwiderruflich festzustellen.

Wärst Du ein Mann gewesen — o Gott, wie innig
habe ich dies gewünscht! — Wärst Du ein Mann gewesen — denn eine Frau konnte meine Vertraute nicht
werden —, so hätte ich diesen Freund nicht so weit zu
suchen gebraucht als jetzt.

Ergründe nicht den Zweck meiner Reise, selbst wenn
Du es könntest. Denke, daß die Erreichung desselben zum
Teil an die Verheimlichung vor allen, allen Menschen
beruht. Für jetzt wenigstens. Denn einst wird es mein
Stolz und meine Freude sein, ihn mitzuteilen.

## Kleist an Wilhelmine

Berlin, den 16. August 1800

Mein liebes, teures Herzensminchen, sei nicht böse, daß
Du so spät diesen Brief erhältst. Auf meiner ganzen
Reise nach Berlin ist der Gedanke an Dich nur selten,
sehr selten aus meiner Seele gewichen.

Als ich hineinfuhr in das Tor im Halbdunkel des
Abends und die hohen, weiten Gebäude anfänglich nur zerstreut und einzeln umherlagen, dann immer dichter und
dichter, und das Leben immer lebendiger und das Geräusch
immer geräuschvoller wurde, als ich nun endlich in der
Mitte der stolzen Königsstadt war und meine Seele sich er-
weiterte, um so viele zuströmende Erscheinungen zu fassen,
da dachte ich: wo mag wohl das liebe Dach liegen, das
einst mich und mein Liebchen schützen wird? Hier an der
stolzen Kolonnade? Dort in jenem versteckten Winkel?
Oder hier an der offenen Spree? Werde ich einst in jenem
weitläufigen Gebäude mit vierfachen Reihen von Fenstern
mich verlieren oder hier in diesem kleinen, engen Häuschen
mich immer wiederfinden? Werde ich am Abend, nach voll-
brachter Arbeit, hier durch dieses kleine Gäßchen, mit

Papieren unter dem Arm, zu Fuß nach meiner Wohnung gehen, oder werde ich mit Vieren stolz durch diese prächtige Straße vor jenes hohe Portal rollen? Wird mein liebes Minchen, wenn ich still in die Wohnung treten will, mir von oben herab freundlich zuwinken und auf dieser dunkeln Treppe mir entgegenkommen, um früher den Kuß der Liebe auf die durstenden Lippen zu drücken, oder werde ich sie in diesem weiten Palast suchen und eine Reihe von Zimmern durchwandern müssen, um sie endlich auf dem gepolsterten Sofa unter geschmückten und geschminkten Weibern zu finden? Wird sie hier in diesem dunklen Zimmer nur den Vorhang zu öffnen brauchen, um mir den Morgengruß zuzulächeln, oder wird sie von dem weitesten Flügel jenes Schlosses her am Morgen einen Jäger zu mir schicken, um sich zu erkundigen, wie der Herr Gemahl geschlafen habe? — — Ach, liebes Minchen, nein, gewiß, gewiß wirst Du das letzte nicht. Was auch die Sitte der Stadt für Opfer begehrt, die Sitte der Liebe wird Dir gewiß immer heiliger sein; und so mag denn das Schicksal mich hinführen, wohin es will, hier in dieses versteckte Häuschen oder dort in jenes prahlende Schloß, Eines finde ich gewiß unter jedem Dache: Vertrauen und Liebe.

Aber, unter uns gesagt, je öfter ich Berlin sehe, je gewisser wird es mir, daß diese Stadt, so wie alle Residenzen und Hauptstädte, kein eigentlicher Aufenthalt für die Liebe ist. Die Menschen sind hier zu zierlich, um wahr, zu gewitzigt, um offen zu sein. Die Menge von Erscheinungen stört das Herz in seinen Genüssen, man gewöhnt sich endlich, in ein so vielfaches, eitles Interesse einzugreifen, und verliert am Ende sein wahres aus den Augen. . . .

Ich eile zum Schlusse. Lies die Instruktion oft durch. Es wäre am besten, wenn Du sie auswendig könntest. Du wirst sie brauchen. Ich vertraue Dir ganz, und darum sollst Du mehr von mir erfahren als irgend einer.

Mein Plan hat eine Aenderung erlitten, oder beſſer,
die Mittel dazu; denn der Zweck ſteht feſt. Ich fühle
mich zu ſchwach, ganz allein zu handeln, wo etwas
ſo Wichtiges auf dem Spiel ſteht. Ich ſuche mir daher jetzt,
ehe ich handle, einen weiſen, ältern Freund auf, den
ich Dir nennen werde, ſobald ich ihn gefunden habe. Hier
iſt er nicht, und in der Gegend auch nicht. Aber er
iſt — — ſoll ich Dir den Ort nennen? Ja, das will
ich tun! Ulrike ſoll immer nur erfahren, wo ich bin,
Du aber, mein geliebtes Mädchen, wo ich ſein werde.
Alſo kurz: Morgen geht es nach — — — — Paſewalk. Paſewalk? Ja, Paſewalk, Paſewalk. Was
in aller Welt willſt Du denn dort? — Ja, mein Kind,
ſo fragt man die Bauern aus! Begnüge Dich mit raten,
bis es für Dich ein Glück ſein wird, zu wiſſen. In
5 oder höchſtens 7 Tagen bin ich wieder hier und beſorge
meine Geſchäfte bei Struenſee. Dann iſt die Reiſe noch
nicht zu Ende. — Du erſchrickſt doch nicht? Lies Du nur
fleißig zur Beruhigung meine Briefe durch, wie ich Deine
Aufſätze. Und ſchreibe mir nicht anders, als bis ich Dir
genau andeute, wohin. Sei klug und verſchwiegen.
Restez fidèle.                          Dein Freund H. K.


## Kleiſt an Wilhelmine

Paſewalk, den 20. Auguſt 1800

Mein teures, liebes Mädchen. Kaum genieße ich die
erſte Stunde der Ruhe, ſo denke ich auch ſchon wieder an
die Erfüllung meiner Pflicht, meiner lieben, angenehmen
Pflicht. Zwar habe ich den ganzen Weg über von Berlin
nach Paſewalk an Dich geſchrieben, trotz des Mangels
an allen Schreibmaterialien, trotz des unausſtehlichen
Rüttelns des Poſtwagens, trotz des noch unausſtehlicheren

Geschwätzes der Passagiere, das mich übrigens so wenig in meinem Konzept störte als die Bombe in Stralsund Karln XII. in dem seinigen. Aber das Ganze ist ein Brief geworden, den ich Dir nicht anders als mit mir selbst und durch mich selbst mitteilen kann, denn, unter uns gesagt, es ist mein Herz....

Vergiß nicht, liebes Mädchen, was Du mir versprochen hast, unwandelbares Vertrauen in meine Liebe zu Dir und Ruhe über die Zukunft. Wenn diese beiden Empfindungen immer in Deiner Seele lebendig wären und durch keinen Zweifel niemals gestört würden, wenn ich dieses ganz gewiß wüßte, wenn ich die feste Zuversicht darauf haben könnte, o dann würde ich mit Freudigkeit und Heiterkeit meinem Ziele entgegengehen können. Aber der Gedanke — Du bist doch nur ein schwaches Mädchen, meine unerklärliche Reise, diese wochenlange, vielleicht monatelange Trennung — o Gott, wenn Du krank werden könntest! Liebes, teures, treues Mädchen! Sei auch ein starkes Mädchen! Vertraue Dich mir ganz an! Setze Dein ganzes Glück auf meine Redlichkeit! Denke, Du wärest in das Schiff meines Glückes gestiegen, mit allen Deinen Hoffnungen und Wünschen und Aussichten. Du bist schwach, mit Stürmen und Wellen kannst Du nicht kämpfen, darum vertraue Dich mir an, mir, der mit Weisheit die Bahn der Fahrt entworfen hat, der die Gestirne des Himmels zu seinen Führern zu wählen und das Steuer des Schiffes mit starkem Arm, mit stärkerm gewiß, als Du glaubst, zu lenken weiß! Wozu wolltest Du klagen, Du, die Du das Ziel der Reise und ihre Gefahr nicht einmal kennst, ja vielleicht Gefahren siehst, wo gar keine vorhanden sind? Sei also ruhig! Solange der Steuermann noch lebt, sei ruhig! Beide gehen unter in den Wellen, oder beide laufen glücklich in den Hafen; kann sich die Liebe, die echte Liebe, ein freundlicheres Schicksal wünschen?

Eben damit Du ganz ruhig sein möchtest, habe ich Dir, die einzige in der Welt, alles gesagt, was ich sagen durfte, nichts, auch das mindeste nicht, vorgelogen, nur verschwiegen, was ich verschweigen mußte. Darum, denke ich, könntest Du wohl auch schon Vertrauen zu mir fassen. Das meinige wird von Dir nie wanken.

Ich komme zu einer frohen Nachricht, die Dir gewiß auch recht froh sein wird. Denn alles, was mir zustößt, sei es Gutes oder Böses, auch wenn Du es gar nicht deutlich kennst, das trifft auch Dich, nicht wahr? Das war die Grundlage unseres Bundes. Also höre! Mein erster Plan ist ganz vollständig geglückt. Ich habe einen ältern, weisern Freund gefunden, gerade den, den ich am innigsten wünsche. Er stand nicht einen Augenblick an, mich in meinem Unternehmen zu unterstützen. Er wird mich bis zu seiner Ausführung begleiten. Nun bist Du doch ruhig? Du weißt doch, mit welcher Achtung ich und Ulrike von einem gewissen Brokes sprach, den wir auf Rügen kennengelernt haben? Der ist es. — Gott gebe, daß mir die Hauptsache so glückt, dann sind niemals zwei glücklichere Menschen gewesen als Du und ich. — Aber das alles behältst Du für Dich. Das habe ich niemandem anvertraut, als der Geliebten. Das Fräulein von Zenge weiß es aber nicht anders, als daß ich in Berlin bin, und so darf es auch kein anderer anders von ihr erfahren. Grüße Vater und Mutter und beide Familien von dem Herrn von Kleist, der in Berlin ist. Da treffe ich auch wirklich wieder den 24. August ein, doch halte ich mich dort nicht lange auf. Ich empfange bloß einen Brief von Dir, den ich gewiß aufzufinden hoffe, und spreche mit Strüensee; dann geht es weiter, wohin? das sollst Du erfahren, ich weiß es selbst noch nicht gewiß. Du sollst dann überhaupt mehr von dem Ganzen meiner Reise erfahren; doch Dein Brief, den ich in Berlin erhalten

werde, wird bestimmen — wieviel. Wenn ich mit
ganzer Zuversicht auf Dein Vertrauen und Deine
Ruhe rechnen kann, so lasse ich jeden Schleier sinken, der
nicht notwendig ist.

Dein treuer Freund H. K.


## Kleist an Wilhelmine

Koblentz b. Pasewalk, den 21. August 1800

Ach, mein bestes Minchen, wie unbeschreiblich be-
glückend ist es, einen weisen, zärtlichen Freund zu finden,
da wo wir seiner grade recht innig bedürfen. Ich fühlte
mich stark genug, den hohen Zweck zu entwerfen, aber zu
schwach, um ihn allein auszuführen. Ich bedurfte nicht
sowohl der Unterstützung als nur eines weisen Rates,
um die zweckmäßigsten Mittel nicht zu verfehlen. Bei
meinem Freunde Brokes habe ich alles gefunden, was
ich bedurfte, und dieser Mensch müßte auch Dir jetzt vor
allen andern, nach mir vor allen andern teuer sein. Ihm
habe ich mich ganz anvertraut, und er ehrte meinen Zweck,
sobald er ihn kannte, so wie ihn denn jeder edle Mensch,
der ihn fassen kann, ehren muß. Ach, mein teures edles
Mädchen, wenn auch Du meinen Zweck ehren könntest,
auch selbst ohne ihn zu kennen! Das würde mir ein Zeichen
Deiner Achtung sein, ein Zeichen, das mich unaussprechlich
stolz machen würde. Niemals, niemals wirst Du mir
einen so unzweideutigen Beweis Deiner Achtung geben
können als jetzt. Ach, wenn Du dies versäumtest — —
Wirst Du? Oder war auch diese Erinnerung überflüssig?
Liebes Mädchen, ich küsse Dich wieder — —

Ludwig von Brokes (1778—1815), mit dem zusammen
Kleist die Würzburger Reise unternimmt, war ein Urenkel des
Hamburger Dichters. Varnhagen von Ense nennt ihn einen

ausgezeichneten, edlen Mann von sehr einnehmendem Wesen.
„Sein Name ist nirgends in der Literatur oder sonst in die
Oeffentlichkeit durchgedrungen, aber er verdient um so mehr fest-
gehalten zu werden, da vielleicht noch künftige Denkmale seiner
vielfach eingreifenden Persönlichkeit an das Licht treten." Brokes war
verlobt mit Cäcilie von Werthern, einer „wunderschönen, großen,
leidenschaftlichen Frau von Adel und Eigenheit". Nach der Würzburger
Reise war er kurze Zeit Landdrost in Mecklenburg. Er stirbt in den
Armen seiner Braut, als er nach jahrelangem Warten zur Hochzeit zu
ihr eilt. Kleist gibt eine anschauliche Schilderung der Persönlichkeit
seines Freundes in einem Brief vom 31. Januar 1801 an seine Braut.

## Kleist über seinen Freund Brokes

Ich habe Dir schon oft versprochen, Dir etwas von
Brokes, diesem herrlichen Menschen, mitzuteilen, der gewiß
von den Wenigen, die die Würde ihrer Gattung behaupten,
einer ist und nicht der schlechteste unter diesen Wenigen.

Von seinen Tugenden kann ich Dir nur weniges im
allgemeinen sagen, weil sonst dieser Bogen nicht hinreichen würde. Er war durchaus immer edel, nicht bloß
der äußern Handlung nach, auch dem innersten Bewe-
gungsgrunde nach. Ein tiefes Gefühl für Recht war
immer in ihm herrschend, und wenn er es geltend machte,
so zeigte er sich zu gleicher Zeit immer so stark und doch so
sanft. Sanftheit war überhaupt die Basis seines ganzen
Wesens. Dabei war er von einer ganz reinen, ganz unbefleckten Sittlichkeit, und ein Mädchen könnte nicht reiner,
nicht unbefleckter sein als er. Frei war seine Seele und
ohne Vorurteil, voll Güte und Menschenliebe, und nie
stand ein Mensch so unscheinbar unter den andern, über
die er doch so unendlich erhaben war. Ein einziger Zug
konnte ihn schnell für einen Menschen gewinnen; denn so wie
es sein Bedürfnis war, Liebe zu finden, so war es auch sein
Bedürfnis, Liebe zu geben. Nur zuweilen gegen Gelehrte
war er hart, nicht seine Handlung, sondern sein Wort,

indem er sie meistens Vielwisser nannte. Sein Grundsatz war: Handeln ist besser als Wissen. Daher sprach er selbst zuweilen verächtlich von der Wissenschaft, und nach seiner Rede zu urteilen, so schien es, als wäre er immer vor allem geflohen, was ihr ähnlich sieht — — aber er meinte eigentlich bloß die Vielwisserei, und wenn er, statt dieser, wegwerfend von den Wissenschaften sprach, so bemerkte ich mitten in seiner Rede, daß er in keiner einzigen ganz fremd und in sehr vielen ganz zu Hause war. Von den meisten hatte er die Hauptzüge aufgefaßt und von den andern wenigstens doch diejenigen Züge, die in sein Ganzes paßten — denn dahin, nämlich alles in sich immer in Einheit zu bringen und zu erhalten, dahin ging sein un- aufhörliches Bestreben. Daher stand sein Geist auf einer hohen Stufe von Bildung, obgleich nur eigentlich, wie er sagte, die Ausbildung seines Herzens sein Geschäft war. Denn zwischen diesen beiden Parteien in dem menschlichen Wesen machte er einen scharfen, schneidenden Unterschied. Immer nannte er den Verstand kalt und nur das Herz wirkend und schaffend. Daher hatte er ein unüberwind- liches Mißtrauen gegen jenen und hingegen ein ebenso unerschütterliches Vertrauen zu diesem gefaßt.

Ich will daher von seinem Wesen nur noch das ganz Charakteristische herausheben — das war seine Uneigen- nützigkeit. — Liebe Wilhelmine! Bist Du wohl schon recht aufmerksam gewesen auf Dich und auf andere? Weißt Du wohl, was es heißt, ganz uneigennützig sein? Und weißt Du auch wohl, was es heißt, es immer und aus der innersten Seele und mit Freudigkeit es zu sein? — Ach, es ist schwer. — Wenn Du das nicht recht innig fühlst, so widme einmal einen einzigen Tag dem Geschäft, es an Dir und an andern zu untersuchen. Sei einmal recht aufmerksam auf Dich und auf die Dich

umgebenden Menschen. — Du wirst Dich und sie oft, o
sehr oft, wenn auch nur in Kleinigkeiten, in Lagen sehen,
wo das eigne Interesse mit fremdem streitet, — dann prüfe
einmal das Betragen, aber besonders den Grund, und oft
wirst Du vor andern oder vor Dir selbst erröten müssen.
— Vielleicht hat die Natur Dir jene Klarheit, zu Deinem
Glücke, versagt, jene traurige Klarheit, die mir zu jeder
Miene den Gedanken, zu jedem Worte den Sinn, zu jeder
Handlung den Grund nennt. Sie zeigt mir alles, was
mich umgibt, und mich selbst, in seiner ganzen armseligen
Blöße, und der farbige Nebel verschwindet, und alle die
gefällig geworfenen Schleier sinken, und dem Herzen ekelt
zuletzt vor dieser Nacktheit. — O glücklich bist Du, wenn
Du das nicht verstehst. Aber glaube mir, es ist sehr
schwer, immer ganz uneigennützig zu sein.

Und diese schwerste von allen Tugenden, o nie hat ihr
Heiligenschein diesen Menschen verlassen, solange ich ihn
kannte, auch nicht auf einen Augenblick. Immer von seiner
liebenden Seele geführt, wählte er in jedem streitenden Falle
nie sein eignes, immer das fremde Interesse; und
das tat er nicht nur in wichtigen Lagen, nicht nur in solchen
Lagen, wo die Augen der Menschen auf ihn gerichtet waren
(denn da zeigt sich freilich mancher durch eine Anstrengung
uneigennützig, der es ohne diese Anstrengung nicht wäre),
— auch in den unscheinbarsten, unbemerktesten Fällen
(und das ist bei weitem mehr) zeigte sich seine Seele immer
von derselben unbefleckten Uneigennützigkeit, selbst in solchen
Augenblicken, wo wir im gemeinen Leben gern einen
kleinen Eigennutz verzeihen, und das immer ganz im stillen,
ganz anspruchslos, ohne die mindeste Rechnung auf Dank,
ja, selbst dann, wenn es ohne meine, durch das Entzücken
über diese nie erblickte Erscheinung immer rege Aufmerksamkeit gar nicht empfunden und verstanden worden wäre.

Kleist und Brokes reisten über Berlin durch die Mark („also
gibt es davon nichts Interessantes zu erzählen," sagt Kleist) nach
Leipzig, wo sich die Freunde immatrikulieren ließen, Kleist unter
dem Namen Klingstedt, als Student der Mathematik.


## Kleist an Wilhelmine

Leipzig, den 1. September 1800

Mein liebes Minchen. Diesmal empfange ich auf
meiner Reise wenig Vergnügen durch die Reise. Zuerst
ist das Wetter meistens immer schlecht, auch war die Gegend bisher nicht sonderlich, und wo es doch etwas Sel-
teneres zu sehen gibt, da müssen wir, unser Ziel im Auge,
schnell vorbeirollen. Wenn ich doch zuweilen vergnügt bin,
so bin ich es nur durch die Erinnerung an Dich. Vor-
gestern auf der Reise, als die Nacht einbrach, lag ich mit
dem Rücken auf dem Stroh unseres Korbwagens und
blickte gerade hinauf in das unermeßliche Weltall. Der
Himmel war malerisch schön. Zerrissene Wolken, bald
ganz dunkel, bald hell vom Monde erleuchtet, zogen über
mich weg. Brokes und ich, wir suchten beide und fanden
Aehnlichkeiten in den Formen des Gewölks, er die seinigen,
ich die meinigen. Wir empfanden den feinen Regen nicht,
der von oben herab uns die Gesichter sanft benetzte. Endlich ward es mir doch zu arg, und ich deckte mir den Mantel
über den Kopf. Da stand die geliebte Form, die mir das
Gewölk gezeigt hatte, ganz deutlich, mit allen Umrissen
und Farben im engen Dunkel vor mir. Ich habe mir Dich
in diesem Augenblick ganz lebhaft und gewiß vollkommen
wahr vorgestellt und bin überzeugt, daß an dieser Vorstellung nichts fehlte, nichts an Dir selbst, nichts an
Deinem Anzuge, nicht das goldene Kreuz und seine Lage,
nicht der harte Reifen, der mich so oft erzürnte, selbst nicht
das bräunliche Mal in der weichen Mitte Deines rechten
Armes. Tausendmal habe ich es geküßt und Dich selbst.

Dann drückte ich Dich an meine Brust und schlief in Deinen Armen ein. . . .

Mein Geschäft ist abgetan, und weil noch ein Stündchen Zeit übrig ist, ehe die Post abgeht, so nutze ich es, wie ich am besten kann, und plaudere mit Dir.

Ich will Dir umständlicher die Geschichte unsrer Immatrikulation erzählen.

Wir gingen zu dem Magnificus, Professor Wenk, eröffneten ihm, wir wären aus der Insel Rügen, wollten kommenden Winter auf der hiesigen Universität zubringen, vorher aber noch eine Reise ins Erzgebirge machen und wünschten daher jetzt gleich Matrikeln zu erhalten. Er fragte nach unseren Vätern. Brokes' Vater war ein Amtmann, meiner ein invalider schwedischer Kapitän. Er machte weiter keine Schwierigkeiten, las uns die akademischen Gesetze vor, gab sie uns gedruckt, streute viele weise Ermahnungen ein, überlieferte uns dann die Matrikeln und entließ uns in Gnaden. Wir gingen nach Hause, bestellten Post, wickelten unsere Schuhe und Stiefeln in die akademischen Gesetze und hoben sorgsam die Matrikeln auf.

Liebstes Mädchen, ich küsse Dich — — Adieu. Ich muß zusiegeln. Ich habe auch an Tante und Ulrike geschrieben.

Dein Heinrich

Bei schlechtem Wetter ging es nach Dresden und von dort schon am nächsten Tage weiter. „Sind Sie in Dresden gewesen?" — Ja, durchgereist. — „Haben Sie das grüne Gewölbe gesehen?" — Nein. — „Das Schloß?" — Von außen. — „Königstein?" — Von weitem. — „Pillnitz, Moritzburg?" — Gar nicht. — „Mein Gott, wie ist das möglich!" — Möglich, mein Freund? Das ist notwendig. —

In Dresden erfuhr der Reiseplan eine Aenderung; auf Grund von Nachrichten des dortigen englischen Gesandten entschlossen sie sich, nicht über Prag nach Wien, sondern über Bayreuth nach Würzburg oder Straßburg zu gehen.

## Kleist an Wilhelmine

Oederan, im Erzgebirge, den 4. Sept. 1800<br>Abends 9 Uhr

Hier bin ich nun 6 Meilen von Dresden. Brokes wünscht hier zu übernachten, aus Gründen, die ich Dir in der Folge mitteilen werde. Ich benutzte noch die erste Viertelstunde, um Dir an einem Tage auch noch den zweiten Brief zu schreiben. Mein letzter Brief aus Dresden ist auch vom 4., von heute. Du sollst an Nachrichten von mir nicht Mangel haben. Aber diese Absicht ist nun erfüllt, und eigentlich bin ich herzlich müde. Also gute Nacht, liebes Mädchen, morgen schreibe ich mehr.

Chemnitz, d. 5. September, morgens 8 Uhr

Wie doch zwei Kräfte in dem Menschen sich streiten! Immer weiter von Dir führt mich die eine, die Pflicht, und die andere, die Neigung, strebt immer wieder zu Dir zurück. Aber die höhere Macht soll siegen, und sie wird es. Laß mich nur ruhig meinem Ziele entgegengehen, Wilhelmine. Ich wandle auf einem guten Wege, das fühle ich an meinem heitern Selbstbewußtsein, an der Zufriedenheit, die mir das Innere durchwärmt. Wie würde ich sonst mit solcher Zuversicht zu Dir sprechen? Wie würde ich sonst Dich noch mit inniger Freude die Meinige nennen können? Wie würde ich die schöne Natur, die jetzt mich umgibt, so froh und ruhig genießen können? Ja, liebes Mädchen, das letzte ist entscheidend. Einsamkeit in der offenen Natur, das ist der Prüfstein des Gewissens. In Gesellschaften, auf den Straßen, in dem Schauspiele mag es schweigen, denn da wirken die Gegenstände nur auf den Verstand, und bei ihnen braucht man kein Herz. Aber wenn man die weite, edlere, erhabenere Schöpfung vor sich sieht — ja, da braucht man ein Herz, da regt es sich unter der Brust und klopft an das Gewissen. Der erste Blick flog in die weite Natur, der zweite schlüpft heimlich in unser innerstes Bewußtsein. Finden wir uns selbst häßlich, uns allein in diesem Ideale von Schönheit, ja, dann ist es vorbei mit der Ruhe, und weg ist Freude und Genuß. Da drückt es uns die Brust zusammen, wir können das Hohe und Göttliche nicht fassen und wandeln stumpf und sinnlos wie Sklaven durch die Paläste ihrer Herren. Da ängstigt uns die Stille der Wälder, da schreckt uns das Geschwätz der Quelle, uns ist die Gegenwart Gottes zur Last, und wir stürzen uns in das Gewühl der Menschen, um uns selbst unter der Menge zu verlieren, und wünschen uns nie, nie wiederzufinden.

Wie froh bin ich, daß doch wenigstens ein Mensch in der Welt ist, der mich ganz versteht. Ohne Brokes würde mir vielleicht Heiterkeit, vielleicht selbst Kraft zu meinem Unternehmen fehlen. Denn ganz auf sein Selbstbewußtsein zurückgewiesen zu sein, nirgends ein Paar Augen finden, die uns Beifall zunicken — und doch rechttun, das soll freilich, sagt man, die Tugend der Helden sein. Aber wer weiß, ob Christus am Kreuze getan haben würde, was er tat, wenn nicht aus dem Kreise wütender Verfolger seine Mutter und seine Jünger feuchte Blicke des Entzückens auf ihn geworfen hätten.

Die Post ist vor der Türe, adieu.

Lungwitz, um ½11 Uhr

O welch ein herrliches Geschenk des Himmels ist ein schönes Vaterland! Wir sind durch ein einziges Tal gefahren, romantisch schön. Da ist Dorf an Dorf, Garten an Garten, herrlich bewässert, schöne Gruppen von Bäumen an den Ufern, alles wie eine englische Anlage. Jeder Bauernhof ist eine Landschaft. Reinlichkeit und Wohlstand

blickt aus allem hervor. Man sieht aus dem Ganzen,
daß auch der Knecht und die Magd hier das Leben genießen. Frohsinn und Wohlwollen spricht uns aus jedem
Auge an. Die Mädchen sind zum Teil höchst interessant
gebildet. Das findet man meistens in allen Gebirgen.
Wahrlich, wenn ich Dich nicht hätte und reich wäre, ich
sagte à dieu — toutes les beautés des villes. Ich
durchreisete die Gebirge, besonders die dunkeln Täler, spräche
ein von Haus zu Haus, und wo ich ein blaues Auge unter
dunkeln Augenwimpern oder bräunliche Locken auf dem
weißen Nacken fände, da wohnte ich ein Weilchen und sähe
zu, ob das Mädchen auch im Innern so schön sei wie
von außen. Wäre das, und wäre auch nur ein Fünkchen
von Seele in ihr, ich nähme sie mit mir, sie auszubilden
nach meinem Sinn. Denn das ist nun einmal mein Bedürfnis; und wäre ein Mädchen auch noch so vollkommen,
ist sie fertig, so ist es nichts für mich. Ich selbst muß
es mir formen und ausbilden, sonst, fürchte ich, geht es
mir wie mit dem Mundstück an meiner Klarinette. Die
kann man zu Dutzenden auf der Messe kaufen, aber wenn
man sie braucht, so ist kein Ton rein. Da gab mir einst
der Musikus Baer in Potsdam ein Stück, mit der Versicherung, das sei gut, er könne gut darauf spielen. Ja,
er, das glaub' ich. Aber mir gab es lauter falsche
quiekende Töne an. Da schnitt ich mir von einem gesunden
Rohre ein Stück ab, formte es nach meinen Lippen, schabte
und kratzte mit dem Messer, bis es in jeden Einschnitt
meines Mundes paßte — — und das ging herrlich. Ich
spielte nach Herzenslust. —

Zuweilen bin ich auf Augenblicke ganz vergnügt. Wenn
ich so im offenen Wagen sitze, den Mantel gut geordnet,
die Pfeife brennend, neben mir Brokes, tüchtige Pferde,
guter Weg, und immer rechts und links die Erscheinungen
wechseln, wie Bilder auf dem Tuche bei dem Gucklasten

— und vor mir das schöne Ziel, und hinter mir das liebe Mädchen — — und in mir Zufriedenheit — dann, ja dann bin ich froh, recht herzlich froh.

Wenn Du einmal könntest neben mir sitzen, zur Linken, Arm an Arm, Hand in Hand, immer Gedanken wechselnd und Gefühle, bald mit den Lippen, bald mit den Fingern — ja, das würden schöne, süße, herrliche Tage sein.

### Kleist an Wilhelmine

Würzburg, den 12. September

Mein liebes Herzensmädchen, o wenn ich Dir sagen dürfte, wie vergnügt ich bin. — Doch das darf ich nicht. Sei Du auch vergnügt. Aber laß uns davon abbrechen. Bald, bald mehr davon. —

Was Dir das hier für ein Leben auf den Straßen ist, aus Furcht vor den Franzosen, das ist unbeschreiblich. Bald Flüchtende, bald Pfaffen, bald Reichstruppen, das läuft alles buntscheckig durcheinander und fragt und antwortet und erzählt Neuigkeiten, die in 2 Stunden für falsch erklärt werden.

Der hiesige Kommandant, General D'Allaglio, soll wirklich im Ernst diese Festung behaupten wollen. Aber sei ruhig. Es gilt bloß die Zitadelle, nicht die Stadt. Auch diese ist zwar befestigt, aber sie liegt ganz in der Tiefe, ist ganz unhaltbar, und für sie, sagt man, sei schon eine Kapitulation im Werke. Nach meiner Einsicht ist aber die Zitadelle ebenso unhaltbar. Sie ist nach der Befestigungskunst des Mittelalters erbaut, das heißt schlecht. Es war eine unglückliche Idee, hier eine Festung anzulegen. Aber ursprünglich scheint es eine alte Burg zu sein, die nur nach und nach erweitert worden ist. Schon die Lage ist ganz unvorteilhaft, denn in der Nähe eines

Flintenschusses liegt ein weit höherer Berg, der den Felsen der Zitadelle ganz beherrscht. Man will sich indessen in die Kasematten flüchten, und der Kommandant soll geäußert haben, er wolle sich halten, bis ihm das Schnupftuch in der Tasche brennt. Wenn er klug ist, so zündet er es sich selbst an und rettet so sein Wort und sein Leben. Indessen ist wirklich die Zitadelle mit Proviant auf 3 Monate versehen. Auch soll viel Geschütz oben sein — doch das alles soll nur sein, hinauf auf das Zitadell darf keiner. Viele Schießscharten sind da, das ist wahr, aber das sind vielleicht bloße Metonymien.

Besonders des Abends auf der Brücke ist ein ewiges Laufen hinüber und herüber. Da stehen wir denn in einer Nische, Brokes und ich, und machen Glossen und sehen es diesem oder jenem an, ob er seinen Wein in Sicherheit hat, ob er sich vor der Säkularisation fürchtet oder ob er den Franzosen freundlich ein Glas Wein vorsetzen wird. Die meisten, wenigstens von der Bürgern, scheinen die letzte Partie ergreifen zu wollen. Das muß man ihnen aber abmerken, denn durch die Rede erfährt man von ihnen nichts. Du glaubst nicht, welche Stille in allen öffentlichen Häusern herrscht. Jeder kommt hin, um etwas zu erfahren, niemand, um etwas mitzuteilen. Es scheint, als ob jeder erst abwarten wollte, wie man ihm kommt, um dann dem andern ebenso zu kommen. Aber das ist eben das Eigentümliche der katholischen Städte. Da hängt man den Mantel, wie der Wind kommt.

Soeben erfahre ich die gewisse Nachricht, daß der Waffenstillstand auf unbestimmte Zeit verlängert ist, also schließe ich diesen Brief, damit Du so früh als möglich diese frohe Nachricht erhältst, die unsre Wünsche reifen soll. Adieu. Bleibe mir treu. Bald ein Mehreres.

Dein Freund Heinrich

Würzburg, den 13. September 1800

Mädchen! Wie glücklich wirst Du sein! Und ich! Wie wirst Du an meinem Halse weinen, heiße, innige Freudentränen! Wie wirst Du mir mit Deiner ganzen Seele danken! — Doch still! Noch ist nichts ganz entschieden, aber — der Würfel liegt, und wenn ich recht sehe, wenn nicht alles mich täuscht, so stehen die Augen gut. Sei ruhig. In wenigen Tagen kommt ein froher Brief an Dich, ein Brief, Wilhelmine, der — — Doch ich soll ja nicht reden, und so will ich denn noch schweigen auf diese wenigen Tage. Nur diese gewisse Nachricht will ich Dir mitteilen: ich gehe von hier nicht weiter nach Straßburg, sondern bleibe in Würzburg. Eher als Du glaubst, bin ich wieder bei Dir in Frankfurt. Küsse mich, Mädchen, denn ich verdiene es.

Laß uns tun, als ob wir nichts Interessanteres miteinander zu plaudern hätten als fremdartige Dinge. Denn das, was mir die ganze Seele erfüllt, darf ich Dir nicht, jetzt noch nicht, mitteilen.

den 14. September

Nirgends kann man den Grad der Kultur einer Stadt und überhaupt den Geist ihres herrschenden Geschmacks schneller und doch zugleich richtiger kennenlernen als — in den Lesebibliotheken.

Höre, was ich darin fand, und ich werde Dir ferner nichts mehr über den Ton von Würzburg zu sagen brauchen.

„Wir wünschen ein Paar gute Bücher zu haben." — Hier steht die Sammlung zu Befehl. — „Etwa von Wieland." — Ich zweifle fast. — „Oder von Schiller, Goethe." — Die möchten hier schwerlich zu finden sein. — „Wie? Sind alle diese Bücher vergriffen? Wird hier so stark gelesen?" — Das eben nicht. — „Wer liest denn hier eigentlich am meisten?" Juristen, Kaufleute und verheiratete Damen. — „Und die unverheirateten?" — Sie dürfen keine fordern. — „Und die Studenten?" — Wir haben Befehl, ihnen keine zu geben. — „Aber sagen Sie uns, wenn so wenig gelesen wird, wo in aller Welt sind denn die Schriften Wielands, Goethes, Schillers?" — Halten zu Gnaden, diese Schriften werden hier gar nicht gelesen. — „Also Sie haben sie gar nicht in der Bibliothek?" — Wir dürfen nicht. — „Was stehen denn also eigentlich für Bücher hier an diesen Wänden?" — Rittergeschichten, lauter Rittergeschichten, rechts die Rittergeschichten mit Gespenstern, links ohne Gespenster, nach Belieben. — „So, so." — —

den 16. September

Nur gar zu leicht glaubt man, man habe alles getan, wenn man die ernsten Gebräuche der Religion beobachtet, wenn man fleißig in die Kirche geht, täglich betet und jährlich zweimal das Abendmahl nimmt.

Und doch sind dies alles nur Zeichen eines Gefühls, das auch ganz anders sich ausdrücken kann. Denn mit demselben Gefühle, mit welchem Du bei dem Abendmahle das Brot nimmst aus der Hand des Priesters, mit demselben Gefühle, sage ich, erwürgt der Mexikaner seinen Bruder vor dem Altare seines Götzen.

Ich will Dich dadurch nur aufmerksam machen, daß alle diese religiösen Gebräuche nichts sind als menschliche Vorschriften, die zu allen Zeiten verschieden waren und noch in diesem Augenblicke an allen Orten verschieden sind. Darin kann also das Wesen der Religion nicht liegen, weil es ja sonst höchst schwankend und ungewiß wäre. Wer steht uns dafür, daß nicht in kurzem ein zweiter Luther unter uns aufsteht und umwirft, was jener baute. Aber in uns flammt eine Vorschrift — und die muß göttlich sein, weil sie ewig und allgemein ist, sie heißt: erfülle Deine Pflicht; und dieser Satz enthält die Lehren aller Religionen.

Alle anderen Sätze folgen aus diesem und sind in ihm gegründet, oder sie sind nicht darin begriffen, und dann sind sie unfruchtbar und unnütz.

Daß ein Gott sei, daß es ein ewiges Leben, einen Lohn für die Tugend, eine Strafe für das Laster gebe, das alles sind Sätze, die in jenem nicht gegründet sind und die wir also entbehren können. Denn gewiß sollen wir sie nach dem Willen der Gottheit selbst entbehren können, weil sie es uns selbst unmöglich gemacht hat, es einzusehen und zu begreifen. Würdest Du nicht mehr tun, was recht ist, wenn der Gedanke an Gott und Unsterblichkeit nur ein Traum wäre? Ich nicht.

Daher bedarf ich zwar zu meiner Rechtschaffenheit dieser Sätze nicht; aber zuweilen, wenn ich meine Pflicht erfüllt habe, erlaube ich mir, mit stiller Hoffnung an einen Gott zu denken, der mich sieht, und an eine frohe Ewigkeit, die meiner wartet; denn zu beiden fühle ich mich doch mit meinem Glauben hingezogen, den mein Herz mir ganz zusichert und mein Verstand mehr bestätigt, als widerspricht.

Aber dieser Glaube sei irrig oder nicht — gleichviel! Es warte auf mich eine Zukunft oder nicht — gleichviel! Ich erfülle für dieses Leben meine Pflicht, und wenn Du mich fragst: warum?, so ist die Antwort leicht: eben weil es meine Pflicht ist.

Kleist an Wilhelmine

Würzburg, den 10. Oktober 1800

Liebes Mädchen. Alles, was ich Glück nenne, kann nur von Deiner Hand mir kommen, und wenn Du mir dieses Glück wünschest, ja dann kann ich wohl ganz ruhig in die Zukunft blicken, dann wird es mir gewiß zuteil werden. Liebe und Bildung, das ist alles, was ich begehre, und wie froh bin ich, daß die Erfüllung dieser beiden unerläßlichen Bedürfnisse, ohne die ich jetzt nicht mehr glücklich sein könnte, nicht von dem Himmel abhängt, der, wie bekannt, die Wünsche der armen Menschen so oft unerfüllt läßt, sondern einzig und allein von Dir.

Du hast doch meinen letzten Brief, den ich am Anfange dieses Monats schrieb und den ich einen Hauptbrief nennen möchte*, wenn nicht bald ein zweiter erschiene, der noch wichtiger sein wird — Du hast ihn doch erhalten? Vielleicht hast Du ihn in diesen Tagen empfangen, vielleicht empfängst Du ihn in diesem Augenblicke — O wenn ich jetzt neben Dir stehen könnte, wenn ich Dir diesen unverständlichen Brief erklären dürfte, wenn ich Dich vor Mißverständnissen sichern könnte, wenn ich jede unwillige Regung Deines Gefühls gleich in dem ersten Augenblick der Entstehung unterdrücken dürfte — —. Zürne nicht, liebes Mädchen, ehe Du mich ganz verstehst! Wenn ich mich gegen Dich vergangen habe, so habe ich es auch durch die teuersten Opfer wieder gutgemacht. Laß mir die Hoffnung, daß Du mir verzeihen wirst, so werde ich den Mut haben, Dir alles zu bekennen. Höre nur erst mein Bekenntnis an, und ich bin gewiß, daß Du dann nicht mehr zürnen wirst. —

In meiner Seele sieht es aus wie in dem Schreibtische

---

* Der Brief ist nicht erhalten.

eines Philosophen, der ein neues System ersann und einzelne Hauptgedanken auf zerstreute Papiere niederschrieb. Eine große Idee — für Dich, Wilhelmine, schwebt mir unaufhörlich vor der Seele!

Ich ersuchte Dich doch einst, mir aufzuschreiben, was Du Dir denn eigentlich von dem Glücke einer künftigen Ehe versprächst?

Jetzt, Wilhelmine, werde auch ich Dir mitteilen, was ich mir von dem Glücke einer künftigen Ehe verspreche. Ehemals durfte ich das nicht, aber jetzt — o Gott! Wie froh macht mich das! — Ich werde Dir die Gattin beschreiben, die mich jetzt glücklich machen kann — — und das ist die große Idee, die ich für Dich im Sinne habe. Das Unternehmen ist groß, aber der Zweck ist es auch. Ich werde jede Stunde, die mir meine künftige Lage übrig lassen wird, diesem Geschäfte widmen. Das wird meinem Leben neuen Reiz geben und uns beide schneller durch die Prüfungszeit führen, die uns bevorsteht. In fünf Jahren, hoffe ich, wird das Werk fertig sein.

Fürchte nicht, daß die beschriebene Gattin nicht von der Erde sein wird und daß ich sie erst in dem Himmel finden werde. Ich werde sie in 5 Jahren auf dieser Erde finden und mit meinen irdischen Armen umschließen —. Ich werde von der Lilie nicht verlangen, daß sie in die Höhe schießen soll, wie die Zeder, und der Taube kein Ziel stecken, wie dem Adler. Ich werde aus der Leinwand kein Bild hauen und auf dem Marmor nicht malen. Ich kenne die Masse, die ich vor mir habe, und weiß, wozu sie taugt. Es ist ein Erz mit gediegenem Golde, und mir bleibt nichts übrig, als das Metall von dem Gestein zu scheiden. Klang und Gewicht und Unverletzbarkeit in der Feuerprobe hat es von der Natur erhalten, die Sonne der Liebe wird ihm Schimmer und Glanz geben, und ich habe nach der metallurgischen Scheidung nichts weiter zu tun, als mich zu wärmen und zu sonnen in den Strahlen, die seine Spiegelfläche auf mich zurückwirft.

Ich selbst fühle, wie matt diese Bildersprache gegen den Sinn ist, der mich belebt — — O wenn ich Dir nur einen Strahl von dem Feuer mitteilen könnte, das in mir flammt! Wenn Du es ahnen könntest, wie der Gedanke, aus Dir einst ein vollkommenes Wesen zu bilden, jede Lebenskraft in mir erwärmt, jede Fähigkeit in mir bewegt, jede Kraft in mir in Leben und Tätigkeit setzt! — Du wirst es mir kaum glauben, aber ich sehe oft stundenlang aus dem Fenster und gehe in zehn Kirchen und besehe diese Stadt von allen Seiten und sehe doch nichts als ein einziges Bild — Dich, Wilhelmine, und zu Deinen Füßen zwei Kinder und auf Deinem Schoße ein drittes, und höre, wie Du den kleinsten sprechen, den mittleren fühlen, den größten denken lehrst und wie Du den Eigensinn des einen zu Standhaftigkeit, den Trotz des andern zu Freimütigkeit, die Schüchternheit des dritten zu Bescheidenheit und die Neugierde aller zu Wißbegierde umzubilden weißt, sehe, wie Du, ohne viel zu plaudern, durch Beispiele Gutes lehrst und wie Du ihnen in Deinem eignen Bilde zeigst, was Tugend ist und wie liebenswürdig sie ist. — — Ist es ein Wunder, Wilhelmine, wenn ich für diese Empfindungen die Sprache nicht finden kann?

O lege den Gedanken wie einen diamantenen Schild an Deine Brust: ich bin zu einer Mutter geboren! Jeder andere Gedanke, jeder andere Wunsch fahre zurück von diesem undurchbringlichen Harnisch. Was könnte Dir sonst die Erde für ein Ziel bieten, das nicht verachtungswürdig wäre? Sie hat nichts, was Dir einen Wert geben kann, wenn es nicht die Bildung edler Menschen ist. Dahin richte Dein heiligstes Bestreben! Das ist das einzige, was Dir die Erde einst verdanken kann. Gehe nicht von ihr, wenn sie sich schämen müßte, Dich nutzlos durch ein Menschenalter getragen zu haben! Verachte alle die niederen Zwecke des Lebens. Dieser einzige wird Dich über alle erheben. In ihm wirst Du Dein wahres Glück finden, alle andern können Dich nur auf Augenblicke vergnügen. Er wird Dir Achtung für Dich selbst einflößen, alles andere kann nur Deine Eitelkeit kitzeln; und wenn Du einst an seinem Ziele stehst, so wirst Du mit Selbstzufriedenheit auf Deine Jugend zurückblicken und nicht wie tausend andere unglückliche Geschöpfe Deines Geschlechts die versäumte Bestimmung und das versäumte Glück in bittern Stunden der Einsamkeit beweinen.

Und so laß uns denn beide, Hand in Hand, unserm Ziele entgegengehen, jeder dem seinigen, das ihm zunächst liegt, und wir beide dem letzten, nach dem wir beide streben. Dein nächstes Ziel sei, Dich zu einer Mutter, das meinige, mich zu einem Staatsbürger zu bilden, und das fernere Ziel, nach dem wir beide streben und das wir uns beide wechselseitig sichern können, sei das Glück der Liebe.

Gute Nacht, Wilhelmine, meine Braut, einst meine Gattin, einst die Mutter meiner Kinder!

den 11. Oktober

Ich finde jetzt die Gegend um diese Stadt weit angenehmer, als ich sie bei meinem Einzuge fand; ja ich möchte fast sagen, daß ich sie jetzt schön finde — und ich weiß nicht, ob sich die Gegend verändert hat oder das Herz, das ihren Eindruck empfing. Wenn ich jetzt auf der steinernen Mainbrücke stehe, die das Zitadell von der Stadt trennt, und den gleitenden Strom betrachte, der durch Berge und Auen in tausend Krümmungen heranströmt und unter meinen Füßen wegfließt, so ist es mir, als ob ich über ein Leben erhaben stünde. Ich stehe daher gern am Abend auf diesem Gewölbe

und lasse den Wasserstrom und den Luftstrom mir entgegen-
rauschen. Oder ich kehre mich um und verfolge den Lauf
des Flusses, bis er sich in die Berge verliert, und verliere
mich selbst dabei in stille Betrachtungen. Besonders ein
Schauspiel ist mir sehr merkwürdig. Geradeaus strömt der
Main von der Brücke weg und pfeilschnell, als hätte er
sein Ziel schon im Auge, als sollte ihn nichts abhalten, es
zu erreichen, als wollte er es, ungeduldig, auf dem kürzesten
Wege ereilen — aber ein Rebenhügel beugt seinen stürmischen Lauf, sanft, aber mit festem Sinn, wie eine Gattin
den stürmischen Willen ihres Mannes, und zeigt ihm mit
edler Standhaftigkeit den Weg, der ihn ins Meer führen
wird — — und er ehrt die bescheidene Warnung und
folgt der freundlichen Weisung und gibt sein voreiliges
Ziel auf und durchbricht den Rebenhügel nicht, sondern um-
geht ihn, mit beruhigtem Laufe, seine blumigen Füße ihm
küssend. — —

Selbst von dem Berge aus, von dem ich Würzburg
zuerst erblickte, gefällt es mir jetzt, und ich möchte fast sagen,
daß es von dieser Seite am schönsten sei. Ich sah es letzthin von diesem Berge in der Abenddämmerung, nicht ohne
inniges Vergnügen. Die Höhe senkt sich allmählich herab,
und in der Tiefe liegt die Stadt. Von beiden Seiten
hinter ihr ziehen im halben Kreise Bergketten sich heran
und nähern sich freundlich, als wollten sie sich die Hände
geben, wie ein paar alte Freunde nach einer langen verflossenen Beleidigung — aber der Main tritt zwischen sie
wie die bittere Erinnerung, und sie wanken, und keiner
wagt es, zuerst hinüberzuschreiten, und folgen beide langsam dem scheidenden Strome, wehmütige Blicke über die
Scheidewand wechselnd. —

In der Tiefe, sagte ich, liegt die Stadt, wie in der
Mitte eines Amphitheaters. Die Terrassen der um-
schließenden Berge dienten statt der Logen, Wesen aller

Art blickten als Zuschauer voll Freude herab und sangen und sprachen Beifall, oben in der Loge des Himmels stand Gott. Und aus dem Gewölbe des großen Schauspielhauses sank der Kronleuchter der Sonne herab und versteckte sich hinter der Erde — denn es sollte ein Nachtstück aufgeführt werden. Ein blauer Schleier umhüllte die ganze Gegend, und es war, als wäre der azurne Himmel selbst herniedergesunken auf die Erde. Die Häuser in der Tiefe lagen in dunklen Massen da, wie das Gehäuse einer Schnecke, hoch empor in die Nachtluft ragten die Spitzen der Türme, wie die Fühlhörner eines Insekts, und das Klingeln der Glocken klang wie der heisere Ruf des Heimchens — und hinten starb die Sonne, aber hochrot glühend vor Entzücken, wie ein Held, und das blasse Zodiakallicht umschimmerte sie, wie eine Glorie das Haupt eines Heiligen. — —

Aber keine Erscheinung in der Natur kann mir eine so wehmütige Freude abgewinnen als ein Gewitter am Morgen, besonders wenn es ausgedonnert hat. Wir hatten hier vor einigen Tagen dies Schauspiel — o, es war eine prächtige Szene! Im Westen stand das nächtliche Gewitter und wütete wie ein Tyrann, und von Osten her stieg die Sonne herauf, ruhig und schweigend, wie ein Held. Und seine Blitze warf ihm das Ungewitter zischend zu und schalt ihn laut mit der Stimme des Donners — er aber schwieg, der göttliche Stern, und stieg herauf und blickte mit Hoheit herab auf den unruhigen Nebel unter seinen Füßen und sah sich tröstend um nach den andern Sonnen, die ihn umgaben, als ob er seine Freunde beruhigen wollte. — Und einen letzten fürchterlichen Donnerschlag schleuderte ihm das Ungewitter entgegen, als ob es seinen ganzen Vorrat von Galle und Geifer in einem Funken ausspeien wollte — aber die Sonne wankte nicht in ihrer Bahn und nahte sich unerschrocken und bestieg den Thron des Himmels — — und blaß, wie vor Schreck, entfärbte sich die Nacht des

Gewölks, und zerstob wie dünner Rauch, und sank unter den Horizont, wenige schwache Flüche murmelnd. — —

Aber welch ein Tag folgte diesem Morgen! Laue Luftzüge wehten mich an, leise flüsterte das Laub, große Tropfen fielen mit langen Pausen von den Bäumen, ein mattes Licht lag ausgegossen über die Gegend, und die ganze Natur schien ermattet nach dieser großen Anstrengung, wie ein Held nach der Arbeit des Kampfes. — Doch ich wollte ja kein Buch machen und will nur kurz und gut schließen. Schreibe mir, ob Du mir verzeihen kannst, und schicke den Brief an Karln, damit ich ihn bei meiner Ankunft in Berlin gleich empfange. Dann sollst Du mehr hören.                                        H. K.

# Innere Kämpfe

Die mit so großen Hoffnungen unternommene Reise hatte den gewünschten Erfolg gebracht. Als ein innerlich und äußerlich Genesener kehrt Kleist Ende Oktober 1800 „seelenheiter" nach Berlin zurück. Noch hatte Kleist jedoch in der Residenz nicht festen Fuß gefaßt, als bereits neue Wolken den Himmel zu verdunkeln begannen. Die Sorge um den Lebensunterhalt fordert seine Entscheidung für einen Beruf, er aber fühlt sich außerstande, ein Amt zu übernehmen.

### Kleist an Wilhelmine

Berlin, den 13. November 1800

Ich will kein Amt nehmen. Warum will ich es nicht? — O, wie viele Antworten liegen mir auf der Seele! Ich kann nicht eingreifen in ein Interesse, das ich mit meiner Vernunft nicht prüfen darf. Ich soll tun, was der Staat von mir verlangt, und doch soll ich nicht untersuchen, ob das, was er von mir verlangt, gut ist. Zu seinen unbekannten Zwecken soll ich ein bloßes Werkzeug sein — ich kann es nicht. Ein eigener Zweck steht mir vor Augen, nach ihm würde ich handeln müssen, und, wenn der Staat es anders will, dem Staate nicht gehorchen dürfen. Meinen Stolz würde ich darin suchen, die Aussprüche meiner Vernunft geltend zu machen gegen den Willen meiner Obern — nein, Wilhelmine, es geht nicht, ich passe mich für kein Amt. Ich bin auch wirklich zu ungeschickt, um es zu führen. Ordnung, Genauigkeit, Geduld, Unverdrossenheit, das sind Eigenschaften, die bei einem Amte unentbehrlich find und die mir doch ganz fehlen. Ich arbeite nur für meine Bildung gern, und da bin ich unüberwindlich geduldig und unverdrossen. Aber für die Amtsbesoldung Listen zu schreiben und Rechnungen zu führen — ach, ich würde eilen, eilen, daß sie nur fertig würden, und zu meinen geliebten Wissenschaften zurückkehren. Ich würde die Zeit meinem Amte stehlen, um sie meiner Bildung zu widmen — nein, Wilhelmine, es geht nicht, es geht nicht. Ja, ich bin selbst zu ungeschickt, mir ein Amt zu erwerben. Denn zufrieden, mir wirklich Kenntnisse zu erwerben, bekümmert es mich wenig, ob andere sie in mir wahrnehmen. Sie zur Schau aufstellen oder zum Kauf ausbieten, wäre mir ganz unmöglich — und würde man denjenigen wohl begünstigen, der den Stolz hat, jede Gunst zu entbehren, und der durch keine andere Fürsprache steigen will als durch die Fürsprache seiner eigenen Verdienste? — Aber das Entscheidendste ist dieses, daß selbst ein Amt, und wäre es eine Ministerstelle, mich nicht glücklich machen kann. Mich nicht, Wilhelmine — denn eines ist gewiß, ich bin einmal in meinem Hause glücklich oder niemals, nicht auf Bällen, nicht im Opernhause, nicht in Gesellschaften, und wären es die Gesellschaften der Fürsten, ja wäre es auch die Gesellschaft unsres eignen Königs — — und wollte ich darum Minister werden, um häusliches Glück zu genießen? Wollte ich darum mich in eine Hauptstadt begraben und mich in ein Chaos von verwickelten Verhältnissen stürzen, um still und ruhig bei meiner Frau zu leben? Wollte ich mir darum Ehrenstellen erwerben und mich darum mit Ordensbändern behängen, um Staat zu machen damit vor meinem Weibe und meinen Kindern? Ich will von der Freiheit nicht reden, weil Du mir schon einmal Einwürfe dagegen gemacht hast, ob Du zwar wohl gleich, wie alle Weiber, das nicht recht verstehen magst; aber Liebe und Bildung sind zwei unerläßliche Bedingungen meines

zukünftigen Glückes — — und was könnte mir in einem
Amte davon zuteil werden, als höchstens ein karger, spar-
samer Teil von beiden? Wollte ich an die Wissenschaften
gehen, so brächte mir der Sekretär einen Stoß von Akten,
und wollte ich einen großen Gedanken verfolgen, so meldete
mir der Kammerdiener, daß das Vorzimmer voll Fremden
stehe. Wollte ich den Abend bei meinem Weibe zubringen,
so ließe mich der König zu sich rufen, und um mir auch die
Nächte zu rauben, müßte ich in die Provinzen reisen und
die Fabriken zählen. O, wie würde ich den Orden und die
Reichtümer und den ganzen Bettel der großen Welt ver-
wünschen, wie würde ich bitterlich weinen, meine Bestimmung so unwiederbringlich verfehlt zu haben, wie
würde ich mir mit heißer Sehnsucht trockenes Brot
wünschen und mit ihm Liebe, Bildung und Freiheit. —
Nein, Wilhelmine, ich darf kein Amt wählen, weil ich das
ganze Glück, das es gewähren kann, verachte.

Aber kann ich jedes Amt ausschlagen? Das heißt, ist
es möglich? — Ach, Wilhelmine, wie gehe ich mit
klopfendem Herzen an die Beantwortung dieser Frage!
Weißt Du wohl noch am letzten Abend den Erfolg unserer
Berechnungen? — Aber ich glaube doch immer noch —
ich habe doch noch nicht alle Hoffnung verloren. — —
Sieh, Mädchen, ich will Dir sagen, wie ich zuerst auf den
Gedanken kam, daß es wohl möglich sein müsse. Ich dachte,
Du lebst in Frankfurt, ich in Berlin, warum könnten wir
denn nicht, ohne mehr zu verlangen, zusammen leben?
Aber das Herkommen will, daß wir ein Haus bilden sollen,
und unsere Geburt, daß wir mit Anstand leben sollen —
o über die unglückseligen Vorurteile! Wie viele Menschen
genießen mit wenigem, vielleicht mit ein paar hundert
Talern, das Glück der Liebe — und wir sollten es entbehren,
weil wir von Adel sind? — Da dachte ich, weg mit allen
Vorurteilen, weg mit dem Adel, weg mit dem Stande —

gute Menschen wollen wir sein und uns mit der Freude begnügen, die die Natur uns schenkt. Lieben wollen wir uns und bilden, und dazu gehört nicht viel Geld — aber doch etwas, doch etwas — und ist das, was wir haben, wohl hinreichend? Ja, das ist eben die große Frage. O, wenn ich warten wollte, bis ich mir etwas erwerben kann oder will, o, dann bedürften wir weiter nichts als Geduld, denn das ist mir in der Folge gewiß. — Laß mich ganz aufrichtig sein, liebes Mädchen. Ich will von mir mit Dir reden, als spräche ich mit mir selbst. Gesetzt, Du fändest die Rede eitel, was schadet es? Du bist nichts anders als ich, und vor Dir will ich nicht besser erscheinen als vor mir selbst, auch Schwächen will ich vor Dir nicht verstecken. Also aufrichtig und ohne allen Rückhalt.

Ich bilde mir ein, daß ich Fähigkeiten habe, seltnere Fähigkeiten, meine ich. — Ich glaube es, weil mir keine Wissenschaft zu schwer wird; weil ich rasch darin vorrücke, weil ich manches schon aus eigener Erfindung hinzugetan habe — und am Ende glaube ich es auch darum, weil alle Leute es mir sagen. Also kurz, ich glaube es. Da stünde mir nun für die Zukunft das ganze schriftstellerische Fach offen. Darin fühle ich, daß ich sehr gern arbeiten würde. — O, da ist die Aussicht auf Erwerb äußerst vielseitig. Ich könnte nach Paris gehen und die neueste Philosophie in dieses neugierige Land verpflanzen — doch das siehst Du alles so vollständig nicht ein als ich. Da müßtest Du schon meiner bloßen Versicherung glauben, und ich versichere Dir hiermit, daß, wenn Du mir nur ein paar Jahre, höchstens sechs, Spielraum gibst, ich dann gewiß Gelegenheit finden werde, mir Gold zu erwerben.

Aber so lange sollen wir noch getrennt sein —? Liebe Wilhelmine, ich will auch hierin ganz aufrichtig sein. Ich fühle, daß es mir notwendig ist, bald ein Weib zu haben. Dir selbst wird meine Ungeduld nicht entgangen sein — ich muß diese

80

unruhigen Wünsche, die mich unaufhörlich wie Schuldner
mahnen, zu befriedigen suchen. Sie stören mich in meinen
Beschäftigungen — auch damit ich moralisch gut bleibe, ist es
nötig. — Sei aber ganz ruhig, ich bleibe es gewiß. Nur
kämpfen möchte ich nicht gern. Man muß sich die Tugend so
leicht machen als möglich. Wenn ich nur erst ein Weib habe, so
werde ich meinem Ziele ganz ruhig und ganz sicher entgegengehen — aber bis dahin — o werde bald, bald mein Weib.

Also ich wünsche es mit meiner ganzen Seele und entsage
dem ganzen prächtigen Bettel von Adel und Stand und
Ehre und Reichtum, wenn ich nur Liebe bei Dir finde. Wenn
es nur möglich ist, daß wir so ohne Mangel beieinander
leben können, etwa sechs Jahre lang, nämlich bis so lange,
wo ich mir etwas zu erwerben hoffe, o dann bin ich glücklich.

## Kleist an Ulrike

Berlin, den 25. November 1800

Liebe Ulrike. Die überschickten 260 Reichstaler habe
ich erhalten und wünsche statt des Dankes herzlich, für so
viele mir erfüllten Wünsche Dir auch einmal einen der
Deinigen erfüllen zu können.

Ich habe jetzt manches auf dem Herzen, das ich zwar
allen verschweigen muß, aber doch Dir gern mitteilen
möchte, weil ich von Dir nicht fürchten darf, ganz miß-
verstanden zu werden.

Indessen das würde, wenn ich ausführlich sein wollte,
einen gar zu langen Brief kosten, und daher will ich Dir
nur ganz kurz einige Hauptzüge meiner jetzigen Stimmung
mitteilen.

Ich fühle mich nämlich mehr als jemals abgeneigt, ein
Amt zu nehmen. Vor meiner Abreise war das anders —
jetzt hat sich die Sphäre für meinen Geist und für mein
Herz ganz unendlich erweitert — das mußt Du mir
glauben, liebes Mädchen.

Solange die Metallkugel noch kalt ist, so läßt sie sich wohl hineinschieben in das enge Gefäß, aber sie paßt nicht mehr dafür, wenn man sie glühet — fast so wie der Mensch nicht für das Gefäß eines Amtes, wenn ein höheres Feuer ihn erwärmt.

Ich fühle mich zu ungeschickt, mir ein Amt zu erwerben, zu ungeschickt, es zu führen, und am Ende verachte ich den ganzen Bettel von Glück, zu dem es führt.

Als ich diesmal in Potsdam war, waren zwar die Prinzen, besonders der jüngere, sehr freundlich gegen mich, aber der König war es nicht — und wenn er meiner nicht bedarf, so bedarf ich seiner noch weit weniger. Denn mir möchte es nicht schwer werden, einen andern König zu finden, ihm aber, sich andere Untertanen aufzusuchen.

Am Hofe teilt man die Menschen ein, wie ehemals die Chemiker die Metalle, nämlich in solche, die sich dehnen und strecken lassen, und in solche, die dies nicht tun. — Die ersten werden dann fleißig mit dem Hammer der Willkür geklopft, die andern aber, wie die Halbmetalle, als unbrauchbar verworfen.

Denn selbst die besten Könige entwickeln wohl gern das schlummernde Genie, aber das entwickelte drücken sie stets nieder; und sie sind wie der Blitz, der entzündliche Körper wohl entflammt, aber die Flamme ausschlägt. — —

Nie ist mir die Zukunft dunkler gewesen als jetzt, obgleich ich nie heiterer hineingesehen habe als jetzt.

Was ich aber für einen Lebensweg einschlagen werde —? Noch weiß ich es nicht. Nach einem anderen Amte möchte ich mich denn schwerlich umsehen. Unaufhörliches Fortschreiten in meiner Bildung, Unabhängigkeit und häusliche Freuden, das ist es, was ich unerläßlich zu meinem Glücke bedarf. Das würde mir kein Amt geben, und daher will ich mir auf irgendeinem andern Wege erwerben, und sollte ich mich mit Gewalt von allen Vorurteilen losreißen müssen, die mich binden.

Aber behalte dies alles für Dich. Niemand versteht
es, das haben mir tausend Erfahrungen bestätigt.

„Wenn Du Dein Wissen nicht nutzen willst, warum
strebst Du denn so nach Wahrheit?" So fragen mich viele
Menschen, aber was soll man ihnen darauf antworten?
Die einzige Antwort, die es gibt, ist diese: weil es
Wahrheit ist! — Aber wer versteht das?

Darum will ich jetzt soviel als möglich alle Vertrauten
und Ratgeber vermeiden. Kann ich meine Wünsche nicht
ganz erfüllen, so bleibt mir immer noch ein akademisches
Lehramt übrig, das ich von allen Aemtern am liebsten
nehmen würde.

Also sei auch Du so ruhig, mein liebes Ulrikchen, als
ich es bin, und denke mit mir, daß, wenn ich hier keinen
Platz finden kann, ich vielleicht auf einem andern Stern
einen um so bessern finden werde.

Adieu. Lebe wohl und sei vergnügt auf dem Lande.

Dein treuer Bruder<br>
Heinrich

Gerade jetzt, wo Kleist eines verstehenden Freundes am meisten
bedurft hätte, verläßt ihn Brokes. Kleist fühlt sich vereinsamter
als je, und so führen die inneren Konflikte schließlich zur Krisis.

## Kleist an Wilhelmine

Berlin, den 31. Januar 1801

Mein Freund Brokes, von dem mein Herz ganz voll
ist, hat mich verlassen, er ist nach Mecklenburg gegangen,
dort ein Amt anzutreten, das seiner wartet — — und mit
ihm habe ich den einzigen Menschen in dieser volkreichen
Königsstadt verloren, der mein Freund war, den einzigen, den ich recht wahrhaft ehrte und liebte, den einzigen, für den ich in Berlin Herz und Gefühl haben konnte,
den einzigen, dem ich es ganz geöffnet hatte und der jede,

auch selbst seine geheimsten Falten kannte. Von keinem andern kann ich dies letzte sagen, niemand versteht mich ganz, niemand kann mich ganz verstehen, als er und Du — ja selbst Du vielleicht, liebe Wilhelmine, wirst mich und meine künftigen Handlungen nie ganz verstehen, wenn Du nicht für das, was ich höher achte als die Liebe, einen so hohen Sinn fassen kannst als er.

## Kleist an Ulrike

Berlin, den 5. Februar 1801

In Gesellschaften komme ich selten. Die jüdischen würden mir die liebsten sein, wenn sie nicht so pretiös mit ihrer Bildung täten. An dem Juden Cohen habe ich eine interessante Bekanntschaft gemacht, nicht sowohl seinetwillen, als wegen seines prächtigen Kabinetts von physikalischen Instrumenten, das er mir zu benutzen erlaubt hat. Zuweilen bin ich bei Clausius, wo die Gäste meistens interessanter sind als die Wirte. Einmal habe ich getanzt und war vergnügt, weil ich zerstreut war. Huth ist hier und hat mich in die gelehrte Welt eingeführt, worin ich mich aber so wenig wohl befinde als in der ungelehrten. Diese Menschen sitzen sämtlich wie die Raupe auf einem Blatte, jeder glaubt, seines sei das beste, und um den Baum bekümmern sie sich nicht.

Ach, liebe Ulrike, ich passe mich nicht unter die Menschen, es ist eine traurige Wahrheit, aber eine Wahrheit; und wenn ich den Grund ohne Umschweife angeben soll, so ist es dieser: sie gefallen mir nicht. Ich weiß wohl, daß es bei dem Menschen wie bei dem Spiegel eigentlich auf die eigene Beschaffenheit beider ankommt, wie die äußern Gegenstände darauf einwirken sollen; und mancher würde aufhören, über die Verderbtheit der Sitten zu schelten, wenn ihm der Gedanke einfiele, ob nicht vielleicht bloß der Spiegel, in welchen das Bild der Welt fällt, schief und schmutzig ist. Indessen, wenn ich mich in Gesellschaften nicht wohl befinde, so geschieht dies weniger, weil andere, als vielmehr weil ich mich selbst nicht zeige, wie ich es wünsche. Die Notwendigkeit, eine Rolle zu spielen, und ein innerer Widerwillen dagegen machen mir jede Gesellschaft lästig, und froh kann ich nur in meiner eigenen Gesellschaft sein, weil ich da ganz wahr sein darf. Das darf man unter Menschen nicht sein, und keiner ist es. —

Ach, es gibt eine traurige Klarheit, mit welcher die Natur viele Menschen, die an dem Dinge nur die Oberfläche sehen, zu ihrem Glücke verschont hat. Sie nennt mir zu jeder Miene den Gedanken, zu jedem Wort den Sinn, zu jeder Handlung den Grund — sie zeigt mir alles, was mich umgibt, und mich selbst in seiner ganzen armseligen Blöße, und dem Herzen ekelt zuletzt vor dieser Nacktheit. —

Dazu kommt bei mir eine unerklärliche Verlegenheit, die unüberwindlich ist, weil sie wahrscheinlich eine ganz physische Ursache hat. Mit der größten Mühe nur kann ich sie so verstecken, daß sie nicht auffällt — o, wie schmerzhaft ist es, in dem Äußern ganz stark und frei zu sein, indessen man im Innern ganz schwach ist, wie ein Kind, ganz gelähmt, als wären uns alle Glieder gebunden, wenn man sich nie zeigen kann, wie man wohl möchte, nie frei handeln kann und selbst das Große versäumen muß, weil man vorausempfindet, daß man nicht standhalten wird, indem man von jedem äußeren Eindrucke abhängt und das albernste Mädchen oder der elendeste Schuft von élégant uns durch die matteste persiflage vernichten kann. —

Das alles verstehst Du vielleicht nicht, liebe Ulrike, es ist wieder kein Gegenstand für die Mitteilung, und der andere müßte das alles aus sich selbst kennen, um es zu verstehen.

Selbst die Säule, an welcher ich mich sonst in dem Strudel des Lebens hielt, wankt — — Ich meine die

Liebe zu den Wissenschaften. — Aber wie werde ich mich hier wieder verständlich machen? — Liebe Ulrike, es ist ein bekannter Gemeinplatz, daß das Leben ein schweres Spiel sei; und warum ist es schwer? Weil man beständig und immer von neuem eine Karte ziehen soll und doch nicht weiß, was Trumpf ist; ich meine darum, weil man beständig und immer von neuem handeln soll und doch nicht weiß, was recht ist. Wissen kann unmöglich das Höchste sein — handeln ist besser als wissen. Aber ein Talent bildet sich im stillen, doch ein Charakter nur in dem Strome der Welt. Zwei ganz verschiedene Ziele sind es, zu denen zwei ganz verschiedene Wege führen. Kann man sie beide nicht vereinigen, welches soll man wählen? Das höchste oder das, wozu uns unsere Natur treibt?

Aber auch selbst dann, wenn bloß Wahrheit mein Ziel wäre — ach, es ist so traurig, weiter nichts als gelehrt zu sein. Alle Männer, die mich kennen, raten mir, mir irgendeinen Gegenstand aus dem Reiche des Wissens auszuwählen und diesen zu bearbeiten. — Ja freilich, das ist der Weg zum Ruhme, aber ist dieser mein Ziel? Mir ist es unmöglich, mich wie ein Maulwurf in ein Loch zu graben und alles andere zu vergessen. Mir ist keine Wissenschaft lieber als die andere, und wenn ich eine vorziehe, so ist es nur, wie einem Vater immer derjenige von seinen Söhnen der liebste ist, den er eben bei sich sieht. — Aber soll ich immer von einer Wissenschaft zur andern gehen und immer nur auf ihrer Oberfläche schwimmen und bei keiner in die Tiefe gehen? Das ist die Säule, welche schwankt.

Ich habe freilich einen Vorrat von Gedanken zur Antwort auf alle diese Zweifel. Indessen reif ist noch keiner. —

Goethe* sagt, wo eine Entscheidung soll geschehen, da

---

* Schiller in den Piccolomini: „Wo eine Entscheidung soll geschehen, da muß vieles sich glücklich treffen und zusammenfinden.“

muß vieles zusammentreffen. — Aber ist es nicht eine
Unart, nie den Augenblick der Gegenwart ergreifen zu
können, sondern immer in der Zukunft zu leben? — Und
doch, wer wendet sein Herz nicht gern der Zukunft zu, wie
die Blumen ihre Kelche der Sonne?  Gute Nacht, es ist
spät. Grüße Deine liebe Wirtin und alle Bekannte.

H. K.

„Die Säule, an der ich mich sonst in dem Strudel des Lebens
hielt, wankt," so hatte Kleist seiner Schwester andeutend geschrieben. Er fühlt sich „eines der Opfer der Torheit, deren die
Kantische Philosophie so viele auf dem Gewissen hat. Der Gedanke, daß wir hienieden von der Wahrheit nichts, gar nichts
wissen, daß das, was wir Wahrheit nennen, nach dem Tode ganz
anders heißt, dieser Gedanke hat mich in dem Heiligtum meiner
Seele erschüttert." Kants Vernunftkritik war Kleist zum Erlebnis
geworden, zum Erlebnis von einer Intensität und Unmittelbarkeit,
wie sie nur bei Menschen seines Schlags möglich ist, die es mit der
Wahrheitssuche so bitter ernst nehmen, daß sie ihr Ich mit allen
Fasern an dieses Ziel hingeben, ohne dabei Denken und Persönlichkeit zu trennen. So ist denn auch die Wirkung direkt nieder-
schmetternd. Kleist sieht keinen Ausweg aus den Zweifeln. Und
wie schon einmal, glaubt er die innere Unrast durch das wechselnde,
ereignisreiche Leben auf Reisen beschwichtigen zu können.

## Kleist an Wilhelmine

Berlin, den 22. März 1801

Ich komme jetzt zu dem Gedanken aus Deinem Briefe,
der mir in meiner Stimmung der teuerste sein mußte und
der meiner verwundeten Seele fast so wohltat wie Balsam
einer körperlichen Wunde.

Du schreibst: „Wie sieht es aus in Deinem Innern?
Du würdest mir viele Freude machen, wenn Du mir etwas
mehr davon mitteiltest als bisher; glaube mir, ich kann
leicht fassen, was Du mir sagst, und ich möchte gern Deine
Hauptgedanken mit Dir teilen."

Liebe Wilhelmine, ich erkenne an diesen fünf Zeilen mehr als an irgend etwas, daß Du wahrhaft meine Freundin bist. Nur unsere äußern Schicksale interessieren die Menschen, die innern nur den Freund. Unsere äußere Lage kann ganz ruhig sein, indessen unser Innerstes ganz bewegt ist.

Ach, ich kann Dir nicht beschreiben, wie wohl es mir tut, einmal jemandem, der mich versteht, mein Innerstes zu öffnen. Eine ängstliche Bangigkeit ergreift mich immer, wenn ich unter Menschen bin, die alle von dem Grundsatze ausgehen, daß man ein Narr sei, wenn man ohne Vermögen jedes Amt ausschlägt. Du wirst nicht so hart über mich urteilen — nicht wahr?

Ja, allerdings dreht sich mein Wesen jetzt um einen Hauptgedanken, der mein Innerstes ergriffen hat, er hat eine tief erschütternde Wirkung auf mich hervorgebracht. — Ich weiß nur nicht, wie ich das, was seit 3 Wochen durch meine Seele flog, auf diesem Blatte zusammenpressen soll. Aber Du sagst ja, Du kannst mich fassen — also darf ich mich schon etwas kürzer fassen. Ich werde Dir den Ursprung und den ganzen Umfang dieses Gedankens nebst allen seinen Folgerungen einst, wenn Du es wünschest, weitläufiger mitteilen. Also jetzt nur so viel.

Ich hatte schon als Knabe (mich dünkt am Rhein durch eine Schrift von Wieland) mir den Gedanken angeeignet, daß die Vervollkommnung der Zweck der Schöpfung wäre. Ich glaubte, daß wir einst nach dem Tode von der Stufe der Vervollkommnung, die wir auf diesem Sterne erreichten, auf einem andern weiter fortschreiten würden und daß wir den Schatz von Wahrheiten, den wir hier sammelten, auch dort einst brauchen könnten. Aus diesen Gedanken bildete sich so nach und

88

nach eine eigene Religion, und das Bestreben, nie auf einen Augenblick hienieden stillzustehen und immer unaufhörlich einem höhern Grade von Bildung entgegenzuschreiten, ward bald das einzige Prinzip meiner Tätigkeit. Bildung schien mir das einzige Ziel, das des Bestrebens, Wahrheit der einzige Reichtum, der des Besitzes würdig ist. — Ich weiß nicht, liebe Wilhelmine, ob Du diese zwei Gedanken: Wahrheit und Bildung, mit einer solchen Heiligkeit denken kannst als ich — Das freilich würde doch nötig sein, wenn Du den Verfolg dieser Geschichte meiner Seele verstehen willst. Mir waren sie so heilig, daß ich diesen beiden Zwecken, Wahrheit zu sammeln und Bildung mir zu erwerben, die kostbarsten Opfer brachte — Du kennst sie. — Doch ich muß mich kurz fassen.

Vor kurzem ward ich mit der neueren sogenannten Kantischen Philosophie bekannt — und Dir muß ich jetzt daraus einen Gedanken mitteilen, indem ich nicht fürchten darf, daß er Dich so tief, so schmerzhaft erschüttern wird, als mich. Auch kennst Du das Ganze nicht hinlänglich, um sein Interesse vollständig zu begreifen. Ich will indessen so deutlich sprechen, als möglich.

Wenn alle Menschen statt der Augen grüne Gläser hätten, so würden sie urteilen müssen, die Gegenstände, welche sie dadurch erblicken, sind grün — und nie würden sie entscheiden können, ob ihr Auge ihnen die Dinge zeigt, wie sie sind, oder ob es nicht etwas zu ihnen hinzutut, was nicht ihnen, sondern dem Auge gehört. So ist es mit dem Verstande. Wir können nicht entscheiden, ob das, was wir Wahrheit nennen, wahrhaft Wahrheit ist, oder ob es uns nur so scheint. Ist das letzte, so ist die Wahrheit, die wir hier sammeln, nach dem Tode nicht mehr — und alles Bestreben, ein Eigentum sich zu erwerben, das uns auch in das Grab folgt, ist vergeblich. —

Ach, Wilhelmine, wenn die Spitze dieses Gedankens Dein Herz nicht trifft, so lächle nicht über einen andern, der sich tief in seinem heiligsten Innern davon verwundet fühlt. Mein einziges, mein höchstes Ziel ist gesunken, und ich habe nun keines mehr. —

Seit diese Ueberzeugung, nämlich, daß hienieden keine Wahrheit zu finden ist, vor meine Seele trat, habe ich nicht wieder ein Buch angerührt. Ich bin untätig in meinem Zimmer umhergegangen, ich habe mich an das offene Fenster gesetzt, ich bin hinausgelaufen ins Freie, eine innerliche Unruhe trieb mich zuletzt in Tabagien und Kaffeehäuser, ich habe Schauspiele und Konzerte besucht, um mich zu zerstreuen, ich habe sogar, um mich zu betäuben, eine Torheit begangen, die Dir Karl lieber erzählen mag als ich; und dennoch war der einzige Gedanke, den meine Seele in diesem äußeren Tumulte mit glühender Angst bearbeitete, immer nur dieser; dein einziges, dein höchstes Ziel ist gesunken. —

An einem Morgen wollte ich mich zur Arbeit zwingen, aber ein innerlicher Ekel überwältigte meinen Willen. Ich hatte eine unbeschreibliche Sehnsucht, an Deinem Halse zu weinen oder wenigstens einen Freund an die Brust zu drücken. Ich lief, so schlecht das Wetter auch war, nach Potsdam, ganz durchnäßt kam ich dort an, drückte Leopold, Gleißenberg, Rühle ans Herz, und mir ward wohler. —

Rühle verstand mich am besten. Lies doch, sagte er mir, den Kettenträger (ein Roman). Es herrscht in diesem Buche eine sanfte, freundliche Philosophie, die Dich gewiß aussöhnen wird, mit allem, worüber Du zürnst. Es ist wahr, er selbst hatte aus diesem Buche einige Gedanken geschöpft, die ihn sichtbar ruhiger und weiser gemacht hatten. Ich faßte den Mut, diesen Roman zu lesen.

Die Rede war von Dingen, die meine Seele längst schon selbst bearbeitet hatte. Was darin gesagt ward, war

von mir schon längst im voraus widerlegt. Ich fing
schon an, unruhig zu blättern, als der Verfasser nun gar
von ganz fremdartigen politischen Händeln weitläufig zu
räsonieren anfing. — Und das soll die Nahrung sein
für meinen glühenden Durst? — Ich legte still und be-
klommen das Buch auf den Tisch, ich drückte mein Haupt
auf das Kissen des Sofas, eine unaussprechliche Leere
erfüllte mein Inneres, auch das letzte Mittel, mich zu
heben, war fehlgeschlagen. — Was sollst Du nun tun?
rief ich. Nach Berlin zurückkehren ohne Entschluß? Ach,
es ist der schmerzlichste Zustand, ganz ohne ein Ziel zu
sein, nach dem unser Inneres, froh-beschäftigt, fortschreitet
— und das war ich jetzt. —

Du wirst mich doch nicht falsch verstehen, Wilhelmine?
— Ich fürchte es nicht.

In dieser Angst fiel mir ein Gedanke ein.

Liebe Wilhelmine, laß mich reisen. Arbeiten kann ich
nicht, das ist nicht möglich, ich weiß nicht, zu welchem
Zwecke. Ich müßte, wenn ich zu Hause bliebe, die Hände
in den Schoß legen und denken. So will ich lieber
spazierengehen und denken. Die Bewegung auf der Reise
wird mir zuträglicher sein als dieses Brüten auf einem
Flecke. Ist es eine Verirrung, so läßt sie sich vergüten
und schützt mich vor einer andern, die vielleicht unwiderruflich wäre. Sobald ich einen Gedanken ersonnen habe,
der mich tröstet, sobald ich einen Zweck gefaßt habe, nach
dem ich wieder streben kann, so kehre ich um, ich schwöre
es Dir. Mein Bild schicke ich Dir, und Deines nehme
ich mit mir. Willst Du es mir unter diesen Bedingungen
erlauben? Antworte bald darauf Deinem treuen Freunde

Heinrich

N. S. Heute früh schreibe ich Ulriken, daß ich wahrscheinlich, wenn Du es mir erlaubst, nach Frankreich reisen

würde. Ich habe ihr versprochen, nicht das Vaterland
zu verlassen, ohne es ihr vorher zu sagen. Will sie mit-
reisen, so muß ich es mir gefallen lassen. Ich zweifle aber,
daß sie die Bedingungen annehmen wird. Denn ich kehre um,
sobald ich weiß, was ich tun soll. Sei ruhig. Es
muß etwas Gutes aus diesem innern Kampfe hervorgehn.

Ulrike, die stets Reiselustige, ist schnell entschlossen, ihn zu begleiten, und so sieht sich Kleist, der eigentlich nur mit dem Gedanken spielte und dem sein Vorhaben schon wieder leid ist, fast
gegen seinen Willen gezwungen, mit ihr den großen Spaziergang
nach Paris anzutreten.

## Kleist an Wilhelmine

Berlin, den 9. April 1801

Liebe Wilhelmine! Meine teure, meine einzige
Freundin! Ich nehme Abschied von Dir! — Ach, mir
ist es, als wäre es auf ewig! Ich habe mich wie ein
spielendes Kind auf die Mitte der See gewagt, es erheben sich heftige Winde, gefährlich schaukelt das Fahrzeug
über den Wellen, das Getöse übertönt alle Besinnung, ich
kenne nicht einmal die Himmelsgegend, nach welcher ich
steuern soll, und mir flüstert eine Ahnung zu, daß mir
mein Untergang bevorsteht —

Ach, ich weiß es, diese Zeilen sind nicht dazu gemacht,
Dir den Abschied zu erleichtern. Aber willst Du nicht mit-
empfinden, wenn ich leide? O gewiß! Wärst Du sonst
meine Freundin?

Ich will Dir erzählen, wie in diesen Tagen das Schicksal mit mir gespielt hat.

Du kennst die erste Veranlassung zu meiner bevorstehenden Reise. Es war im Grunde nichts als ein innerlicher Ekel vor aller wissenschaftlichen Arbeit. Ich wollte
nur nicht müßig die Hände in den Schoß legen und brüten,
mir lieber unter der Bewegung einer Fußreise ein neues
Ziel suchen, da ich das alte verloren hatte, und zurückkehren,

92

sobald ich es gefunden hätte. Die ganze Idee der Reise war also eigentlich nichts als ein großer Spaziergang. Ich hatte aber Ulriken versprochen, nicht über die Grenzen des Vaterlandes zu reisen, ohne sie mitzunehmen. Ich kündigte ihr daher meinen Entschluß an. Als ich dies aber tat, hoffte ich zum Teil, daß sie ihn wegen der großen Schnelligkeit und der außerordentlichen Kosten nicht annehmen würde, teils fürchtete ich auch nicht, daß, wenn sie ihn annähme, dieser Umstand die eigentliche Absicht meiner Reise verändern könnte. Doch höre, wie das blinde Verhängnis mit mir spielte. Ich erkundigte mich bei verschiedenen Männern, ob ich Pässe zur Reise haben müßte. Sie sagten mir, daß, wenn ich allein auf der Post reiste, ich mit meiner Studenten-Matrikel wohl durchkommen würde; in Gesellschaft meiner Schwester aber und eines Bedienten müßte ich durchaus einen Paß haben, weil sonst die Reise eines Studenten mit seiner unverheirateten Schwester gewiß auffallen würde, wie ich selbst fürchte. Pässe waren aber nicht anders zu bekommen als bei dem Minister der auswärtigen Angelegenheiten, Herrn v. Alvensleben, und auch bei diesem nicht anders, als wenn man einen hinreichenden Zweck zur Reise angeben kann.

Welchen Zweck sollte ich aber angeben? Den wahren? Konnte ich das? Einen falschen? Durfte ich das? — Ich wußte nun gar nicht, was ich tun sollte. Ich war schon im Begriff, Ulriken die ganze Reise abzuschreiben, als ich einen Brief bekam, daß sie in drei Tagen hier schon eintreffen würde. Vielleicht, dachte ich nun, läßt sie sich mit einer kleineren Reise begnügen, und war schon halb und halb willens, ihr dies vorzuschlagen; aber Karl hatte schon an so viele Leute so viel von meiner Reise nach Paris erzählt, und ich selbst war damit nicht ganz verschwiegen gewesen, so daß nun die Leute schon anfingen, mir Aufträge zu geben — —

sollte sich nun mein Entschluß auf einmal wie ein Wetterhahn drehen?

Ach, Wilhelmine, wir dünken uns frei, und der Zufall führt uns allgewaltig an tausend feingesponnenen Fäden fort. Ich mußte also nun reisen, ich mochte wollen oder nicht. Ich erzählte Karln diese ganze seltsame Veränderung meiner Lage, er tröstete mich und sagte, ich möchte mich jetzt nur in die Verhältnisse fügen, er hoffte, es würde vielleicht recht gut werden und besser als ich es glaubte. Denn das ist sein Glaube, daß, wenn uns das Schicksal einen Strich durch die Rechnung macht, dies grade oft zu unserm Besten ausfalle. Darf ich es hoffen —?

Ich mußte also nun auch Pässe fordern. Aber welchen Zweck sollte ich angeben? — Ach, meine liebe Freundin, kann man nicht in Lagen kommen, wo man selbst mit dem besten Willen doch etwas tun muß, was nicht ganz recht ist? Wenn ich nicht reiste, hätte ich da nicht Ulriken angeführt? Und wenn ich reiste und also Pässe haben mußte, mußte ich da nicht etwas Unwahres zum Zwecke angeben? — Ich gab also denjenigen Zweck an, der wenigstens nicht ganz unwahr ist, nämlich auf der Reise zu lernen (welches eigentlich in meinem Sinn ganz wahr ist) oder, wie ich mich ausdrückte: in Paris zu studieren, und zwar Mathematik und Naturwissenschaft. — — Ach, Wilhelmine, ich studieren? In dieser Stimmung? —

Doch es mußte so sein. Die Minister und alle Professoren und alle Bekannten wünschen mir Glück — am Hofe wird es ohne Zweifel bekannt — soll ich nun zurückkehren über den Rhein, so wie ich hinüberging? Habe ich nicht selbst die Erwartung der Menschen gereizt? Werde ich nun nicht in Paris im Ernste etwas lernen müssen?

Ach, Wilhelmine, in meiner Seele ziehen die Gedanken durcheinander wie Wolken im Ungewitter. Ich weiß nicht, was ich tun soll. — Alles, was die Menschen von meinem Verstande erwarten, ich kann es nicht leisten. Die Mathematiker glauben, ich werde dort Mathematik studieren, die Chemiker, ich werde von Paris große chemische Kenntnisse zurückbringen — und doch wollte ich eigentlich nichts, als allem Wissen entfliehen. Ja, ich habe mir sogar Adressen an französische Gelehrte müssen mitgeben lassen, und so komme ich denn wieder in jenen Kreis von kalten, trocknen, einseitigen Menschen, in deren Gesellschaft ich mich nie wohlbefand.

Ach, liebe Freundin, ehemals dachte ich mit so großer Entzückung an eine Reise — jetzt nicht. Ich versprach mir sonst so viel davon — jetzt nicht. Ich ahne nichts Gutes. — Ich hatte eine unbeschreibliche Sehnsucht, Dich noch einmal zu sehen, und war schon im Begriff, Dir selbst zu Fuße das Bild zu bringen. Aber immer ein neues Verhältnis und wieder ein neues machte es mir unmöglich. Ja, hätte mir Karl sein Pferd gegeben, ich hätte Dich doch noch einmal umarmt; aber er wollte und konnte auch nicht.

Und so lebe denn wohl! — Ach, Wilhelmine, schenkte mir der Himmel ein grünes Haus, ich gäbe alle Reisen und alle Wissenschaft und allen Ehrgeiz auf immer auf! Denn nichts als Schmerzen gewährt mir dieses ewig bewegte Herz, das wie ein Planet unaufhörlich in seiner Bahn zur Rechten und zur Linken wankt, und von ganzer Seele sehne ich mich, wonach die ganze Schöpfung und alle immer langsamer und langsamer rollenden Weltkörper streben, nach Ruhe!

Liebe Wilhelmine, Deine Eltern werden die Köpfe schütteln, Ahlemann wird besorgt sein, die Mädchen werden flüstern — wirst Du irgend jemandem jemals mehr Glauben

beimessen als mir? O dann, dann wärst Du meiner
nicht wert! Denn diesen ganzen innerlichen Kampf, der
eigentlich unsere Liebe gar nichts angeht, hat unaufhörlich
der Wunsch, einst in Deinen Armen davon auszuruhen,
unterbrochen; und hell und lebendig ist in mir das Bewußtsein, daß ich schnell lieber den Tod wählen möchte, als
durch das ganze Leben das Gefühl, Dich betrogen zu haben,
mit mir herumzuschleppen.

Ich werde Dir oft schreiben. Aber es mögen Briefe
ausbleiben, so lange sie wollen, Du wirst immer überzeugt
sein, daß ich alle Abend und alle Morgen, wenn nicht öfter,
an Dich denke. Dasselbe werde ich von Dir glauben. Also
niemals Mißtrauen oder Bangigkeit. Vertrauen auf
uns, Einigkeit unter uns!

Und nun noch ein paar Aufträge. Beifolgendes Bild*
konnte ich, wegen Mangel an Geld, das ich sehr nötig
brauche, nicht einfassen lassen. Tue Du es auf meine
Kosten. Einst ersetze ich sie Dir. Möchtest Du es ähnlicher
finden als ich. Es liegt etwas Spöttisches darin, das mir
nicht gefällt, ich wollte, er hätte mich ehrlicher gemalt. —
Dir zu gefallen, habe ich fleißig während des Malens ge-
lächelt, und so wenig ich auch dazu gestimmt war, so gelang
es mir doch, wenn ich an Dich dachte. Du hast mir so
oft mit der Hand die Runzeln von der Stirn gestrichen,
darum habe ich in dem Gemälde, wo es nicht möglich war,
dafür gesorgt, daß es auch nicht nötig war. So, ich
meine so freundlich, werde ich immer aussehen, wenn
wenn — — o Gott! Wann? — Küsse das Bild auf
der Stirn, da küsse ich es jetzt auch.

Der zweite Auftrag ist dieser, mir anzukündigen, ob
ich Dir 73 Rth. oder etwas weniger schuldig bin. Karl

---

* Es ist das bekannte Miniaturporträt Kleists, das einzige,
das wir von ihm, außer einem Jugendbildnis, besitzen.

meint, ich hätte Dir schon etwas bezahlt, aber ich weiß von
nichts. Schreibe mir dies, auch ob ich das Geld der
Randow oder Karl geben oder Dir selbst überschicken soll.

Und nun lebe wohl. — Wenn Du mir gleich ant-
wortest, so trifft mich Dein Brief noch in Berlin. Dann
werde ich Dir zwar nicht mehr von hier, aber doch vielleicht
schon von Potsdam schreiben.

Lebe wohl — Grüße alles, wenigstens Luise, der
Du alle meine Briefe zeigen kannst. Mache, wenn Du
willst, überhaupt gar kein Geheimnis mehr aus unsrer Liebe,
trage das Bild öffentlich, ich selbst habe es hier bei
Clausius, der Glogern, Ulrike 2c. 2c. gezeigt, und alle
wissen, für wen es bestimmt war. Nenne mich Deinen
Geliebten, denn ich bin es — und lebe wohl, lebe wohl
— lebe wohl. — Behalte mich lieb in Deinem innersten
Herzen, bleibe treu, traue fest auf mich — lebe wohl —
lebe wohl. — Heinrich.

(Schicke mir doch das Bild-Futteral sogleich zurück,
denn es gehört zu Deinem Bilde.)

# Nach Paris

Die Reisenden gingen zunächst nach Dresden. Ulrike hat später
(1828) einmal einer Verwandten den Lebenslauf ihres Bruders
seit seiner Abreise aus Frankfurt bis zum Jahre 1809, ehe er zu
seinem letzten Aufenthalt nach Berlin ging, erzählt. Die Nieder-
schrift dieses Berichts hat sich uns erhalten und ergänzt die Briefe
Kleists in mancher Hinsicht. Sie sagt von diesen Tagen:

## In Dresden

Ulrikes Bericht

Er wollte fort. Wir reisten also ab. Zuerst bis
Dresden. Da gefiel es ihm so sehr, daß er nicht fort-
zubringen war. Er sah die Gemälde, die Kunstwerke und
lebte nur für die Kunst. Er machte Bekanntschaft mit
einem jungen Maler Lohse, der ihn rumführte und statt,
wie er glaubte, Heinrich belehren zu können, verwundert
dastand und ihm zuhörte, was er über die Kunstwerke
sagte. Er hielt es nicht für unmöglich, daß ein Nicht-selbst-
Maler so Gemälde beurteilen, so darüber sprechen könnte.
Der Maler Lohse war mit einem Fräulein von Schlieben
versprochen, die wir nebst ihrer Schwester schon früher
hatten kennengelernt, sehr liebe gute Mädchen, die mit
großer Herzlichkeit an uns hingen. — Wir hatten uns in
Dresden eigne Pferde gekauft, um damit die Reise zu
machen. Diese waren schon längst angeschafft, aber
Heinrich konnte sich nach langem Zaudern erst spät zur
Abreise entschließen. Wir gingen nun nach Leipzig.

## Kleist an Wilhelmine

Leipzig, den 21. Mai 1801

Ich zweifle, daß ich auf meiner ganzen bevorstehenden Reise, selbst Paris nicht ausgenommen, eine Stadt finden werde, in welcher die Zerstreuung so leicht und angenehm ist, als Dresden. Nichts war so fähig, mich so ganz ohne alle Erinnerung wegzuführen von dem traurigen Felde der Wissenschaft, als diese in dieser Stadt gehäuften Werke der Kunst. Die Bildergalerie, die Gipsabgüsse, das Antikenkabinett, die Kupferstichsammlung, die Kirchenmusik in der katholischen Kirche, das alles waren Gegenstände, bei deren Genuß man den Verstand nicht braucht, die nur allein auf Sinn und Herz wirken. Mir war so wohl bei diesem ersten Eintritt in diese für mich ganz neue Welt voll Schönheit. Täglich habe ich die griechischen Ideale und die italienischen Meisterstücke besucht und jedesmal, wenn ich in die Galerie trat, stundenlang vor dem einzigen Raffael dieser Sammlung, vor jener Mutter Gottes gestanden mit dem hohen Ernste, mit der stillen Größe, ach Wilhelmine, und mit Umrissen, die mich zugleich an zwei geliebte Wesen erinnerten.

Nirgends fand ich mich aber tiefer in meinem Innersten gerührt als in der katholischen Kirche, wo die größte, erhebendste Musik noch zu den andern Künsten tritt, das Herz gewaltsam zu bewegen. Ach, Wilhelmine, unser Gottesdienst ist keiner. Er spricht nur zu dem kalten Verstande, aber zu allen Sinnen ein katholisches Fest. Mitten vor dem Altar, an seinen untersten Stufen, kniete jedesmal, ganz isoliert von den andern, ein gemeiner Mensch, das Haupt auf die höheren Stufen gebückt, betend mit Inbrunst. Ihn quälte kein Zweifel, er glaubt. — Ich hatte eine unbeschreibliche Sehnsucht, mich neben ihn niederzuwerfen und zu weinen — ach, nur einen Tropfen

Vergeſſenheit, und mit Wolluſt würde ich katholiſch
werden. – Doch davon wollte ich ja eben ſchweigen. –

Ich habe ſelbſt mein eignes Tagebuch vernachläſſigt,
weil mich vor allem Schreiben ekelt. Sonſt waren die
Augenblicke, wo ich mich meiner ſelbſt bewußt ward, meine
ſchönſten — jetzt muß ich ſie vermeiden, weil ich mich
und meine Lage faſt nicht ohne Schaudern denken kann. –

Dresden hat eine große feierliche Lage, in der Mitte der
umkränzenden Elbhöhen, die in einiger Entfernung, als
ob ſie aus Ehrfurcht nicht näherzutreten wagten, es um-
lagern. Der Strom verläßt plötzlich ſein rechtes Ufer
und wendet ſich ſchnell nach Dresden, ſeinen Liebling zu
küſſen. Von der Höhe des Zwingers kann man ſeinen
Lauf faſt bis nach Meißen verfolgen. Er wendet ſich bald
zu dem rechten, bald zu dem linken Ufer, als würde die
Wahl ihm ſchwer, und wankt, wie vor Entzücken, und
ſchlängelt ſich ſpielend in tauſend Umwegen durch das
freundliche Tal, als wollte er nicht in das Meer.

Ich hatte ein paar Adreſſen nach Dresden mit, von denen
ich aber nur eine gebrauchte und die andern verbrannt habe.
Denn für ein Herz, das ſich gern jedem Eindruck hingibt,
iſt nichts gefährlicher als Bekanntſchaften, weil ſie durch
neue Verhältniſſe das Leben immer noch verwickelter
machen, das ſchon verwickelt genug iſt. Doch dieſe Ver-
ſtandsregel war es eigentlich nicht, die mich davon abhielt.
Ich fand aber in Dresden ein paar ſo liebe Leute, daß ich
über ſie alle andern vergaß. Denn ob ich gleich Menſchen,
die ich kennenlerne, leicht liebgewinne und dann gern
unter ihnen bin, ſo habe ich doch kein Bedürfnis, viele
kennenzulernen. Dieſe lieben Leute waren zuerſt der
Hauptmann v. Zanthier, Gouverneur bei dem jungen
Grafen v. Stolberg und Prinzen v. Pleß, ein Mann,
dem das Herz an einer guten Stelle ſitzt. Er machte uns

zuerst mit Dresden bekannt und hat viel zu unserm Vergnügen beigetragen. Außer ihm fanden wir noch in Dresden ein paar Verwandte, den Leutnant v. Einsiedel und seine Frau, welche uns auch mit dem weiblichen Teil von Dresden bekannt machten. Unter diesen waren besonders zwei Fräulein v. Schlieben, arm und freundlich und gut, die Eigenschaften, die zusammengenommen mit zu dem Rührendsten gehören, das ich kenne. Wir sind gern in ihrer Gesellschaft gewesen, und zuletzt waren die Mädchen auch so gern in der unsrigen, daß die eine am Abend bei unserem Abschied aus vollem Herzen weinte.

Von Dresden aus machten wir auch noch eine große Streiferei nach Teplitz, acht Meilen, eine herrliche Gegend, besonders von dem nahegelegenen Schloßberge aus, wo das ganze Land aussieht wie ein bewegtes Meer von Erde, die Berge wie kolossalische Pyramiden, in den schönsten Linien geformt, als hätten die Engel im Sande gespielt. — Von Teplitz fuhren wir tiefer in Böhmen nach Lowositz, das am südlichen Fuße des Erzgebirges liegt, da, wo die Elbe hineintritt. Wie eine Jungfrau unter Männern erscheint, so tritt sie schlank und klar unter die Felsen. Leise mit schüchternem Wanken naht sie sich — das rohe Geschlecht drängt sich, den Weg ihr versperrend, um sie herum, der Glänzend-Reinen ins Antlitz zu schauen — sie aber, ohne zu harren, windet sich, flüchtig errötend, hindurch.

Adieu, adieu. Schreibe mir nach Göttingen, aber gleich, und Dein ganzes Schicksal während der verflossenen Zeit, Deine Verhältnisse, auch etwas von meiner Familie. Wenn es mir so leicht wird wie heute, so schreibe ich bald wieder. Dein treuer Freund

Heinrich

Kleift an Wilhelmine

Paris, den 21. Juli 1801

Von Mainz aus machten wir eine Rheinreise nach Bonn. — Ach, Wilhelmine, das ist eine Gegend wie ein Dichtertraum, und die üppigste Phantasie kann nichts Schöneres erdenken als dieses Tal, das sich bald öffnet, bald schließt, bald blüht, bald öde ist, bald lacht, bald schreckt. Am ersten Tag, bis Koblenz, hatten wir gutes Wetter. Am zweiten, wo wir bis Köln fahren wollten, erhob sich schon bei der Abfahrt ein so starker Sturm, in widriger Richtung, daß die Schiffer mit dem großen Post-schiff, das ganz bedeckt ist, nicht weiterfahren wollten und in einem trierischen Dorfe am Ufer landeten. Da blieben wir von 10 Uhr morgens den ganzen übrigen Tag, immer hoffend, daß sich der Sturm legen würde. Endlich um 11 Uhr in der Nacht schien es ein wenig ruhiger zu werden, und wir schifften uns mit der ganzen Gesellschaft wieder ein. Aber kaum waren wir auf der Mitte des Rheines, als wieder ein so unerhörter Sturm losbrach, daß die Schiffer das Fahrzeug gar nicht mehr regieren konnten. Die Wellen, die auf diesem breiten, mächtigen Strome nicht so unbedeutend sind als die Wellen der Oder, ergriffen das Schiff an seiner Fläche und schleu-derten es so gewaltig, daß es durch sein höchst gefährliches Schwanken die ganze Gesellschaft in Schrecken setzte. Ein jeder klammerte sich, alle andern vergessend, an einen Balken an, ich selbst, mich zu halten. — Ach, es ist nichts ekelhafter als diese Furcht vor dem Tode. Das Leben ist das einzige Eigentum, das nur dann etwas wert ist, wenn wir es nicht achten. Verächtlich ist es, wenn wir es nicht leicht fallen lassen können, und nur der kann es zu großen Zwecken nutzen, der es leicht und freudig weg-werfen könnte. Wer es mit Sorgfalt liebt, moralisch tot ist er schon, denn seine höchste Lebenskraft, nämlich es opfern zu können, modert, indessen er es pflegt. Und doch — o wie unbegreiflich ist der Wille, der über uns waltet! — Dieses rätselhafte Ding, das wir besitzen, wir wissen nicht von wem, das uns fortführt, wir wissen nicht wohin, das unser Eigentum ist, wir wissen nicht, ob wir darüber schalten dürfen, eine Habe, die nichts wert ist, wenn sie uns etwas wert ist, ein Ding, wie ein Widerspruch, flach und tief, öde und reich, würdig und verächtlich, vieldeutig und unergründlich, ein Ding, das jeder wegwerfen möchte, wie ein unverständliches Buch, sind wir nicht durch ein Naturgesetz gezwungen, es zu lieben? Wir müssen vor der Vernichtung beben, die doch nicht so qualvoll sein kann als oft das Dasein, und indessen mancher das traurige Geschenk des Lebens beweint, muß er es durch Essen und Trinken ernähren und die Flamme vor dem Erlöschen hüten, die ihn weder erleuchtet noch erwärmt.

## Kleist an Wilhelmine

Göttingen, den 3. Juni 1801

Mein liebes Minchen, Du bist nicht zufrieden, daß ich Dir das Aeußere meiner Lage beschreibe, ich soll Dir auch etwas aus meinem Innern mitteilen? Ach, liebe Wilhelmine, leicht ist das, wenn alles in der Seele klar und hell ist, wenn man nur in sich selbst zu blicken braucht, um deutlich darin zu lesen. Aber wo Gedanken mit Gedanken, Gefühle mit Gefühlen kämpfen, da ist es schwer zu nennen, was in der Seele herrscht, weil noch der Sieg unentschieden ist. Alles liegt in mir verworren, wie die Wergfasern im Spinnrocken, durcheinander, und ich bin vergebens bemüht, mit der Hand des Verstandes den Faden der Wahrheit, den das Rad der Erfahrung hinausziehen soll, um die Spule des Gedächtnisses zu ordnen. Ja

selbst meine Wünsche wechseln, und bald tritt der eine,
bald der andere ins Dunkle, wie die Gegenstände einer
Landschaft, wenn die Wolken darüber hinziehen. — Was
Du mir zum Troste sagst, ist wirklich das Tröstlichste, das
ich kenne. Ich selbst fange an, zu glauben, daß der Mensch
zu etwas mehr da ist, als bloß zu denken — Arbeit,
fühle ich, wird das einzige sein, was mich ruhiger machen
kann. Aber was mich beunruhigt, ist die Möglichkeit, mir
ein Ziel des Bestrebens zu setzen, und die Besorgnis, wenn
ich zu schnell ein falsches ergriffe, die Bestimmung zu verfehlen und so ein ganzes Leben zu verpfuschen. — Aber sei
ruhig, ich werde das rechte schon finden. Falsch ist jedes
Ziel, das nicht die reine Natur dem Menschen steckt. Ich
habe fast eine Ahnung von dem rechten — wirst Du, Wilhelmine, mir dahin folgen, wenn Du Dich überzeugen kannst,
daß es das rechte ist —? Doch laß mich lieber schweigen
von dem, was selbst in mir noch ganz undeutlich ist.

Das Schreiben wird mir jetzt so schwer, daß ich oft
selbst die notwendigsten Briefe vernachlässige. Gestern endlich habe ich zum ersten Male an meine Familie nach
Pommern geschrieben — sollte man wohl glauben, daß ein
Mensch, der in seiner Familie alles fand, was ein Herz
binden kann, Liebe, Vertrauen, Schonung, Unterstützung
mit Rat und Tat, sein Vaterland verlassen kann, ohne
selbst einmal schriftlich Abschied zu nehmen von seinen Verwandten? — Und doch sind sie mir die liebsten und teuersten
Menschen auf der Welt! So widersprechen sich in mir
Handlung und Gefühl. — Ach, es ist ekelhaft, zu leben. —

Brief an Luise von Zenge, die Schwester seiner Braut, ergänzt
diese flüchtigen Striche und sucht ein runderes Bild von dem Seine-
babel zu geben, wie Kleist es sah. Erfüllt von den Naturideen
Rousseaus, vermag er kein intimeres Verhältnis zu dem Leben und
Treiben der Großstadt, ihrer Kultur, ihren anders gearteten
Schönheiten zu gewinnen, er lehnt sie ab. Stärker als mit den
Dingen um sich herum, ist er auch weiterhin mit sich und mit seinem
eigenen Innern beschäftigt. Die Briefe an seine Braut zeigen uns
dieses Wogen und Branden seiner Gedanken, das unruhige Hin
und Her seiner Pläne, aus dem langsam und zaghaft das große,
kaum deutlich ausgesprochene Ziel sich herausschält: die Wehen,
unter denen der Dichter Kleist geboren wird.

## Kleist an Karoline v. Schlieben

Paris, den 18. Juli 1801

Liebe Freundin. Entsinnen Sie sich wohl noch eines
armen kleinen Menschen, der vor einigen Monaten an
einem etwas stürmischen Tage, als die See ein wenig hoch
ging, mit dem Schiffchen seines Lebens in Dresden ein-
lief und Anker warf in diesem lieben Oertchen, weil der
Boden ihm so wohl gefiel und die Lüfte da so warm
wehten und die Menschen so freundlich waren? Entsinnen Sie sich des Jünglings wohl noch, der zuweilen an
kühlen Abenden unter den dunkeln Linden des Schloß-
gartens, frohe Worte wechselnd, an Ihrer Seite ging
oder schweigend neben Ihnen stand auf der hohen Elb-
brücke, wenn die Sonne hinter den blauen Bergen unter-
ging? Entsinnen Sie sich dessen wohl noch, der Sie zuweilen durch den Olymp der Griechen voll Göttern und
Heroen führte und oft mit Ihnen vor der Mutter Gottes
stand, vor jener hohen Gestalt mit der stillen Größe, mit
dem hohen Ernste, mit der Engelreinheit? Der Ihnen
einst am Abhange der Terrasse an jenem schönen Morgen
die Halme hielt, aus welchen Sie den Glückskranz flochten,
der Ihre Wünsche erfüllen soll? Dem Sie ein wenig von
Ihrem Wohlwollen schenkten und Ihr Andenken für

immer versprachen? Blättern Sie in Ihrem Stammbuch
nach — und wenn Sie ein Wort finden, das warm ist,
wie ein Herz, und einen Namen, der hold klingt, wie
ein Dichternamen, so können Sie nicht fehlen; denn kurz,
es ist Heinrich Kleist.

Ja, liebe Freundin, aus einem fernen fremden Lande
fliegt der Geist eines Freundes zu Ihnen zurück und
versetzt sich in das holde, freundliche Tal von Dresden,
das mehr seine Heimat ist als das stolze, ungezügelte,
ungeheure Paris. Da fand er Wohlwollen bei
guten Menschen, und es ist nichts, was ihn inniger rühren,
nichts, was ihn tiefer bewegen kann, als dieses. O
möchte das Gefühl, es mir geschenkt zu haben, Sie nur
halb so glücklich machen als mich, es von Ihnen empfangen zu haben.

Ich habe auf meiner Reise so viele guten lieben
Menschen gefunden, in Leipzig einen Mann (Hindenburg),
der mir wie ein Vater so ehrwürdig war, in Halberstadt
Gleim, der ein Freund von allen ist, die Kleist heißen,
in Wernigerode eine treffliche Familie (die Stolbergsche),
in Rödelheim bei Frankfurt am Main einen Menschen,
den ich fast den besten neunen möchte, in Straßburg eine
Frau, die ein fast so weiches, fühlbares Herz hat wie
Henriette. — — Aber zu schnell wechseln die Erscheinungen
im Leben, und zu eng ist das Herz, sie alle zu umfassen,
und immer die vergangenen schwinden, Platz zu machen den
neuen. — Zuletzt ekelt dem Herzen vor den neuen, und
matt gibt es sich Eindrücken hin, deren Vergänglichkeit es
vorempfindet. — Ach, es muß öde und leer und traurig
sein, später zu sterben als das Herz. —

Aber noch lebt es. — Zwar hier in Paris ist es so gut
als tot. Wenn ich das Fenster öffne, so sehe ich nichts
als die blasse, matte, fade Stadt mit ihren hohen, grauen
Schieferdächern und ihren ungestalteten Schornsteinen, ein

wenig von den Spitzen der Tuilerien und lauter
Menschen, die man vergißt, wenn sie um die Ecke sind.
Noch kenne ich wenige von ihnen, ich liebe noch keinen
und weiß nicht, ob ich einen lieben werde. Denn in den
Hauptstädten sind die Menschen zu gewitzigt, um offen,
zu zierlich, um wahr zu sein. Schauspieler sind sie, die
einander wechselseitig betrügen und dabei tun, als ob sie
es nicht merkten. Man geht kalt aneinander vorüber;
man windet sich in den Straßen durch einen Haufen von
Menschen, denen nichts gleichgültiger ist als ihresgleichen;
ehe man eine Erscheinung gefaßt hat, ist sie von zehn
andern verdrängt; dabei knüpft man sich an keinen, keiner
knüpft sich an uns; man grüßt einander höflich, aber
das Herz ist hier so unbrauchbar wie eine Lunge unter
der luftleeren Kampane, und wenn ihm einmal ein Gefühl entschlüpft, so verhallt es, wie ein Flötenton im
Orkan. Darum schließe ich zuweilen die Augen und denke
an Dresden.

Ach, ich zähle diesen Aufenthalt zu den frohesten
Stunden meines Lebens. Die schöne, große, edle, erhabene Natur, die Schätze von Kunstwerken, die Früh-
lingssonne und so viel Wohlwollen. —

Was macht Ihre würdige Frau Mutter? Und Ihre
Tante? Und Einsiedels? Und Ihre liebe Schwester?
Wenn ein fremder Maler eine Deutsche malen wollte
und fragte mich nach der Gestalt, nach den Zügen, nach der
Farbe der Augen, der Wangen, der Haare, so würde ich
ihn zu Ihrer Schwester führen und sagen: das ist ein
echtes deutsches Mädchen. —

Ich wäre auf dieser einsamen Reise, die ich mit meiner
Schwester machte, sehr glücklich gewesen, wenn — wenn
— — Ach, liebe Freundin, Ulrike ist ein edles, weises,
vortreffliches, großmütiges Mädchen, und ich müßte von
allem diesen nichts sein, wenn ich das nicht fühlen wollte.

Aber — so viel sie auch besitzen, so viel sie auch geben
kann, an ihrem Busen läßt sich doch nicht ruhen    Sie
ist eine weibliche Heldenseele, die von ihrem Geschlechte
nichts hat als die Hüften, ein Mädchen, das ortho-
graphisch schreibt und handelt, nach dem Takte spielt und
denkt. — — Doch still davon. Auch der leiseste Tadel
ist zu bitter für ein Wesen, das keinen Fehler hat als
diesen, zu groß zu sein für ihr Geschlecht.

- Seit 8 Tagen sind wir nun hier in Paris, und wenn
ich Ihnen alles schreiben wollte, was ich in diesen Tagen
sah und hörte und dachte und empfand, so würde das
Papier nicht hinreichen, das auf meinem Tische liegt. Ich
habe dem 14. Juli, dem Jahrestage der Zerstörung der
Bastille, beigewohnt, an welchem zugleich das Fest der
wiedererrungenen Freiheit und das Friedensfest gefeiert
ward. Wie solche Tage würdig begangen werden könnten,
weiß ich nicht bestimmt; doch dies weiß ich, daß sie fast
nicht unwürdiger begangen werden können als dieser.
Nicht als ob es an Obelisken und Triumphbogen und De-
korationen und Illuminationen und Feuerwerken und
Luftbällen und Kanonaden gefehlt hätte, o behüte. Aber
keine von allen Anstalten erinnerte an die Hauptgedanken,
die Absicht, den Geist des Volks durch eine bis zum Ekel
gehäufte Menge von Vergnügungen zu zerstreuen, war
überall herrschend, und wenn die Regierung einem Manne
von Ehre hätte zumuten wollen, durch die mâts de
cocagne und die jeux de caroussels und die thé-
âtres forains und die escamoteurs und die dan-
seurs de corde mit Heiligkeit an die Göttergaben Freiheit und Frieden erinnert zu werden, so wäre dies be-
leidigender als ein Faustschlag in sein Antlitz. —
Rousseau ist immer das vierte Wort der Franzosen; und
wie würde er sich schämen, wenn man ihm sagte, daß dies
sein Werk sei? —

Doch ich muß schließen. — Diesen Brief nimmt Alexander von Humboldt, der morgen früh mit seiner Familie von Paris abreiset, mit sich bis Weimar; und jetzt ist es 9 Uhr abends. — Von mir kann ich Ihnen nur so viel sagen, daß ich wenigstens ein Jahr hier bleiben werde, das Studium der Naturwissenschaft auf dieser Schule der Welt fortzusetzen. Wohin ich dann mich wenden werde, und ob der Wind des Schicksals noch einmal mein Lebensschiff nach Dresden treiben wird? — Ach, ich zweifle daran. Es ist wahrscheinlich, daß ich nie in mein Vaterland zurückkehre. In welchem Weltteile ich einst das Pflänzchen des Glückes pflücken werde, und ob es überhaupt irgendwo für mich blüht —? Ach, dunkel, dunkel ist das alles. — Ich hoffe auf etwas Gutes, doch bin ich auf das Schlimmste gefaßt. Freude gibt es ja doch auf jedem Lebenswege, selbst das Bitterste ist doch auf kurze Augenblicke süß. Wenn nur der Grund recht dunkel ist, so sind auch matte Farben hell. Der helle Sonnenschein des Glücks, der uns verblendet, ist auch nicht einmal für unser schwaches Auge gemacht. Am Tage sehn wir wohl die schöne Erde, doch wenn es Nacht ist, sehn wir in die Sterne. — —

Und nun leben Sie wohl — der Himmel schenke Ihnen einen heitern, frischen Morgen — einen Regenschauer in der Mittagshitze — und einen stillen, kühlen, sternenklaren Abend, an welchem sich leicht und sanft einschlafen läßt.

Heinrich Kleist

N. S. Ich habe vergessen, Sie um eine Antwort zu bitten; war diese Bitte nötig, oder würden Sie von selbst meinem Wunsche zuvorgekommen sein? — Noch eines. Ich wollte auch Einsiedeln mit dieser Gelegenheit schreiben, aber ich weiß seinen Wohnort nicht, auch ist es jetzt wegen

Mangel an Zeit nicht mehr möglich. Er hat mir so viele
Gefälligkeit erzeigt, und ich fühle, daß ich ihm Dank
schuldig bin. Wollen Sie es wohl übernehmen, ihm dies
einmal gelegentlich mitzuteilen? Es wird ihn sehr interessieren, zu wissen, wie wir mit unsern Pferden, die er
uns gekauft hat, zufrieden gewesen sind. Schreiben Sie
ihm, daß es keine gesünderen, dienstfertigeren und flei-
ßigeren Tiere gab als diese zwei Pferde. Wir haben sie
unaufhörlich gebraucht, sie haben uns nie im Stiche gelassen, und wenn wir 14 Stunden an einem Tage gemacht
hatten, so brauchten wir sie nur vollauf mit Hafer zu
füttern und ein wenig schmeichelnd hinter den Ohren zu
kitzeln, so zogen sie uns am folgenden Tage noch 2 Stunden
weiter. In 8 Tagen haben wir, ohne auszuruhn, von
Straßburg bis Paris 120 Poststunden gemacht. — Hier
nun haben wir sie verkauft, und nie ist mir das Geld so
verächtlich gewesen als der Preis für diese Tiere, die wir
gleichgültig der Peitsche des Philisters übergeben mußten,
nachdem sie uns mit allen ihren Kräften gedient hatten.
Uebrigens war dieser Preis 13 französische Louisdor,
zirka 87 Taler, also nur 2 Taler Verlust. — Ein einziges
Mal waren wir ein wenig böse auf sie, und das mit Recht,
denke ich. Wir hatten ihnen nämlich in Butzbach, bei
Frankfurt am Main, die Zügel abnehmen lassen vor einem
Wirtshause, sie zu tränken und mit Heu zu füttern.
Dabei war Ulrike so wie ich in dem Wagen sitzen geblieben, als mit einemmal ein Esel hinter uns ein so ab-
scheuliches Geschrei erhob, daß wir wirklich grade so ver-
nünftig sein mußten, wie wir sind, um dabei nicht scheu
zu werden. Die armen Pferde aber, die das Unglück
haben, keine Vernunft zu besitzen, hoben sich hoch in die
Höhe und gingen spornstreichs mit uns in voller Karriere
über das Steinpflaster der Stadt durch. Ich griff nach
dem Zügel, aber die hingen ihnen, aufgelöset, über der

Bruſt, und ehe ich Zeit hatte, an die Größe der Gefahr
zu denken, ſchlug ſchon der Wagen mit uns um, und wir
ſtürzten. Und an einem Eſelsgeſchrei hing ein Menſchen-
leben? Und wenn es nun in dieſer Minute geſchloſſen
geweſen wäre, darum alſo hätte ich gelebt? Darum?
Das hätte der Himmel mit dieſem dunkeln, rätſelhaften
irdiſchen Leben gewollt, und weiter nichts —? Doch für
diesmal war es noch nicht geſchloſſen. — wofür er uns
das Leben gefriſtet hat, wer kann es wiſſen? Kurz, wir
ſtanden beide ganz friſch und geſund von dem Steinpflaſter
auf und umarmten uns. Der Wagen lag ganz um-
geſtürzt, daß die Räder zuoberſt ſtanden, ein Rad war
ganz zerſchmettert, die Deichſel zerbrochen, die Geſchirre
zerriſſen, das alles koſtete uns 3 Louisdor und 24 Stunden,
am andern Morgen ging es weiter. Wann wird der
letzte ſein?

Grüßen Sie alles, was mich ein wenig liebt, auch
Ihren Bruder.


Kleiſt an Luiſe v. Zenge

Paris, den 16. Auguſt 1801

Empfangen Sie, goldnes Luischen, zum Lohne für
Ihre lieben, in Karls Schreiben eingeſchloſſenen Worte
dieſen Brief aus Paris. Sie beneiden mich, wie es ſcheint,
um meinen Aufenthalt und wünſchen an meiner Stelle zu
ſein. Wenn Sie mir folgen wollen, ſo will ich Ihren
Geiſt in die Nähe der Kuliſſen führen, die aus der Ferne
betrachtet ſo reizend ſcheinen. Aber erſchrecken müſſen Sie
nicht, wenn Sie die Geſtalten ein wenig mit Farben
überladen und ein wenig grob gezeichnet finden.

Denken Sie ſich in der Mitte zwiſchen drei Hügeln,
auf einem Flächenraum von ohngefähr einer Quadratmeile
einen Haufen von übereinandergeſchobenen Häuſern, welche

111

schmal in die Höhe wachsen, gleichsam den Boden zu vervielfachen, denken Sie sich alle diese Häuser durchgängig von jener blassen, matten Modefarbe, welche man weder gelb noch grau nennen kann, und unter ihnen einige schöne, edle, aber einzeln in der Stadt zerstreut, denken Sie sich enge, krumme, stinkende Straßen, in welchen oft an einem Tage Kot mit Staub und Staub mit Kot abwechseln, denken Sie sich endlich einen Strom, der, wie mancher fremde Jüngling, rein und klar in diese Stadt tritt, aber schmutzig und mit tausend Unrat geschwängert sie verläßt, und der in fast gerader Linie sie durchschneidet, als wollte er den ekelhaften Ort, in welchen er sich verirrte, schnell auf dem kürzesten Wege durcheilen — denken Sie sich alle diese Züge in einem Bilde, und Sie haben ungefähr das Bild von einer Stadt, deren Aufenthalt Ihnen so reizend scheint.

Verrat, Mord und Diebstahl sind hier ganz unbedeutende Dinge, deren Nachricht niemanden affiziert. Ein Ehebruch des Vaters mit der Tochter, des Sohnes mit der Mutter, ein Totschlag unter Freunden und Anverwandten sind Dinge, dont on a eu d'exemple, und die der Nachbar kaum des Anhörens würdigt. Kürzlich wurden einer Frau 50000 Rth. gestohlen, fast täglich fallen Mordtaten vor, ja vor einigen Tagen starb eine ganze Familie an der Vergiftung; aber das alles ist das langweiligste Ding von der Welt, bei deren Erzählung sich jedermann ennuyiert. Auch ist es etwas ganz Gewöhnliches, einen toten Körper in der Seine oder auf der Straße zu finden. Ein solcher wird dann in ein an dem pont St. Michel dazu bestimmtes Gewölbe geworfen, wo immer ein ganzer Haufe übereinander liegt, damit die Anverwandten, wenn ein Mitglied aus ihrer Familie fehlt, hinkommen und es finden mögen. Jedes Nationalfest kostet im Durchschnitt zehn Menschen das Leben. Das sieht man oft mit

Gewißheit vorher, ohne darum dem Unglück vorzubeugen. Bei dem Friedensfeste am 14. Juli stieg in der Nacht ein Ballon mit einem eisernen Reifen in die Höhe, an welchem ein Feuerwerk befestigt war, das in der Luft abbrennen und dann den Ballon entzünden sollte. Das Schauspiel war schön, aber es war vorauszusehen, daß, wenn der Ballon in Feuer aufgegangen war, der Reifen auf ein Feld fallen würde, das vollgepfropft von Menschen war. Aber ein Menschenleben ist hier ein Ding, von welchem man 800 000 Exemplare hat — der Ballon stieg, der Reifen fiel, ein paar schlug er tot, weiter war es nichts.

Zwei Antipoden können einander nicht fremder und unbekannter sein als zwei Nachbarn von Paris, und ein armer Fremdling kann sich gar an niemanden knüpfen, niemand knüpft sich an ihn  — zuweilen gehe ich durch die langen, krummen, engen, schmutzigen, stinkenden Straßen, ich winde mich durch einen Haufen von Menschen, welche schreien, laufen, keuchen, einander schieben, stoßen, umdrehen, ohne es übelzunehmen, ich sehe einen fragend an, er sieht mich wieder an, ich frage ihn ein paar Worte, er antwortet mir höflich, ich werde warm, er ennuyiert sich, wir sind einander herzlich satt, er empfiehlt sich, ich verbeuge mich, und wir haben einander vergessen, sobald wir um die Ecke sind. — Geschwind laufe ich nach dem Louvre und erwärme mich an dem Marmor, an dem Apoll von Belvedere, an der Mediceischen Venus, oder trete unter die italienischen Tableaus, wo Menschen auf Leinwand gemalt sind. —

Uebrigens muß man gestehen, daß es vielleicht nirgends Unterhaltung gibt als unter den Franzosen. Man nenne einem Deutschen ein Wort oder zeige ihm ein Ding, darauf wird er kleben bleiben, er wird es tausendmal mit seinem Geiste anfassen, drehen und wenden, bis er es von allen Seiten kennt und alles, was sich davon sagen läßt, erschöpft hat. Dagegen ist der zweite Gedanke über ein und dasselbe Ding dem Franzosen langweilig. Er springt von dem Wetter auf die Mode, von der Mode auf das Herz, von dem Herzen auf die Kunst, gewinnt jedem Dinge die interessante Seite ab, spricht mit Ernst von dem Lächerlichen, lachend von dem Ernsthaften, und wenn man dem eine Viertelstunde zugehört hat, so ist es, als ob man in einen Kuckkasten gesehen hätte. Man versucht es, seinen Geist zwei Minuten lang an einem heiligen Gegenstand zu fesseln: er wird das Gespräch kurzweg mit einem ah bah abbrechen. Der Deutsche spricht mit Verstand, der Franzose mit Witz. Das Gespräch des erstern ist wie eine Reise zum Nutzen, das Gespräch des andern wie ein Spaziergang zum Vergnügen. Der Deutsche geht um das Ding herum, der Franzose fängt den Lichtstrahl auf, den es ihm zuwirft, und geht vorüber.

Zwei Reisende, die zu zwei verschiedenen Zeiten nach Paris kommen, sehen zwei ganz verschiedene Menschenarten. Ein Aprilmonat kann kaum so schnell mit der Witterung wechseln als die Franzosen mit der Kleidung. Bald ist ein Rock zu eng für einen, bald ist er groß genug für zwei, und ein Kleid, das sie heute einen Schlafrock nennen, tragen sie morgen zum Tanze, und umgekehrt. Dabei sitzt ihnen der Hintere bald unter dem Kopfe, bald über den Hacken, bald haben sie kurze Arme, bald keine Hände, die Füße scheinen bald einem Hottentotten, bald einem Sineser anzugehören, und die Philosophen mögen uns von der Menschengattung erzählen, was sie wollen, in Frankreich gleicht jede Generation weder der, von welcher sie abstammt, noch der, welche ihr folgt.

Seltsam ist die Verachtung, in welcher der französische Soldat bei dem französischen Bürger steht. Wenn man die Sieger von Marengo mit den Siegern von Marathon und selbst mit den Ueberwundenen von Cannä vergleicht,

so muß man gestehen, daß ihnen ein trauriges Schicksal
geworden ist. Von allen Gesellschaften, die man hier
du ton nennt, sind die französischen Helden ausgeschlossen —
warum? Weil sie nicht artig genug sind. Denn dem
Franzosen ist es nicht genug, daß ein Mensch eine große,
starke, erhabene Seele zeige, er will auch, daß er sich
zierlich betrage, und ein Offizier möge eine Tat begangen
haben, die Bayards oder Turennes würdig wäre, so ist
das hinreichend, von ihm zu sprechen, ihn zu loben und zu
rühmen, nicht aber mit ihm in Gesellschaften zu sein. Tanzen
soll er, er soll wenigstens die 4 französischen Positionen
und die 15 Formeln kennen, die man hier Höflichkeiten
nennt, und selbst Achilles und Hektor würden hier kalt
empfangen werden, weil sie keine Éducation hatten und
nicht amusant genug waren.

Eine ganz rasende Sucht nach Vergnügungen verfolgt
die Franzosen und treibt sie von einem Orte zum andern.
Sie ziehen den ganzen Tag mit allen ihren Sinnen auf die
Jagd, den Genuß zu fangen, und kehren nicht eher heim,
als bis die Jagdtasche bis zum Ekel angefüllt ist. Ganze
Haufen von Affichen laden überall den Einwohner und
den Fremdling zu Festen ein. An allen Ecken der Straßen
und auf allen öffentlichen Plätzen schreit irgendein Possen-
reißer seine Künste aus und lockt die Vorübergehenden
vor seinen Kuckkasten oder fesselt sie, wenigstens auf ein
paar Minuten, durch seine Sprünge und Faxen. Selbst
mit dem Schauspiele oder mit der Oper, die um 11 Uhr
schließt, ist die Jagd noch nicht beendigt. Alles strömt nun
nach öffentlichen Orten, der gemeinere Teil in das palais
royal und in die Kaffeehäuser, wo entweder ein Konzert
von Blinden oder ein Bauchredner oder irgendein anderer
Harlekin die Gesellschaft auf Kosten des Wirtes vergnügt,
der vornehmere Teil nach Frascati oder dem pavillon
d'Hannovre, zwei fürstliche Hotels, welche seit der

Emigration ihrer Besitzer das Eigentum ihrer Köche geworden sind. Da wird dann der letzte Tropfen aus dem Becher der Freude wollüstig eingeschlürft: eine prächtige Gruppe von Gemächern, die luxuriösesten Getränke, ein schöner Garten, eine Illumination und ein Feuerwerk — denn nichts hat der Franzose lieber, als wenn man ihm die Augen verblendet.

Das, goldnes Luischen, sind die Vergnügen dieser Stadt. Ist es nicht entzückend, ist es nicht beneidenswürdig, so viel zu genießen —? Ach, zuweilen, wenn ich dem Fluge einer Rakete nachsehe oder in den Schein einer Lampe blicke oder ein künstliches Eis auf meiner Zunge zergehen lasse, wenn ich mich dann frage: genießest Du —? O dann fühle ich mich so leer, so arm, dann bewegen sich die Wünsche so unruhig, dann treibt es mich fort aus dem Getümmel unter den Himmel der Nacht, wo die Milchstraße und die Nebelflecke dämmern —.

Ja, zuweilen, wenn ich einmal einen Tag widmete, mit dem Haufen auf die Jagd zu ziehen, die man doch auch kennen lernen muß, wenn ich dann, ohne Beute, ermüdet zurückkehre und still stehe auf dem pont-neuf, über dem Seinestrom, diesem einzigen schmalen Streifen Natur, der sich in diese unnatürliche Stadt verirrte, o dann habe ich eine unaussprechliche Sehnsucht, hinzufliegen nach jener Höhe, welche bläulich in der Ferne dämmert, und alle diese Dächer und Schornsteine aus dem Auge zu verlieren und nichts zu sehen als rundum den Himmel — Aber gibt es einen Ort in der Gegend dieser Stadt, wo man ihrer nicht gewahr würde?

Ueberdrüssig aller dieser Feuerwerke und Illuminationen und Schauspiele und Possenreißereien, hat ein Franzose den Einfall gehabt, den Einwohnern von Paris ein Vergnügen von einer ganz neuen Art zu bereiten, nämlich das Vergnügen an der Natur. Der Landgraf von Hessen-Kassel hat sich auf der Wilhelmshöhe eine gotische Ritterburg und der Kurfürst von der Pfalz in Schwetzingen eine türkische Moschee erbaut. Sie besuchen zuweilen diese Orte, beobachten die fremden Gebräuche und versetzen sich so in Verhältnisse, von welchen sie durch Zeit und Raum getrennt sind. Auf eine ähnliche Art hat man hier in Paris die Natur nachgeahmt, von welcher die Franzosen weiter als der Landgraf von der Ritterzeit und der Kurfürst von der Türkei entfernt sind. Von Zeit zu Zeit verläßt man die matte, fade, stinkende Stadt und geht in die — Vorstadt, die große, einfältige, rührende Natur zu genießen. Man bezahlt (im hameau de Chantilly) am Eingange 20 Sols für die Erlaubnis, einen Tag in patriarchalischer Simplizität zu durchleben. Arm in Arm wandert man, so natürlich wie möglich, über Wiesen, an dem Ufer der Seen, unter dem Schatten der Erlen, hundert Schritte lang, bis an die Mauer, wo die Unnatur anfängt — dann kehrt man wieder um. Gegen die Mittagszeit (das heißt um 5 Uhr) sucht jeder sich eine Hütte, der eine die Hütte eines Fischers, der andere die eines Jägers, Schiffers, Schäfers ꝛc. ꝛc., jede mit den Insignien der Arbeit und einem Namen bezeichnet, welchen der Bewohner führt, solange er sich darin aufhält. Fünfzig Lakaien, aber ganz natürlich gekleidet, springen umher, die Schäfer- oder die Fischerfamilie zu bedienen. Die raffiniertesten Speisen und die feinsten Weine werden aufgetragen, aber in hölzernen Näpfen und in irdenen Gefäßen; und damit nichts der Täuschung fehle, so ißt man mit Löffeln von Zinn. Gegen Abend schifft man sich zu zwei und zwei ein und fährt, unter ländlicher Musik, eine Stunde lang spazieren auf einem See, welcher 20 Schritte im Durchmesser hat. Dann ist es Nacht, ein Ball unter freiem Himmel beschließt das romantische Fest, und jeder eilt nun aus der Natur wieder in die Unnatur hinein. —

Große, stille, feierliche Natur, du, die Kathedrale
der Gottheit, deren Gewölbe der Himmel, deren Säulen
die Alpen, deren Kronleuchter die Sterne, deren Chor-
knaben die Jahreszeiten sind, welche Düfte schwingen in den
Rauchfässern der Blumen gegen die Altäre der Felder,
an welchen Gott Messe lieset und Freuden austeilt zum
Abendmahl unter der Kirchenmusik, welche die Ströme und
die Gewitter rauschen, indessen die Seelen entzückt ihre
Genüsse an dem Rosenkranze der Erinnerung zählen —
so spielt man mit dir — ?

Zwei waren doch an diesem Abend in dem hameau
de Chantilly, welche genossen; nämlich ein Jüngling und
ein Mädchen, welche, ohne zu tanzen, dem Spiele in einiger
Entfernung zusahen. Sie saßen unter dem Dunkel der
Bäume, nur matt von den Lampen des Tanzplatzes erleuchtet — nebeneinander, versteht sich; und ob sie gleich
niemals lachten, so schienen sie doch so vergnügt, daß ich
mich selbst an ihrer Freude erfreute und mich hinter sie
setzte in der Ferne, wo sie mich nicht sahen. Sie hatten
beide die nachbarlichen Arme auf ein Geländer gelehnt,
das ihren Rücken halb deckte. Das geschah aber bloß,
um sich zu stützen. Die Kante war schmal, und die warmen
Hände mußten zuweilen einander berühren. Das geschah
aber so unmerklich, daß es niemand sah. Sie sahen sich
meistens an und sprachen wenig, oder viel, wie man will.
Wenn sie mit eigentlichen Worten sprachen, so war es
ein Laut, wie wenn eine Silberpappel im Winde zittert.
Dabei neigten sie einander mehr die Wangen als das
Ohr zu, und es schien, als ob es ihnen mehr um den
Atem als um den Laut zu tun wäre. Ihr Antlitz
glühte wie ein Wunsch — —. Zuweilen sahen sie, mit
feuchten Blicken, träumend in den Schein der Lampen
— Es schien, als folgten sie der Musik in ein unbekanntes
Land — Dann, schüchtern, mit einem Male zählten sie die

118

Menschen und wägen ihre Mienen — Als sie mich er-
blickten, warfen sie ihre Augen auf den Boden, als ob sie
ihn suchten — Da stand ich auf — und ging weg —

Wohin? Fragen Sie das —? Nach Frankfurt ging ich —

Ich wüßte nichts mehr hinzuzusetzen. Leben Sie wohl
und behalten Sie lieb Ihren Freund
H. K.

N. S. Weil doch kein Blatt unbeschrieben die Reise
von Paris nach Frankfurt machen soll, so schreibe ich
Ihnen noch ein paar Moden. Das ist Ihnen doch lieb?
Binden Sie die Bänder Ihrer Haube so, von dem Ohre
an der Kante der Wangen entlang, daß die Schleife grade
die Mitte des Kinns schmückt — oder werfen Sie, wenn
Sie ausgehen, den Schleier, der an Ihrem Haupte befestigt ist, so um das Haupt Ihrer Schwester, daß er,
à l'inséparable, beide bedeckt — und Sie sehen aus wie
eine Pariser Dame aù dernier goût.


Kleist an Wilhelmine

Paris, den 15. August 1801

Du willst, ich soll Dir etwas von meiner Seele mitteilen? Mein liebes Mädchen, wie gern tue ich das,
wenn ich hoffen kann, daß es Dich erfreuen wird. Ja,
seit einigen Wochen scheint es mir, als hätte sich der
Sturm ein wenig gelegt. — Kannst Du Dir wohl vorstellen, wie leicht, wie wehmütig froh dem Schiffer zumute
sein mag, dessen Fahrzeug in einer langen finstern, stür-
menden Nacht, gefährlich-wankend, umhergetrieben ward,
wenn er nun an der sanftern Bewegung fühlt, daß ein
stiller, heitrer Tag anbrechen wird? Etwas Aehnliches
empfinde ich in meiner Seele. — O möchtest Du auch ein
wenig von der Ruhe genießen, die mir seit einiger Zeit
zuteil geworden ist, möchtest Du, wenn Du diesen Brief

liefest, auch einmal ein wenig froh sein, so wie ich es jetzt
bin, da ich ihn schreibe.

Ja, vielleicht werde ich diese Reise nach Paris, von
welcher ich keinem Menschen, ja sogar mir selbst nicht
Rechenschaft geben kann, doch noch segnen. Nicht wegen
der Freuden, die ich genoß, denn sparsam waren sie mir
zugemessen; aber alle Sinne bestätigen mir hier, was längst
mein Gefühl mir sagte, nämlich daß uns die Wissenschaften
weder besser noch glücklicher machen, und ich hoffe, daß mich
das zu einer Entschließung führen wird.

O ich kann Dir nicht beschreiben, welchen Eindruck der
erste Anblick dieser höchsten Sittenlosigkeit bei der höchsten
Wissenschaft auf mich machte. Wohin das Schicksal diese
Nation führen wird —? Gott weiß es. Sie ist reifer
zum Untergange als irgendeine andere europäische Nation.
Zuweilen, wenn ich die Bibliotheken ansehe, wo in prächtigen Sälen und in prächtigen Bänden die Werke
Rousseaus, Helvetius', Voltaires stehen, so denke ich,
was haben sie genutzt? Hat ein einziges seinen Zweck erreicht? Haben sie das Rad aufhalten können, das unaufhaltsam stürzend seinem Abgrund entgegeneilt? O hätten
alle, die gute Werke geschrieben haben, die Hälfte von
diesem Guten getan, es stünde besser um die Welt. Ja
selbst dieses Studium der Naturwissenschaft, auf welches
der ganze Geist der französischen Nation mit fast vereinten
Kräften gefallen ist, wohin wird es führen? Warum verschwendet der Staat Millionen an alle diese Anstalten zur
Ausbreitung der Gelehrsamkeit? Ist es ihm um Wahrheit zu tun? Dem Staate? Ein Staat kennt keinen
andern Vorteil, als den er nach Prozenten berechnen
kann. Er will die Wahrheit anwenden. — Und worauf?
Auf Künste und Gewerbe. Er will das Bequeme noch be-
quemer machen, das Sinnliche noch versinnlichen, den
raffiniertesten Luxus noch raffinieren. — Und wenn am

Ende auch das üppigste und verwöhnteste Bedürfnis keinen
Wunsch mehr ersinnen kann, was ist dann —? O wie
unbegreiflich ist der Wille, der über der Menschen-
gattung waltet! Ohne Wissenschaft zittern wir vor jeder
Lufterscheinung, unser Leben ist jedem Raubtier ausgesetzt,
eine Giftpflanze kann uns töten — und sobald wir in das
Reich des Wissens treten, sobald wir unsere Kenntnisse
anwenden, uns zu sichern und zu schützen, gleich ist der erste
Schritt zu dem Luxus und mit ihm zu allen Lastern der
Sinnlichkeit getan. Denn wenn wir zum Beispiel die
Wissenschaften nutzen, uns vor dem Genuß giftiger Pflanzen zu hüten, warum sollen wir sie nicht auch nutzen, wohl-
schmeckende zu sammeln, und wo ist nun die Grenze, hinter
welcher die poulets à la suprême und alle diese
Raffinements der französischen Kochkunst liegen?

Und doch — gesetzt, Rousseau hätte in der Beantwortung der Frage, ob die Wissenschaften den Menschen
glücklicher gemacht haben, recht, wenn er sie mit nein beantwortet, welche seltsamen Widersprüche würden aus
dieser Wahrheit folgen! Denn es mußten viele Jahr-
tausende vergehen, ehe so viele Kenntnisse gesammelt
werden konnten, wie nötig waren, einzusehen, daß man
keine haben müßte. Nun also müßte man alle Kenntnisse
vergessen, den Fehler wieder gutzumachen; und somit finge
das Elend wieder von vorn an. Denn der Mensch hat
ein unwidersprechliches Bedürfnis, sich aufzuklären. Ohne
Aufklärung ist er nicht viel mehr als ein Tier. Sein
moralisches Bedürfnis treibt ihn zu den Wissenschaften
an, wenn dies auch kein physisches täte. Er wäre also,
wie Ixion, verdammt, ein Rad auf einen Berg zu wälzen,
das, halb erhoben, immer wieder in den Abgrund stürzt.
Auch ist immer Licht, wo Schatten ist, und umgekehrt.
Wenn die Unwissenheit unsre Einfalt, unsre Unschuld
und alle Genüsse der friedlichen Natur sichert, so öffnet

sie dagegen allen Greueln des Aberglaubens die Tore.
— Wenn dagegen die Wissenschaften uns in das
Labyrinth des Luxus führen, so schützen sie uns vor allen
Greueln des Aberglaubens. Jede reicht uns Tugenden
und Laster, und wir mögen am Ende aufgeklärt oder
unwissend sein, so haben wir dabei so viel verloren als
gewonnen. —

Und so mögen wir denn vielleicht am Ende tun, was wir
wollen, wir tun recht. Ja, wahrlich, wenn man überlegt,
daß wir ein Leben bedürfen, um zu lernen, wie wir leben
müßten, daß wir selbst im Tode noch nicht ahnen, was der
Himmel mit uns will, wenn niemand den Zweck seines
Daseins und seine Bestimmung kennt, wenn die menschliche Vernunft nicht hinreicht, sich und die Seele und das
Leben und die Dinge um sich zu begreifen, wenn man seit
Jahrtausenden noch zweifelt, ob es ein Recht gibt —
kann Gott von solchen Wesen Verantwortlichkeit
fordern? Man sage nicht, daß eine Stimme im Innern
uns heimlich und deutlich anvertraue, was recht sei.
Dieselbe Stimme, die dem Christen zuruft, seinem
Feinde zu vergeben, ruft dem Seeländer zu, ihn zu braten,
und mit Andacht ißt er ihn auf. — Wenn die Ueberzeugung solche Taten rechtfertigen kann, darf man ihr
trauen? — Was heißt das auch, etwas Böses tun, der
Wirkung nach? Was ist böse? Absolut böse? Tausend-
fältig verknüpft und verschlungen sind die Dinge der Welt,
jede Handlung ist die Mutter von Millionen andern, und
oft die schlechteste erzeugt die besten. — Sage mir, wer
auf dieser Erde hat schon etwas Böses getan? Etwas,
das böse wäre in alle Ewigkeit fort —? Und was
uns auch die Geschichte von Nero und Attila und Car-
touche, von den Hunnen und den Kreuzzügen und der
spanischen Inquisition erzählt, so rollt doch dieser Planet
immer noch freundlich durch den Himmelsraum, und die

Frühlinge wiederholen sich, und die Menschen leben, genießen und sterben nach wie vor.

Ja, tun, was der Himmel sichtbar, unzweifelhaft von uns fordert, das ist genug. — Leben, solange die Brust sich hebt, genießen, was rundum blüht, hin und wieder etwas Gutes tun, weil das auch ein Genuß ist, arbeiten, damit man genießen und wirken könne, andern das Leben geben, damit sie es wieder so machen und die Gattung erhalten werde — und dann sterben. — Dem hat der Himmel ein Geheimnis eröffnet, der das tut und weiter nichts.

Freiheit, ein eignes Haus und ein Weib, meine drei Wünsche, die ich mir beim Auf- und Untergange der Sonne wiederhole, wie ein Mönch seine drei Gelübde! O um diesen Preis will ich allen Ehrgeiz fahren lassen und alle Pracht der Reichen und allen Ruhm der Gelehrten. — Nachruhm! Was ist das für ein seltsames Ding, das man erst genießen kann, wenn man nicht mehr ist? O über den Irrtum, der die Menschen um zwei Leben betrügt, der sie selbst nach dem Tode noch äfft! Denn wer kennt die Namen der Magier und ihre Weisheit? Wer wird nach Jahrtausenden von uns und unserm Ruhme reden? Was wissen Asien und Afrika und Amerika von unsern Genien? Und nun die Planeten? Und die Sonne — ? Und die Milchstraße — ? Und die Nebelflecke — ? Ja, unsinnig ist es, wenn wir nicht gerade für die Quadratrute leben, auf welcher, und für den Augenblick, in welchem wir uns befinden.

Kleist an Wilhelmine

Paris, den 10. Oktober 1801

Liebe Wilhelmine. Also mein letzter Brief hat Dir so viele Freude gemacht? O möchte Dir auch dieser unter so vielen trüben Tagen ein paar frohe Stunden schenken! Andere beglücken, es ist das reinste Glück auf dieser Erde.

-- Nur schwer ist es, wenn wir selbst nicht glücklich sind und andere doch gerade in unserm Glücke das ihrige setzen.

-- Indessen fühle ich mich doch wirklich von Tage zu Tage immer heiterer und heiterer und hoffe, daß endlich die Natur auch mir einmal das Maß von Glück zumessen wird, das sie allen ihren Wesen schuldig ist. Auf welchem Wege ich es suchen soll, darüber bin ich freilich noch nicht recht einig, obgleich sich mein Herz fast überwiegend immer zu einem neigt. -- Aber ob auch Dein Herz sich dazu neigen wird --? Ach, Wilhelmine, da bin ich fast schüchtern in der Mitteilung, aber wenn ich denke, daß Du meine Freundin bist, so schwindet alle Zurückhaltung, und darum will ich Dir die mancherlei Gedanken, die meine Seele jetzt für die Zukunft bearbeitet, mitteilen.

Ein großes Bedürfnis ist in mir rege geworden, ohne dessen Befriedigung ich niemals glücklich sein werde; es ist dieses, etwas Gutes zu tun. Ja, ich glaube fast, daß dieses Bedürfnis bis jetzt immer meiner Trauer dunkel zum Grunde lag und daß ich mir jetzt seiner bloß deutlich bewußt geworden bin. Es liegt eine Schuld auf dem Menschen, die, wie eine Ehrenschuld, jeden, der Ehrgefühl hat, unaufhörlich mahnt. Vielleicht kannst Du Dir, wie dringend dieses Bedürfnis ist, nicht lebhaft vorstellen. Aber das kommt, weil Dein Geschlecht ein leidendes ist. -- Besonders seitdem mich die Wissenschaften gar nicht mehr befriedigen, ist dieses Bedürfnis in mir rege geworden. Kurz, es steht fest beschlossen in meiner Seele: ich will diese Schuld abtragen.

Wenn ich mich nun aber umsehe in der Welt und frage: wo gibt es denn wohl etwas Gutes zu tun? -- ach, Wilhelmine, darauf weiß ich nur eine einzige Antwort. Es scheint allerdings für ein tatenlechzendes Herz zunächst ratsam, sich einen großen Wirkungskreis zu suchen; aber -- liebes Mädchen, Du mußt, was ich Dir auch sagen werde, mich nicht mehr nach dem Maßstabe der Welt beurteilen. Eine Reihe von Jahren, in welchen ich über die Welt im großen frei denken konnte, hat mich dem, was die Menschen Welt nennen, sehr unähnlich gemacht. Manches, was die Menschen ehrwürdig nennen, ist es mir nicht, vieles, was ihnen verächtlich scheint, ist es mir nicht. Ich trage eine innere Vorschrift in meiner Brust, gegen welche alle äußern, und wenn sie ein König unterschrieben hätte, nichtswürdig sind. Daher fühle ich mich ganz unfähig, mich in irgendein konventionelles Verhältnis der Welt zu passen. Ich finde viele Einrichtungen so wenig meinem Sinn gemäß, daß es mir unmöglich wäre, zu ihrer Erhaltung oder Ausbildung mitzuwirken. Dabei wüßte ich doch oft nichts Besseres an ihre Stelle zu setzen. — Ach, es ist so schwer, zu bestimmen, was gut ist, der Wirkung nach. Selbst manche von jenen Taten, welche die Geschichte bewundert, waren sie wohl gut in diesem reinen Sinne? Ist nicht oft ein Mann, der einem Volke nützlich ist, verderblich für zehn andere? — Ach, ich kann Dir das alles gar nicht aufschreiben, denn das ist ein endloses Thema. — Ich wäre auch in einer solchen Lage nicht glücklich, o gar nicht glücklich. Doch das sollte mich noch nicht abhalten, hineinzutreten, wüßte ich nur etwas wahrhaft Gutes, etwas, das mit meinen inneren Forderungen übereinstimmt, zu leisten. — Dazu kommt, daß mir auch, vielleicht durch meine eigene Schuld, die Möglichkeit, eine neue Laufbahn in meinem Vaterlande zu betreten, benommen. Wenigstens würde ich ohne Erniedrigung kaum, nachdem ich zweimal Ehrenstellen ausgeschlagen habe, wieder selbst darum anhalten können. Und doch würde ich auch dieses saure Mittel nicht scheuen, wenn es mich nur auch, zum Lohne, an meinen Zweck führte.

Die Wissenschaften habe ich ganz aufgegeben. Ich kann Dir nicht beschreiben, wie ekelhaft mir ein wissender

Mensch ist, wenn ich ihn mit einem handelnden vergleiche. Kenntnisse, wenn sie noch einen Wert haben, so ist es nur, insofern sie vorbereiten zum Handeln. Aber unsere Gelehrten, kommen sie wohl, vor allem Vorbereiten, jemals zum Zweck? Sie schleifen unaufhörlich die Klinge, ohne sie jemals zu brauchen, sie lernen und lernen und haben niemals Zeit, die Hauptsache zu tun. — Unter diesen Umständen in mein Vaterland zurückzukehren, kann unmöglich ratsam sein. Ja, wenn ich mich über alle Urteile hinwegsetzen könnte, wenn mir ein grünes Häuschen beschert wäre, das mich und Dich empfinge. — Du wirst mich, wegen dieser Abhängigkeit von dem Urteile anderer, schwach nennen, und ich muß Dir darin recht geben, so unerträglich mir das Gefühl auch ist. Ich selbst habe freilich durch einige seltsame Schritte die Erwartung der Menschen gereizt; und was soll ich nun antworten, wenn sie die Erfüllung von mir fordern? Und warum soll ich denn gerade ihre Erwartung erfüllen? O es ist mir zur Last. — Es mag wahr sein, daß ich so eine Art von verunglücktem Genie bin, wenn auch nicht in ihrem Sinne verunglückt, doch in dem meinen. Kenntnisse, was sind sie? Und wenn Tausende mich darin überträfen, übertreffen sie mein Herz? Aber davon halten sie nicht viel.

Ohne ein Amt in meinem Vaterlande zu leben, könnte ich jetzt auch wegen meiner Vermögensumstände fast nicht mehr. Ach, Wilhelmine, wie viele traurige Vorstellungen ängstigen mich unaufhörlich, und Du willst, ich soll Dir vergnügt schreiben? Und doch — habe noch ein wenig Geduld. Vielleicht, wenn der Anfang dieses Briefes nicht erfreulich ist, so ist es sein Ende. — Nahrungssorgen, für mich allein, sind es doch nicht eigentlich, die mich sehr ängstigen, denn wenn ich mich an das Bücherschreiben machen wollte, so könnte ich mehr, als ich bedarf, verdienen. Aber Bücherschreiben für Geld — o nichts davon. Ich

habe mir, da ich unter den Menschen in dieser Stadt so
wenig für mein Bedürfnis finde, in einsamer Stunde
(denn ich gehe wenig aus) ein Ideal ausgearbeitet; aber
ich begreife nicht, wie ein Dichter das Kind seiner Liebe
einem so rohen Haufen, wie die Menschen sind, übergeben
kann. Bastarde nennen sie es. Dich wollte ich wohl in das
Gewölbe führen, wo ich mein Kind, wie eine vestalische
Priesterin das ihrige, heimlich aufbewahre bei dem Schein
der Lampe. — Also aus diesem Erwerbszweige wird
nichts. Ich verachte ihn aus vielen Gründen, das ist genug.
Denn nie in meinem Leben, und wenn das Schicksal noch
so sehr drängte, werde ich etwas tun, das meinen inneren
Forderungen, sei es auch noch so leise, widerspräche.

Nun, liebe Wilhelmine, komme ich auf das Erfreuliche.
Fasse Mut, sieh mein Bild an, und küsse es —. Da schwebt
mir unaufhörlich ein Gedanke vor die Seele — aber wie
werde ich ihn aussprechen, damit er Dir heiliger Ernst und
nicht kindisch-träumerisch erscheine? Ein Ausweg bleibt
mir übrig, zu dem mich zugleich Neigung und Notwendigkeit führen. — Weißt Du, was die alten Männer tun,
wenn sie 50 Jahre lang um Reichtümer und Ehrenstellen
gebuhlt haben? Sie lassen sich auf einen Herd nieder
und bebauen ein Feld. Dann, und dann erst, nennen sie
sich weise. — Sage mir, könnte man nicht klüger sein,
als sie und früher dahin gehen, wohin man am Ende doch
soll? — Unter den persischen Magiern gab es ein religiöses
Gesetz: ein Mensch könne nichts der Gottheit Wohlgefälligeres
tun, als dieses, ein Feld zu bebauen, einen Baum zu pflanzen
und ein Kind zu zeugen. — Das nenne ich Weisheit, und
keine Wahrheit hat noch so tief in meine Seele gegriffen
als diese. Das soll ich tun, das weiß ich bestimmt.

Ach, Wilhelmine, welch ein unsägliches Glück mag in dem
Bewußtsein liegen, seine Bestimmung ganz nach dem Willen
der Natur zu erfüllen! Ruhe vor den Leidenschaften!! Ach,

der unselige Ehrgeiz, er ist ein Gift für alle Freuden. Darum will ich mich losreißen von allen Verhältnissen, die mich unaufhörlich zwingen zu streben, zu beneiden, zu wetteifern. Denn nur in der Welt ist es schmerzhaft, wenig zu sein, außer ihr nicht.

Was meinst Du, Wilhelmine, ich habe noch etwas von meinem Vermögen, wenig zwar, doch wird es hinreichen, mir etwa in der Schweiz einen Bauernhof zu kaufen, der mich ernähren kann, wenn ich selbst arbeite. Ich habe Dir das so trocken hingeschrieben, weil ich Dich durch Deine Phantasie nicht bestechen wollte. Denn sonst gibt es wohl keine Lage, die für ein reines Herz so unüberschwenglich reich an Genüssen wäre, als diese. — Die Romane haben unsern Sinn verdorben. Denn durch sie hat das Heilige aufgehört, heilig zu sein, und das reinste, menschlichste, einfältigste Glück ist zu einer bloßen Träumerei herabgewürdigt worden. — Doch wie gesagt, ich will Deine Phantasie nicht bestechen. Ich will die schöne Seite dieses Standes gar nicht berühren und dies einem künftigen Briefe aufbewahren, wenn Du Geschmack an diesem Gedanken finden kannst. Für jetzt prüfe bloß mit Deiner Vernunft. Ich will im eigentlichsten Verstande ein Bauer werden, mit einem etwas wohlklingenderen Worte ein Landmann. — Was meine Familie und die Welt dagegen einwenden möchte, wird mich nicht irreführen. Ein jeder hat seine eigene Art, glücklich zu sein, und niemand darf verlangen, daß man es in der seinigen sein soll. Was ich tue, ist nichts Böses, und die Menschen mögen über mich spotten, so viel sie wollen, heimlich in ihrem Herzen werden sie mich ehren müssen. — Doch wenn auch das nicht wäre, ich selbst ehre mich. Meine Vernunft will es so, und das ist genug.

Aber nun, Wilhelmine, wenn ich diese Forderung meiner Vernunft erfülle, wenn ich mir ein Landgut kaufe, bleibt mir dann kein Wunsch übrig? Fehlt mir dann

nichts mehr? Fehlt mir nicht noch ein Weib? Und gibt
es ein anderes für mich als Du? Ach, Wilhelmine, wenn
es möglich wäre, wenn Deine Begriffe von Glück hier
mit den meinigen zusammenfielen! Denke an die heiligen
Augenblicke, die wir durchleben könnten! Doch nichts davon
für jetzt — denke jetzt vielmehr nur an das, was Dir
in dieser Lage vielleicht weniger reizend scheinen möchte.
Denke an das Geschäft, das Dir anheimfiele — aber
dann denke auch an die Liebe, die es belohnen wird —
Wilhelmine! — Ach, viele Hindernisse schrecken mich fast
zurück. Aber wenn es möglich wäre, sie zu übersteigen!

Wilhelmine! Ich fühle, daß es unbescheiden ist, ein
solches Opfer von Dir zu verlangen. Aber wenn Du
es mir bringen könntest! Deine Erziehung, Deine Seele,
Dein ganzes bisheriges Leben ist von der Art, daß es
einen solchen Schritt nicht unmöglich macht. — Indessen, vielleicht ist es doch anders. Aengstige Dich darum
nicht. Ich habe kein Recht auf solche Aufopferungen,
und wenn Du dies mir verweigerst, so werde ich darum
an Deiner Liebe nicht zweifeln. — Indessen, liebes Mädchen, weiß ich nur fast keinen andern Ausweg. Ich habe
mit Ulriken häufig meine Lage und die Zukunft überlegt, und das Mädchen tut alles mögliche, mich, wie sie
meint, auf den rechten Weg zurückzuführen. Aber das
ist eben das Uebel, daß jeder seinen Weg für den rechten
hält. — Wenn Du einstimmen könntest in meinen innigsten
Wunsch, dann, Wilhelmine, dann will ich Dir zeigen, welch
ein Glück uns bevorsteht, an das kein anderes reicht. Dann
erwarte einen froheren Brief von mir. — Wenn ein solcher
Schritt wirklich Dein Glück begründen könnte, so wird
auch Dein Vater nichts dagegen einwenden. — Antworte
mir bald. Mein Plan ist, den Winter noch in dieser
traurigen Stadt zuzubringen, dann auf das Frühjahr nach
der Schweiz zu reisen und mir ein Oertchen auszusuchen,

wo es Dir und mir und unsern Kindern einst wohlgefallen könnte. —

Ich muß diesen Brief auf die Post tragen, denn mit Sehnsucht sehe ich Deiner Antwort entgegen.

H. K.


## Kleist an Wilhelmine

Paris, den 27. Oktober 1801

Liebe Wilhelmine, Deine Antwort auf meinen letzten Brief wird mich schwerlich noch in Paris antreffen. Ich habe überlegt, daß es sowohl meines Vermögens als der Zeit wegen notwendig sei, mit der Ausführung meines Planes zu eilen. Ueberdies fesselt mich Paris durch gar nichts, und ich werde daher noch vor dem Winter nach der Schweiz reisen, um den Winter selbst für Erkundigungen und Anstalten zu nutzen. — Sei nicht unruhig. Deine Einstimmung ist ein Haupterfordernis. Ich werde nichts Entscheidendes unternehmen, bis ich Nachricht von Dir erhalten habe. Auch wenn aus der Ausführung dieses Planes nichts werden sollte, ist es mir doch lieb, aus dieser Stadt zu kommen, von der ich fast sagen müßte, daß sie mir ekelhaft ist. — Schreibe mir also sogleich nach Bern, und solltest Du mir auch schon nach Paris geschrieben haben. Ich werde mir diesen Brief nachschicken lassen.

Mit Ulriken hat es mir große Kämpfe gekostet. Sie hält die Ausführung meines Planes nicht für möglich und glaubt auch nicht einmal, daß er mich glücklich machen wird. Aber ich hoffe, sie von beidem durch die Erfahrung zu überzeugen. — So gern sie auch die Schweiz sehen möchte, so ist es doch im Winter nicht ratsam. Sie geht also nach Frankfurt zurück, ich begleite sie bis Frankfurt am Main.

Aber dies alles, liebe Wilhelmine, mußt Du aufs
sorgfältigste verschweigen; sage auch noch Deinem Vater
nichts von meinem Plane, er soll ihn erst erfahren, wenn
er ausgeführt ist. Auch bei uns sage nichts von dem
ganzen Inhalt dieses Briefes. Sie möchten sich seltsame
Dinge vorstellen, und es ist genug, daß Du im voraus
von allem unterrichtet bist. Ulrike wird sie überraschen
und es ihnen beibringen. — Lebe wohl, und wünsche mir
Glück. Ich kann nicht länger schreiben, denn der Brief
muß auf die Post.

H. K.

## Kleist an Wilhelmine

Frankfurt am Main, den 2. Dezember 1801

Liebe Wilhelmine, ich fürchte nicht, daß Dich
Ulrikens Ankunft ohne mich schmerzhaft überraschen wird,
da ich Dich bereits von Paris aus darauf vorbereitet
und Dir meinen Plan, noch in diesem Winter nach
der Schweiz zu reisen, darin mitgeteilt habe.

Deinen Brief habe ich noch in Paris, noch an dem
Morgen meiner Abreise, fast kaum eine Stunde ehe ich
mich in den Wagen setzte, erhalten — Ob er mir Freude
gemacht hat —?

Liebe Freundin, ich möchte nicht gern an Deiner
Liebe zweifeln müssen, und noch wankt mein Glaube nicht.
— Wenn es auch keine hohe Neigung ist, innig ist sie
doch immer, und noch immer, trotz Deines Briefes, kann
sie mich glücklich machen.

Ich wüßte kein besseres, herzlicheres Mittel, uns beide
wieder auf die alte Bahn zu führen, als dieses: laß uns
beide Deinen letzten Brief vergessen.

Herzlich lieb ist es mir, daß ich ihn nicht gleich in der
ersten Stimmung beantwortete und daß ich auf einer

Reise von 15 Tagen Zeit genug gehabt habe, Dich zu entschuldigen. Ich fühle nun, daß ich doch immer noch auf Deine Liebe rechnen kann, und daß Deine Weigerung, mir nach der Schweiz zu folgen, auf vielen Gründen beruhen kann, die unsrer Vereinigung gar keinen Abbruch tun.

Deine Anhänglichkeit an Dein väterliches Haus ist mir so ehrwürdig und wird mir doch, wenn Du mich nur wahrhaft liebst, so wenig schaden, daß es gar nicht nötig ist, das mindeste dagegen einzuwenden. Sind nicht fast alle Töchter in demselben Falle, und folgen sie nicht doch, so schwer es ihnen auch scheint, dem weisen Spruche aus der Bibel: Du sollst Vater und Mutter verlassen und Deinem Manne anhangen?

Wenn Du mich nur wahrhaft liebst, wenn Du nur wahrhaft bei mir glücklich zu werden hoffst — Und da mochte freilich in meiner ersten Einladung, aus Furcht, Dich bloß zu überreden, zu wenig Ueberzeugendes, zu wenig Einladendes liegen.

Deine ganze Weigerung scheint daher mehr ein Mißverständnis als die Frucht einer ruhigen Prüfung zu sein. Du schreibst, Dein Körper sei zu schwach für die Pflichten einer Bauersfrau — und dabei hast Du Dir wahrscheinlich die niedrigsten, ekelhaftesten gedacht. Aber denke Dir die besseren, angenehmeren, denke, daß Dir in einer solchen Wirtschaft, wie ich sie unternehmen werde, wenigstens 2 oder 3 Mägde zur Seite gehen — wirst Du auch jetzt noch zu schwach sein?

Liebe Wilhelmine, wenn Du Dich jetzt nicht recht gesund fühlst, so denke, daß vielleicht Dein städtisches Leben an manchem schuld sei, und daß gewiß die Art der Arbeit, die ich Dir vorschlage, statt Deine Kräfte zu übersteigen, sie vielmehr stärken wird. Aufblühen wirst Du

132

vielleicht. — Doch ich verschweige alles, was nur irgend
einer Ueberredung ähnlich sehen könnte. Freiwillig und
gern mußt Du mir folgen können, wenn nicht jeder trübe
Blick mir ein Vorwurf sein soll. — Dennoch würde ich
mehr hinzusetzen, wenn ich nur mit voller Ueberzeugung
wüßte, daß Du mich nicht weniger innig liebst, als ich
es doch notwendig bedarf. Manche Deiner Gründe der
Weigerung sind so seltsam — Du schreibst, Kopfschmerzen
bekämst Du im Sonnenschein — Doch nichts davon. Alles
ist vergessen, wenn Du Dich noch mit Fröhlichkeit
und Heiterkeit entschließen kannst. Ich habe Dir kurz
vor meiner Abreise von Paris alles gezeigt, was auf
dem Wege, den ich Dich führen will, Herrliches und Vortreffliches für Dich liegt. Die Antwort auf diesen Brief soll
entscheidend sein. Du wirst ihn wahrscheinlich schon nach
Bern geschickt haben und ich ihn dort bei meiner Durchreise
empfangen. Es wird der Augenblick sein, der über das
Glück der Zukunft entscheidet.

Heinrich Kleist

Da Wilhelmine sich zu dem geforderten, freudigen und unum-
wundenen Ja nicht hatte entschließen können, so betrachtete Kleist
seinerseits die Verlobung für gelöst. Nach Monaten erreichte ihn
noch einmal ein Brief seiner Braut; aber er traf Kleist schon in
einer völlig neuen Welt. Wilhelmine war ihm fremd geworden.

## Kleist an Wilhelmine

### Auf der Aarinsel bei Thun, den 20. Mai 1802

Liebe Wilhelmine, um die Zeit des Jahreswechsels erhielt ich den letzten Brief von Dir, in welchem Du noch
einmal mit vieler Herzlichkeit auf mich einstürmst, zurückzukehren ins Vaterland, mich dann mit vieler Zartheit an
Dein Vaterhaus und die Schwächlichkeit Deines Körpers
erinnerst, als Gründe, die es Dir unmöglich machen, mir
in die Schweiz zu folgen, dann mit diesen Worten schließest:

Wenn Du dies alles gelesen hast, so tue, was Du willst. Nun hatte ich es wirklich in der Absicht, mich in diesem Lande anzukaufen, in einer Menge von vorhergehenden Briefen an Bitten und Erklärungen von meiner Seite nicht fehlen lassen, so daß von einem neuen Briefe kein besserer Erfolg zu erwarten war; und da mir eben aus jenen Worten einzuleuchten schien, Du selbst erwartest keine weiteren Bestürmungen, so ersparte ich mir und Dir das Widrige einer schriftlichen Erklärung, die mir nun aber Dein jüngst empfangener Brief doch notwendig macht.

Ich werde wahrscheinlicherweise niemals in mein Vaterland zurückkehren. Ihr Weiber versteht in der Regel ein Wort in der deutschen Sprache nicht, es heißt Ehrgeiz. Es ist nur ein einziger Fall, in welchem ich zurückkehre, wenn ich der Erwartung der Menschen, die ich törichterweise durch eine Menge von prahlerischen Schriften gereizt habe, entsprechen kann. Der Fall ist möglich, aber nicht wahrscheinlich. Kurz, kann ich nicht mit Ruhm im Vaterlande erscheinen, geschieht es nie. Das ist entschieden, wie die Natur meiner Seele.

Ich war im Begriff, mir ein kleines Gut in der Schweiz zu kaufen, und Pannwitz hatte mir schon den Rest meines ganzen Vermögens dazu überschickt, als ein abscheulicher Volksaufstand mich plötzlich, acht Tage ehe ich das Geld empfing, davon abschreckte. Ich fing es nun an für ein Glück anzusehen, daß Du mir nicht hattest in die Schweiz folgen wollen, zog in ein ganz einsames Häuschen auf einer Insel in der Aare, wo ich mich nun mit Lust oder Unlust, gleichviel, an die Schriftstellerei machen muß.

Indessen geht, bis mir dieses glückt, wenn es mir überhaupt glückt, mein kleines Vermögen gänzlich drauf, und ich bin wahrscheinlicherweise in einem Jahre ganz arm. — Und in dieser Lage, da ich noch außer dem Kummer, den ich mit Dir teile, ganz andere Sorgen habe, die

Du gar nicht kennst, kommt Dein Brief und weckt wieder
die Erinnerung an Dich, die glücklicher, glücklicher Weise
ein wenig ins Dunkel getreten war —

— Liebes Mädchen, schreibe mir nicht mehr. Ich
habe keinen andern Wunsch, als bald zu sterben.

H. K.

Schroff und unerbittlich, seinem Charakter gemäß, brach so Kleist
mit seiner Braut. Die räumliche Entfernung hatte ihn mit immer
größerer Deutlichkeit empfinden lassen, daß sie das ideale Weib
nicht war, das er sich erträumte, und dessen er auf seinem weiteren
Weg bedurfte. In dem oben (S. 44 f.) zu einem Teil bereits
wiedergegebenen Brief an Krug schreibt Wilhelmine selbst über
diesen Ausklang:


## Wilhelmine v. Zenge an W. T. Krug

Weihnachten vor zwei Jahren (1801) kam er ganz
unerwartet hier an und sagte mir, er könne jetzt
gleich angestellt werden, wenn er wolle, doch wäre es
ihm unmöglich, ein Amt zu nehmen, die Amtsgeschäfte
würden ihn unglücklich machen, auch könne er seine
Freiheit nicht so aufopfern. Er fragte, ob ich sein
kleines Vermögen mit ihm teilen wolle; ich erschrak
über dies alles sehr, ich wollte und konnte ihm
weder ab- noch zuraten, um meinetwillen unglücklich zu
sein, und versicherte, ich wolle alles tun, was zu seinem
Glücke beitragen könne. Er reiste wieder nach Berlin,
doch nicht lange nachher erhielt ich einen Brief, dessen
Inhalt weit schrecklicher war als die erste Nachricht. In
diesem Briefe sagte er mir, daß er jetzt die Kantsche
Philosophie studiere, welche ihn so unglücklich gemacht
habe, daß er es in Berlin in seinen engen vier Wänden
nicht aushalten könne, er würde eine Reise machen, um
sich zu zerstreuen. Er schickte mir sein Bildnis und eine

Taſſe mit einer ſehr hübſchen Inſchrift, verſicherte, bald
wiederzukommen und mir recht oft zu ſchreiben. Auch ich
ſchickte ihm mein Bildnis und ſagte ihm nur ein ſchrift-
liches Lebewohl. Er reiſte mit ſeiner Schweſter nach
Paris, ſchrieb mir anfänglich oft, doch als ich ſeit drei
Monaten keine Nachricht von ihm erhalten hatte, ſchrieb
er mir — er werde ſich in der Schweiz ankaufen, und
hoffe, ich werde ihm dorthin folgen, wenn er mich ab-
holte. Ich bat ihn mit den rührendſten Ausdrücken, in
ſein Vaterland zurückzukehren, und geſtand, daß ich ihm
zwar folgen wolle, wohin er ginge, doch würde es mir ſehr
ſchwer werden, meine Eltern zu verlaſſen, und beſonders,
mich ſo weit von ihnen zu entfernen. Ehe dieſer Brief
beantwortet wurde, mußte ich fünf Monate alle Poſt-
tage vergebens auf Antwort warten. Meine Hoffnung
und die Erwartung von einer frohen Zukunft waren
ſchon längſt in mir geſunken, ich ſagte es mir oft, daß
ich mit dem Mann nie glücklich ſein würde, da ich nicht
imſtande war, ihn glücklich zu machen. Doch wollte ich
mein Wort halten und mich ganz für ihn aufopfern. Ich
war ihm ſo viel Dank ſchuldig und nahm ſo innig Anteil
an allem, was ihn betraf, daß ich wenigſtens hoffte, ihn
wo nicht beglücken, ſo doch aufheitern zu können. Ich
kannte ſeine Wünſche und wußte mich ſo gut in ſein
ſonderbares Weſen zu ſchicken, daß ich überzeugt war, es
könne außer mir kein weibliches Weſen mit ihm fertig werden. Nach fünf Monaten erfuhr ich endlich durch ſeine
Schweſter, wo er ſich aufhielt. Ich ſchrieb an ihn und
bekam zur Antwort — er habe nicht erwartet, von mir
noch einen Brief zu empfangen, ſondern habe mein letztes
Schreiben als eine Weigerung angeſehen, ihm nach der
Schweiz zu folgen. Nach einem heftigen Kampfe habe er
es endlich dahin gebracht, mein Bild aus ſeiner Seele zu
entfernen, er bäte mich deshalb, nicht wieder an ihn zu

schreiben. Da er durch Leichtsinn in Berlin sein Amt verscherzt habe und durch seine Reise die Menschen zu großen Erwartungen von ihm berechtigt habe, so könne er nicht ohne Ruhm wieder in sein Vaterland zurückkehren. Sein einziger Wunsch sei, jetzt bald sein Leben zu enden.

Dieser Brief erschütterte mich tief, doch beweinte ich mehr sein Schicksal als das meine. Ich sah es ein, daß ich nie seine Frau werden konnte, und hatte auch schon lange aufgehört, es zu wünschen. Ich hatte Kraft, mich von seinem Gemälde zu trennen, welches ihm sehr ähnlich war, schrieb noch einmal an ihn, tröstete ihn als Freundin und sagte, er möchte wenigstens seine Freundin nicht vergessen, sondern mir zuweilen schreiben, wie es ihm ginge, denn gewiß würde ich immer den lebhaftesten Anteil an seinem Schicksal nehmen. Hierauf hat er nicht geantwortet.

Wenn Sie nicht der Einzige waren, der mein Herz rühren konnte, so kann ich doch versichern, daß ich noch nie so von ganzem Herzen liebte, als ich Sie liebe, und daß der Entfernte nur noch als ein erhabenes Mittel, wodurch der gütige Schöpfer meine Veredlung bewirken wollte, in meinem Herzen thront.

# In der Schweiz

In Frankfurt a. M. hatte Kleist sich von seiner Schwester getrennt und war mit dem Maler Heinrich Lohse, dem Bräutigam Karolines von Schlieben, der gemeinsam mit den Geschwistern in Paris geweilt hatte, über Darmstadt, Heidelberg, Karlsruhe, Straßburg nach Basel gereist. Dort hatte er Heinrich Zschokke (1771—1848), den bekannten Novellisten, antreffen wollen, der ihm von seiner Tätigkeit als Dozent an der Universität Frankfurt a. O. (1792—1795), wenn auch vielleicht nicht persönlich, so doch wenigstens dem Namen nach, bekannt war. Zschokke hatte sein Amt als schweizerischer Regierungsstatthalter, durch die politischen Verhältnisse gezwungen, bereits aufgegeben und war nach Bern gegangen. Kleist reiste ihm dorthin nach. Ein Brief an Ulrike gibt uns das Fazit der Pariser Reise.

## Kleist an Ulrike

Bern, den 12. Januar 1802

Mein liebes Ulrikchen, zurückkehren zu Euch ist, so unaussprechlich ich Euch auch liebe, doch unmöglich, unmöglich. Ich will lieber das Aeußerste ertragen — laß mich. Erinnre mich nicht mehr daran. Wenn ich auch zurückkehrte, so würde ich doch gewiß, gewiß ein Amt nicht nehmen. Das ist nun einmal abgetan. Dir selbst wird es einleuchten, daß ich für die üblichen Verhältnisse gar nicht mehr passe. Sie beschränken mich nicht mehr, so wenig wie das Ufer einen anschwellenden Strom. Laß das also für immer gut sein.

138

Ich will Dir wohl sagen, wie ich mir das letzte Jahr erkläre. Ich glaube, daß ich mich in Frankfurt zu übermäßig angestrengt habe, denn wirklich ist auch seit dieser Zeit mein Geist seltsam abgespannt. Darum soll er für jetzt ruhen, wie ein erschöpftes Feld, desto mehr will ich arbeiten mit Händen und Füßen, und eine Lust soll mir die Mühe sein. Ich glaube nun einmal mit Sicherheit, daß mich diese körperliche Beschäftigung wieder ganz herstellen wird. Denn zuletzt möchte alles Empfinden nur von dem Körper herrühren, und selbst die Tugend durch nichts anderes froh machen, als bloß durch eine, noch unerklärte, Beförderung der Gesundheit. — Wie, was war das? So hätte ich ja wohl nicht krank sein müssen, oder —? Wie Du willst, nur keine Untersuchung! In der Bibel steht: arbeite, so wird es Dir wohl gehen — ich bilde mir ein, es sei wahr, und will es auf die Gefahr hin wagen.

Mir ist es allerdings Ernst gewesen, mein liebes Ulrikchen, mich in der Schweiz anzukaufen, und ich habe mich bereits häufig nach Gütern umgesehen, oft mehr in der Absicht, um dabei vorläufig mancherlei zu lernen, als bestimmt zu handeln. Auf meiner Reise durch dieses Land habe ich fleißig die Landleute durch Fragen gelockt, mir Nützliches und Gescheutes zu antworten. Auch habe ich einige landwirtschaftliche Lehrbücher gelesen und lese noch dergleichen, kurz, ich weiß so viel von der Sache, als nur immer in so kurzer Zeit in einen offnen Kopf hineingehen mag. Dazu kommt, daß ich durch Heinrich Zschokke einige lehrreiche Bekanntschaften gemacht habe und nun mehrere mit Landmännern machen werde. Ueberall vertraue ich mich mit ziemlicher Offenheit an und finde Wohlwollen und Unterstützung durch Rat und Tat. Zschokke selbst will sich ankaufen, sogar in meiner Nähe, auch spricht er zuweilen von dem Schweizerbürgerrecht, das er mir

verschaffen könne, und sieht dabei sehr herzlich aus; aber
ich weiß noch nicht, ob ich recht lese. — Kurz, Du siehst,
daß ich, ob ich gleich verliebt bin, mich doch nicht planlos,
in blinder Begierde, über den geliebten Gegenstand hin-
stürze. Vielmehr gehe ich so vorsichtig zu Werke, wie es
der Vernunft bei der Liebe nur möglich ist.

Ich habe also unter sehr vielen beurteilten Landgütern
endlich am Thuner See eines gefunden, das mir selbst wohl
gefällt, und, was Dir mehr gelten wird, auch von meinen
hiesigen Freunden für das schicklichste gehalten wird. —
Die Güter sind jetzt im Durchschnitt alle im Preise ein
wenig gesunken, weil mancher, seiner politischen Meinung
wegen, entweder verdrängt wird oder freiwillig weicht.
Ich selbst aber, der ich gar keine politische Meinung habe,
brauche nichts zu fürchten und zu fliehen. —

Mein liebes Ulrikchen, bei Dir muß ich von gewissen
Dingen immer schweigen, denn ich schäme mich, zu reden
gegen einen, der handelt. — Aber Du sollst doch noch einmal Deine Freude an mir haben, wenn ich Dich auch jetzt
ein wenig betrübe. — Auch Tante und die Geschwister
sollen mir wieder gut werden, o gewiß! Denn erzürnt
sind sie auf mich, ich fühle es wohl, nicht einmal einen
Gruß schenken sie dem Entfernten. Ich aber drücke mich
an ihre Brust und weine, daß das Schicksal, oder mein
Gemüt — und ist das nicht mein Schicksal? — eine Kluft
wirft zwischen mich und sie.

H. K.

Im Verkehr mit Zschokke, dem jungen Ludwig Wieland
und dem jungen Heinrich Geßner (dem Sohn des Idyllen-
dichters und Schwiegersohn des alten Christian Wieland), der als
Verleger und National-Buchdrucker tätig war, verlebte Kleist in
Bern einige schöne, anregende Wochen. Hier zum erstenmal fand
er Verständnis und aufrichtiges Interesse für seine dichterischen
Pläne und Absichten, hier brauchte er nicht, wie sonst bisher, geheimnisvoll zu verbergen, was ihn bewegte.

# H. Zschokke über Kleist

Nach Zschokke „Selbstschau" und
Bülow (Brief Zschokkes an Bülow)

Unter zahlreichen lieben Bekannten, deren Umgang
den Winter mir verschönte, befanden sich zwei junge
Männer meines Alters, denen ich mich am liebsten hingab.
Sie atmeten fast einzig für die Kunst des Schönen, für
Poesie, Literatur und schriftstellerische Glorie. Der eine
von ihnen, Ludwig Wieland, Sohn des Dichters, gefiel
mir durch Humor und sarkastischen Witz, den ein Mienen-
spiel begleitete, welches auch Milzsüchtige zum Lachen getrieben hätte. Verwandter fühlte ich mich dem anderen,
wegen seines gemütlichen, zuweilen schwärmerischen,
träumerischen Wesens, worin sich immerdar der reinste
Seelenadel offenbarte. Es war Heinrich v. Kleist.

Kleist war eine der schönen Erscheinungen im Leben
für mich, die man ihres Selbstes willen liebt und nie zu
lieben aufhört. In seinem Wesen schien mir, selbst
während der fröhlichen Stimmung seines Gemütes, ein
heimliches inneres Leiden zu wohnen. Eben das zog mich
an ihn; fast mehr als sein talentreicher Geist und sittlicher
edler Sinn. Er verlieh seinem Umgang die eigentümliche
Anmut. Ich nahm den leisen Zug von Schwermut für ein
Nachweh in der Erinnerung an trübe Vergangenheiten,
welches junge Männer von Bildung in solchem Lebensalter
oft zu ergreifen pflegt, woran ich selber gelitten hatte.

Wieland und Kleist gewahrten in mir einen wahren Hyper-
boreer, der von der neuesten poetischen Schule in Deutschland kein Wort wußte. Goethe hieß ihr Abgott; nach
ihm standen Schlegel und Tieck am höchsten, von denen ich
bisher kaum mehr als den Namen kannte. Sie machten
mir's zur Todsünde, als ich ehrlich bekannte, daß ich Goethes
Kunstgewandtheit und Talentgröße mit Bewunderung an-
staunen, aber Schillern mehr denn bewundern, daß ich ihn

lieben müsse, weil sein Sang, naturwahr, aus der Tiefe deutschen Gemüts, begeisternd ans Herz der Hörer, nicht nur ans kunstrichtende Ohr schlage. Wieland wollte sogar den Sänger des Oberon, seinen Vater, nicht mehr Dichter heißen. Das gab unter uns manchen ergötzlichen Streit.

Zuweilen teilten wir uns auch freigebig von eigenen poetischen Schöpfungen mit, was natürlich zu neckischen Glossen und Witzspielen den ergiebigsten Stoff lieferte. Als uns Kleist eines Tages sein Trauerspiel „Die Familie Schroffenstein“ vorlas, ward im letzten Akt das allseitige Gelächter der Zuhörerschaft, wie auch des Dichters, so stürmisch und endlos, daß bis zu seiner letzten Mordszene zu gelangen, Unmöglichkeit wurde. Wir vereinten uns auch, wie Virgils Hirten, zum poetischen Wettkampf. In meinem Zimmer hing ein französischer Kupferstich „la cruche cassée“. In den Figuren desselben glaubten wir ein trauriges Liebespärchen, eine keifende Mutter mit einem zerbrochenen Majolikakruge und einen großnasigen Richter zu erkennen. Für Wieland sollte dies Aufgabe zu einer Satire, für Kleist zu einem Lustspiele, für mich zu einer Erzählung werden. — Kleists „Zerbrochener Krug“ hat den Preis davongetragen.

Kleist verlebte noch einen schönen Sommer an den Ufern des Thuner Sees, wo er ein kleines Landhaus gemietet hatte, bis er mit seiner Schwester, die er nach Genua begleiten sollte, im Herbst die Schweiz verließ.

Ich zog vor, mich in einer anmutigen Landschaft des Kantons Aargau anzukaufen, wo ich unbekannt wohnen und dem wilden, aber fruchtlosen Gezänke politischer Fraktionen fernstehen könnte.

Kleist und Wieland begleiteten mich auf der Fußwanderung nach Aarau. Wir wählten eben nicht den nächsten Weg. Man·mag sich leicht das lustvolle Umhertreiben der drei jungen Poeten vorstellen, die überall Paradiese und Wüsten, Göttinnen und Ungeheuer sahen, wo sie kein anderes Auge fand. Es war das Umherschwärmen von Schmetterlingen, die, der winterlichen Verpuppung eben entschlüpft, über Wiesen gaukeln, von jeder Blume gelockt, von keiner gehalten.

## Kleist an Zschokke

Thun, den 1. Februar 1802

Wie steht's mit Ihrer Lust zum Landleben? Wie steht's mit der Schweizer-Regierung? Denn das hängt zusammen, und inniger als Sie mir gesagt haben. Immer hoffe ich noch, Sie einmal irgendwo im Staate wieder an der Spitze zu sehen, und nirgends, dünkt mich, wären Sie mehr an Ihrer Stelle als da. — Was mich betrifft, wie die Bauern schreiben, so bin ich, ernsthaft gesprochen, recht vergnügt, denn ich habe die alte Lust zur Arbeit wiederbekommen. Wenn Sie mir einmal mit Geßnern die Freude Ihres Besuches schenken werden, so geben Sie wohl acht auf ein Haus an der Straße, an dem folgender Vers steht: „Ich komme, ich weiß nicht, von wo? Ich bin, ich weiß nicht, was? Ich fahre, ich weiß nicht, wohin? Mich wundert, daß ich so fröhlich bin." — Der Vers gefällt mir ungemein, und ich kann ihn nicht ohne Freude denken, wenn ich spazierengehe. Und das tue ich oft und weit, denn die Natur ist hier, wie Sie wissen, mit Geist gearbeitet, und das ist ein erfreuliches Schauspiel für einen armen Kauz aus Brandenburg, wo, wie Sie auch wissen, der Künstler bei der Arbeit eingeschlummert zu sein scheint. Jetzt zwar sieht auch hier unter den Schneeflocken die Natur wie eine 80jährige Frau aus, aber man sieht es ihr doch an, daß sie in ihrer Jugend schön gewesen sein mag. — Ihre Gesellschaft vermisse ich hier sehr, denn außer den Güterverkäufern kenne ich nur wenige, etwa den Hauptm. Muelinen und seinen Hofmeister, angenehme Männer. Die Leute glauben hier durchgängig, daß ich verliebt sei. Bis jetzt aber bin ich es noch in keine Jungfrau, als etwa höchstens in die, deren Stirne mir der Abendstrahl der Sonne zurückwirft, wenn ich am Ufer des Thuner Sees stehe.

## Kleist an Zschokke

Thun, den 2. März 1802

Mein lieber Zschokke, ich habe Ihren Brief aus Aarau erhalten und mit Freude zugleich, und mit Erstaunen, vernommen, daß Sie wirklich mit sicherer Hand das Schiff Ihres Lebens fort von den Küsten der politischen Welt in den Hafen der philosophischen Ruhe führen. Denn niemals (ich darf es Ihnen selbst frei gestehen) habe ich an den Ernst Ihres Wunsches geglaubt, und erst jetzt fühle ich in Ihrer Seele, wie gegründet er sein mag, da eine Nacht der Verwirrung über Ihr unglückliches Vaterland hereinzubrechen droht. Es bedarf wohl nicht der Erklärung, daß ich hierbei an den Aller-Welts-Konsul, an den Cousin de la Suisse (weil er sich so hoch mit der Verwandtschaft rühmt) denke. Mich erschreckt die bloße Möglichkeit, statt eines Schweizerbürgers durch eines Taschenspielers Kunstgriff Franzose zu werden. Sie werden von den Unruhen im Simmental gehört haben, es sind bereits Franzosen hier eingerückt, und nicht ohne Bitterkeit habe ich ihrem Einzug beigewohnt. Ist es denn wahr, daß sie auch das pays de Vaud in Besitz genommen? — Unter diesen Umständen denke ich nicht einmal daran, mich in der Schweiz anzukaufen. Ich habe mir eine Insel in der Aare gemietet, mit einem wohleingerichteten Häuschen, das ich in diesem Jahre bewohnen werde, um abzuwarten, wie sich die Dissonanz der Dinge auflösen wird. Ich werde in

144

einigen Wochen einziehen, vorher aber noch, Geschäfte
halber, auf ein paar Tage nach Bern kommen. Schreiben
Sie mir doch ja, ich bitte Sie, wie weit Sie mit Ihrem
Kauf in Richtigkeit sind. Jetzt denke ich mehr als jemals
an eine Zukunft in Ihrer Nachbarschaft, wenn überhaupt
das Schicksal mir eine Freistätte in der Schweiz bereitet.
Nächstens mündlich mehr davon. Leben Sie recht wohl,
und grüßen Sie das Geßnersche Haus, das ich sehr ehre
und liebe.

Heinrich Kleist

Der Gutskauf hatte sich zerschlagen. „Diesmal ist das Schicksal
wankelmütig, nicht ich," schreibt er an Ulrike. Aber wenn es auch
so gut wie ausgemacht sei, daß die unglückliche Schweiz auf
irgendeine Art ein Opfer der französischen Brutalität würde, so
werde es dem „Allerweltskonsul" mit der Schweiz doch nicht so
leicht gelingen. Die Erbitterung der Schweizer gegen die Franzosen, „diese Affen der Vernunft", sei so groß, daß jede andere
Leidenschaft weiche. Kleist hatte eine kleine Insel in der Aar
gemietet und verbringt hier in Zurückgezogenheit einige Monate.

## Kleist an Ulrike

### Auf der Aarinsel bei Thun, den 1. Mai 1802

Mein liebes Ulrikchen, ich muß meine Arbeit einmal
einen halben Tag stehlen, um Dir Rechenschaft zu geben
von meinem Leben; denn ich habe immer eine undeutliche
Vorstellung, als ob ich Dir das schuldig wäre, gleichsam
als ob ich von Deinem Eigentum zehrte.

Deinen letzten Brief mit Inschriften und Einlagen
von den Geliebten habe ich zu großer Freude in Bern empfangen, wo ich eben ein Geschäft hatte bei dem Buchhändler Geßner, Sohn des berühmten, der eine Wieland,
Tochter des berühmten, zur Frau, und Kinder wie die
lebendigen Idyllen hat: ein Haus, in welchem sich gern
verweilen läßt. Darauf machte ich mit Zschokke und

Wieland, Schwager des Geßner, eine kleine Streiferei
durch den Aargau. – Doch das wäre zu weitläufig, ich muß
Dich überhaupt doch von manchen anderen Wunderdingen
unterhalten, wenn wir einmal wieder beisammen sein
werden. – Jetzt leb' ich auf einer Insel in der Aare,
am Ausfluß des Thuner Sees, recht eingeschlossen von
Alpen, ¼ Meile von der Stadt. Ein kleines Häuschen
an der Spitze, das wegen seiner Entlegenheit sehr wohlfeil war, habe ich für sechs Monate gemietet und bewohne
es ganz allein. Auf der Insel wohnt auch weiter niemand,
als nur an der andern Spitze eine kleine Fischerfamilie,
mit der ich schon einmal um Mitternacht auf den See gefahren bin, wenn sie Netze einzieht und auswirft. Der
Vater hat mir von zwei Töchtern eine in mein Haus gegeben, die mir die Wirtschaft führt: ein freundlich-lieb-
liches Mädchen, das sich ausnimmt, wie ihr Taufname:
Mädeli. Mit der Sonne stehen wir auf, sie pflanzt mir
Blumen in den Garten, bereitet mir die Küche, während
ich arbeite für die Rückkehr zu Euch; dann essen wir zusammen; Sonntags zieht sie ihre schöne Schwyzertracht
an, ein Geschenk von mir, wir schiffen uns über, sie geht
in die Kirche nach Thun, ich besteige das Schreckhorn, und
nach der Andacht kehren wir beide zurück.

Weiter weiß ich von der ganzen Welt nichts mehr. Ich
würde ganz ohne alle widrigen Gefühle sein, wenn ich
nicht, durch mein ganzes Leben daran gewöhnt, sie mir
selbst erschaffen müßte. So habe ich zum Beispiel jetzt
eine seltsame Furcht, ich möchte sterben, ehe ich meine
Arbeit vollendet habe. Von allen Sorgen vor dem
Hungertod bin ich aber, Gott sei Dank, befreit, obschon
alles, was ich erwerbe, so gerade wieder draufgeht.
Denn, Du weißt, daß mir das Sparen auf keine Art gelingt. Kürzlich fiel es mir einmal ein, und ich sagte dem
Mädeli: sie sollte sparen. Das Mädchen verstand aber

146

das Wort nicht, ich war nicht imstande, ihr das Wort begreiflich zu machen, wir lachten beide, und es muß nun beim Alten bleiben. — Uebrigens muß ich hier wohlfeil leben, ich komme selten von der Insel, sehe niemand, lese keine Bücher, Zeitungen, kurz, brauche nichts, als mich selbst. Zuweilen doch kommen Geßner oder Zschokke oder Wieland aus Bern, hören etwas von meiner Arbeit, und schmeicheln mir — kurz, ich habe keinen andern Wunsch, als zu sterben, wenn mir drei Dinge gelungen sind: ein Kind, ein schön Gedicht und eine große Tat. Denn das Leben hat noch immer nichts Erhabneres als nur dieses, daß man es erhaben wegwerfen kann. —

Mit einem Worte, diese außerordentlichen Verhältnisse tun mir erstaunlich wohl, und ich bin von allem Gemeinen so verwöhnt, daß ich gar nicht mehr hinübermöchte an die andern Ufer, wenn Ihr nicht da wohntet. Aber ich arbeite unaufhörlich um Befreiung von der Verbannung — Du verstehst mich. Vielleicht bin ich in einem Jahre wieder bei Euch. — Gelingt es mir nicht, so bleibe ich in der Schweiz, und dann kommst Du zu mir. Denn wenn sich mein Leben würdig beschließen soll, so muß es doch in Deinen Armen sein. — Adieu. Grüße, küsse, danke alle.

Heinrich Kleist

N. S. Ich war vor etwa 4 Wochen, ehe ich hier einzog, im Begriff, nach Wien zu gehen, weil es mir hier an Büchern fehlt; doch es geht so auch und vielleicht noch besser. Auf den Winter aber werde ich dorthin — oder vielleicht gar schon nach Berlin. — Bitte doch nur Leopold, daß er nicht böse wird, weil ich nicht schreibe, denn es ist mir wirklich immer eine erstaunliche Zerstreuung, die ich vermeiden muß. In etwa 6 Wochen werde ich wenigstens ein Dutzend Briefe schreiben. —

Die Monate auf der Delosea-Insel waren emsigem, an gespanntem Schaffen gewidmet. Die Tragödie „Die Familie Schroffenstein", von der Zschokkes obiger Bericht spricht, wurde vollendet. Ihr Entwurf fällt in die Pariser Zeit. Auf Ludwig Wielands Rat vertauschte Kleist den ursprünglichen Schauplatz des Stückes (Spanien) mit dem romantisch-ritterlichen Schwaben. Wieland war es auch, der die Drucklegung des Werkes übernahm, das ohne Kleists Namen Anfang 1803 in der Buchhandlung Geßners erschien. In der Einsamkeit und Stille des idyllischen Aar-Inselchens begann auch das gewaltige, himmelstürmende Ringen Kleists mit dem „Robert Guiskard", wahrscheinlich wie die „Familie Schroffenstein" schon während des Aufenthalts in Paris konzipiert. Den Anlaß zu dem Lustspiel vom „Zerbrochenen Krug" gab jener französische Kupferstich in Zschokkes Zimmer. Die Ausführung des Planes blieb der Dresdener Zeit (1803) vorbehalten. Wir hören, daß Kleist in diesen Tagen auch ein Drama „Peter, der Einsiedler" beschäftigte, das die Figur Peters von Amiens, des Kreuzfahrers, zum Mittelpunkt hatte. Die Schweizer Umgebung, die damalige politische Lage, welche eine große innere Uebereinstimmung mit der Schweiz in den Tagen der Schlacht von Sempach (1376) zeigte, brachte Kleist einen andern Stoff nahe, die Tragödie „Leopold von Oesterreich".

## Auch ein Totentanz

Nach A. Wilbrandt

Pfuel erzählt, daß Kleist schweizerischen Quellen viele pikante Züge für ein Drama Leopold von Oesterreich entnahm, die er mit gewaltiger Wirkung verwertete. Die Hauptszene aber des ersten Aktes war, wie die Ritter Leopolds vor der Sempacher Schlacht würfeln, wer mit dem Leben davonkommen wird, wer nicht. Die stolzen Herren sitzen zechend beisammen, und sie beginnen das Würfeln wie ein übermütiges Spiel. Drei schwarze Seiten haben die Würfel und drei weiße; die schwarzen bedeuten den Tod. Die ersten der Würfler werfen schwarz; man lacht und scherzt darüber; das Spiel geht fort, auch die nächsten werfen schwarz, und immer mehr und mehr — allmählich verstummt der kecke Jubel, und ein

nachdenklicher Ernst kommt über die Gesellschaft; — zuletzt
haben alle schwarz geworfen. Wie dieser grausige Vorgang
Schritt für Schritt in dem hochfahrenden Kreise die un-
heimlichste, zuletzt die fürchterlichste Stimmung verbreitet,
das war, nach Pfuels Erinnerungen, mit überwältigender
Kraft geschildert. — Kleist hat überhaupt (wie Pfuel
versichert) nur den einen Akt vollendet.

Die Folge der übermäßigen Anstrengungen, der ununterbrochen,
ja mit fieberhafter Intensität betriebenen Arbeit war die Er-
schöpfung, ein physischer und psychischer Zusammenbruch. Kleist
wurde schwerkrank. Er gibt sich dem Berner Arzt Dr. Wyttenbach
in Behandlung.

## Kleist an Wilhelm von Pannwitz

Bern, im August 1802

Mein lieber Pannwitz, ich liege seit 2 Monaten krank
in Bern und bin um 70 französische Louisdors gekommen, worunter 30, die ich mir durch eigene Arbeit
verdient hatte. Ich bitte Gott um den Tod, und Dich um
Geld, das Du auf mein Hausanteil erheben mußt. Ich
kann und mag nichts weiter schreiben als dies Allernot-
wendigste. Schicke zur Sicherheit das Geld an den Doktor
und Apotheker Wyttenbach, meinen Arzt, einen ehrlichen
Mann, der es Euch zurückschicken wird, wenn ich es nicht
brauche. Lebet wohl, lebet wohl, lebet wohl.

Heinrich Kleist

## Abschied von Bern

Ulrikes Bericht

Sowie ich den Brief (an Pannwitz) gelesen, ist auch
mein Entschluß gefaßt, selbst wieder hinzureisen, und un-
gesäumt nehme ich Geld auf, bestelle Postpferde und setze
mich in Begleitung eines Bedienten auf, und fahre Tag
und Nacht. Ich treffe in der Schweiz viel Bewaffnete,
hier und da zusammenrottiert und in eifrigem Gespräch.

Ich komme nach Solothurn, verlange ein Zimmer und eilig Pferde, um so schnell als möglich nach Bern zu kommen. Man sagt mir: ein Zimmer für mich könnte ich nicht bekommen, es sei das Haus zu voll. Ich werde in ein gemeinschaftliches Zimmer geführt, worin viele Offiziere in verschiedenen Uniformen versammelt waren, jeder seinen Zorn auf seine Weise ausdrückend. — Ich weiß nicht, was das alles zu bedeuten hat, und frage einen der Offiziere: „Kann ich wohl sicher nach Bern fahren?" — „Ich weiß nicht," ist die Antwort. Ich frage einen andern, bekomme auch keine genügende Antwort. Endlich erfahre ich, es sind Gefangene, an die ich mich gewendet, und höre, daß das Korps des General Erlach eben auf dem Weg nach Bern ist, daß Bern geschlossen, und niemand aus und ein darf. — Ich denke aber, du kehrst dich an nichts und gehst so lange als es nur möglich ist, tritt dann die Gefahr so nahe, daß du nicht weiterkannst, so ist immer noch Zeit zum Umkehren. Ich setzte mich ein und fahre die ganze Straße bis Bern zwischen bewaffneten Truppen, die mich alle höflich grüßen und ohne Hindernis durchlassen. Wie ich an die Tore von Bern komme, sind sie eben geöffnet, um Zufuhr hineinzulassen, ich fahre mit ein, werde am Tore examiniert und mit der Weisung entlassen, von 7 Uhr nicht mehr auf der Straße zu sein, es sei der Befehl ergangen, von 7 Uhr an jeden, der auf der Straße ginge, zu arretieren. Es war schon 6 Uhr, wie nun gleich Heinrich finden? Ich fahre nach einem Gasthofe, frage nach dem Doktor — — gehe zu ihm, frage nach Heinrich. Ja, sagt der Doktor, ich weiß nicht, ob er jetzt hier ist. — So ist er also wieder gesund? — O ja, gesund ist er. Mein Begleiter aus dem Gasthofe, als er den Namen Kleist hört, sagt: J der Herr von Kleist ißt ja alle Mittage bei uns. — Weißt Du ihn wohnen? — O ja. Nun also eilig zu ihm. Ich

trete ein. Heinrich sitzt allein und arbeitet. Er schlägt
die Hände über den Kopf zusammen. Ulrike! was ist
das? Du siehst ja aus, als wärst Du eben zur Tür raus-
gegangen und wieder reingekommen. (Ich hatte dieselben
Reisekleider an, in denen ich mich vor wenig Monaten von
ihm getrennt hatte, und dieses ebenso Aussehen beschäftigte
ihn in den ersten Augenblicken am meisten.) — Du bist
also wieder gesund? — O ja, wie Du siehst. — Nun,
dann komm nur gleich mit nach dem Gasthofe, ich habe
schon Zimmer für uns bestellt, und nach 7 dürfen wir
uns nicht mehr auf der Straße zeigen. — Ja,
mitgehen kann ich nicht, ich habe noch einigen
jungen Männern versprochen, ihnen beizustehen,
sie wollen Bern verteidigen, wenn General Erlach kommt.
— Ach, laß sie nur sich allein verteidigen, jetzt kömmst
Du gleich mit mir. So zog ich ihn mit zu meiner Wohnung.
Durch mich erfuhr man nun in Bern, wie weit General
Erlach sei, und mit wie starker Begleitung er komme.

Nachdem es in Bern wieder etwas ruhiger geworden
war, wünschte Heinrich, daß ich möchte seine liebe Aar-
Insel kennen lernen. Wir brachten mehrere Tage dort
zu, machten kleine Fußreisen am jenseitigen Ufer und
kehrten immer wieder nach unserer Insel zurück.

Heinrichs Wunsch war nun, nach Wien zu gehen, wir
wollten über Neufchatel, die Pässe waren besorgt und der
Tag unserer Abreise bestimmt.

Es war zu dieser Zeit sehr unruhig in Bern. Die
neue Regierung gab viel Anlässe zur Unzufriedenheit; es
wurden die alten Beamten abgesetzt, und viele,
die ihre Meinung laut aussprachen, wurden verwiesen. Der junge Wieland, Heinrichs Freund, war ein
unruhiger Kopf mit satirischer Zunge. Er hatte bei der
vorigen Regierung einen Posten bekleidet und äußerte sich
bei vieler Gelegenheit unvorsichtig.

Eines Tages, kurz vor unserer Abreise, kömmt Heinrich nach Haus und sagt: Höre, Ulrike, wir können nicht nach Wien, Wieland ist nach *** verwiesen, er hat keine Mittel, wir können ihn nicht im Stich lassen, wir wollen also heute noch dahin abreisen. Wieland war nun aber fortgegangen, und kein Mensch wußte ihn zu finden. Ich ging gleich zur Geßner (seiner Schwester), sagte ihr, sie möchte von seinen Sachen zusammensuchen, was sie glaubte, daß er brauchen würde, und möchte mir sie gleich schicken. Ich bestellte den Fuhrmann, ließ aufpacken, und in zwei Stunden war alles zur Reise fertig. Wieland kam, wir setzten uns ein, und Heinrich war außer sich vor Freude, daß die Regierung nun nicht wissen würde, ob Wieland gegangen wäre, weil er muß, oder weil er will.

Obgleich unsere Pässe zu einer ganz anderen Straße genommen waren, mußten wir nun mit Wieland nach ***. Da Wieland gar kein Geld hatte, beschloß Heinrich, ihn von da nach Jena zu seinem Vater zu bringen. Auch freute er sich sehr, des alten Wieland persönliche Bekanntschaft zu machen. Der Sohn hatte ihm schon öfter von Heinrichs Arbeiten geschickt, durch die er Heinrich sehr liebgewonnen hatte.

# Neue Stürme und Krisis

Mit der Abscht, sich als Landwirt dauernd niederzulassen, war Kl. in die Schweiz gegangen, hatte diesen von den Rousseauschen Idealen inspirierten Gedanken aber sehr bald fallen lassen. Nach knapp ¾jährigem Aufenthalt in der Schweiz kehrte er mit seiner Schwester und dem jungen Wieland nach Deutschland zurück. Im November 1802 traf er in Weimar ein und wohnte hier, bis ihn im Jannar 1803 eine freundliche Einladung des alten Wieland ganz auf sein Gut nach Oßmannstedt übersiedeln ließ, wo er schon vorher ein oft und gern gesehener Gast gewesen war.

## Kleist an Ulrike

Weimar, den 9. Dezember 1802

Mein liebes Ulrikchen, der Anfang meines Gedichtes, das der Welt Deine Liebe zu mir erklären soll, erregt die Bewunderung aller Menschen, denen ich es mitteile. O Jesus! Wenn ich es doch vollenden könnte! Diesen einz'gen Wunsch soll mir der Himmel erfüllen; und dann mag er tun, was er will. Zur Hauptsache! Ich brauche schon wieder Geld; und kann Dir weiter nichts sagen. Ich habe andern geborgt. Es ist verrückt, ich weiß es. Schicke mir doch, wenn es sein kann, den ganzen Rest.

Heinrich Kleist


Dein Geschenk habe ich empfangen und würde es mit noch größerer Freude tragen, wenn ich wüßte, ob Du es mit eigenen lieben Händen verfertigt hast? — Das Weihnachtsfest bringe ich in Oßmannstedt zu. Wieland, der alte, auch der junge, grüßen Dich; und ich alle Unsrigen.

## Wieland an Dr. Wedekind*

Weimar, den 10. April 1804

Meine Bekanntschaft mit Herrn v. Kleist ist die Frucht
eines freundschaftlichen Verhältnisses, welches sich im
Jahre 1801, ni fallor, zwischen ihm und meinem ältesten
Sohne Ludwig, der jetzt in Wien ist, in der Schweiz, wo
beide sich damals aufhielten, entsponnen hatte. Schon damals schrieb mir mein Sohn von ihm als einem außerordentlichen Genie, der sich mit aller seiner Kraft auf die
dramatische Kunst geworfen habe, und von welchem etwas
viel Größeres, als bisher in Deutschland gesehen worden,
in diesem Fache zu erwarten sei. Im Herbst des Jahres
1802 verließen beide die Schweiz, und Kleist fand Gelegenheit, meinem Sohne einen sehr wesentlichen Dienst
zu leisten. Sie reisten eine Zeitlang miteinander, trennten
sich sodann, und Kleist ging sodann nach Jena, mein Sohn
aber zu mir nach Oßmannstedt, zwei Stunden von Weimar,
wo ich damals noch auf einem Gute wohnte, welches ich
aber wieder zu verkaufen entschlossen war, und auch wenige
Monate darauf einen Käufer dazu fand, dem ich es acht
Tage nach Ostern 1803 einräumte.

Kleist zog nach einem kurzen Aufenthalt in Jena nach
Weimar, mietete sich ein Quartier, so gut es in der Eile
zu haben war, und besuchte mich ein- oder zweimal auf
meinem Gut. Es ging mir mit ihm wie Ihnen. Wiewohl mir nichts mehr zuwider und peinlich ist als ein über-
spannter Kopf, so konnte ich doch seiner Liebenswürdigkeit
nicht widerstehen. So oft dies, in meinem ganzen Leben,
bei einer neuen Bekanntschaft, die ich machte, der Fall
war, entrainierte mich meine natürliche Offenheit und
Bonhomie weiter, als die Klugheit einem kaltblütigen

---

* Der Arzt, bei dem sich Kleist im Sommer 1804 zur Behandlung aufhielt. (S. 167 f.)

154

Menschen erlauben würde. Doch zurückhaltender hingegen
war Herr v. Kleist, und etwas Rätselhaftes, Geheimnis-
volles, das tiefer in ihm zu liegen schien, als daß ich es
für Affektation halten konnte, hielt mich in den zwei ersten
Monaten unserer Bekanntschaft in einer Entfernung, die
mir penibel war, und vermutlich alles nähere Verhältnis
zwischen uns abgeschnitten hätte, wenn ich nicht durch
meinen Sohn erfahren hätte, daß Kleist sich in seinem
Quartier zu Weimar so schlecht befinde, daß er eine Einladung, die übrige Zeit, die er sich noch in unserer Gegend
aufzuhalten gedächte, bei mir in Oßmannstedt zu wohnen,
mit Dank annehmen würde. Sogleich erging diese Einladung an ihn, er nahm sie an, bezog an einem der ersten
Tage des Januar ein Zimmer in meinem Hause und war von
dieser Zeit an neun oder zehn Wochen mein Kommensal auf
eben dem Fuß, als ob er zu meiner Familie gehörte. Alles, was
Sie mir von seinem Benehmen in Ihrem Hause erzählten,
ist auch die Geschichte der Rolle, die er bei mir spielte.

Er schien mich wie ein Sohn zu lieben und zu ehren,
aber zu einem offenen und vertraulichen Benehmen war
er nicht zu bringen. Unter mehreren Sonderlichkeiten, die
an ihm auffallen mußten, war eine seltsame Art der Zerstreuung, wenn man mit ihm sprach, so daß z. B. ein einziges Wort eine ganze Reihe von Ideen in seinem Gehirn
wie ein Glockenspiel anzuziehen schien, und verursachte,
daß er nichts weiter von dem, was man ihm sagte, hörte
und also auch mit der Antwort zurückblieb. Eine andere
Eigenheit und eine noch fatalere, weil sie zuweilen an Ver-
rücktheit zu grenzen schien, war diese, daß er bei Tische sehr
häufig etwas zwischen den Zähnen mit sich selbst murmelte,
und dabei das Air eines Menschen hatte, der sich allein
glaubt, oder mit seinen Gedanken an einem anderen Orte
und mit ganz anderem Gegenstande beschäftigt ist. Er
mußte mir endlich gestehen, daß er in solchen Augenblicken

von Abwesenheit mit seinem Drama zu schaffen hatte, und dies nötigte ihn, mir gern oder ungern zu entdecken, daß er an einem Trauerspiel arbeite, aber ein so hohes und vollkommenes Ideal davon seinem Geiste vorschweben habe, daß es ihm noch immer unmöglich gewesen sei, es zu Papier zu bringen. Er habe zwar schon viele Szenen nach und nach aufgeschrieben, vernichte sie aber immer wieder, weil er sich selbst nichts zu Dank machen könne. Ich gab mir nun alle ersinnliche Mühe, ihn zu bewegen, sein Stück nach dem Plane, den er sich entworfen hatte, auszuarbeiten und fertigzumachen, so gut es geraten wollte, und es mir sodann mitzuteilen, damit ich ihm meine Meinung davon sagen könnte; oder wenn er das nicht wollte, es nur wenigstens für sich selbst zu vollenden, um es dann desto besser zu übersehen, das Nötige zu ändern, kurz alles gehörig auszuteilen, um es zur Vollkommenheit bringen zu können. Sed surdo narrabam fabulam. Endlich nach vielen vergeblichen Versuchen und Bitten, nur eine einzige Szene von diesem fatalen Werk seines Verhängnisses zu sehen zu bekommen, erschien eines Tages zufälligerweise an einem Nachmittage die glückliche Stunde, wo ich ihn so treuherzig zu machen wußte, mir einige der wesentlichsten Szenen und mehrere Morceaux aus anderen aus dem Gedächtnisse vorzudeklamieren. Ich gestehe Ihnen, daß ich erstaunt war, und ich glaube nicht zu viel zu sagen, wenn ich Sie versichere: Wenn der Geist des Aeschylus, Sophokles und Shakespeare sich vereinigten, eine Tragödie zu schaffen, so würde das sein, was Kleists Tod Guiskards des Normannen, sofern das Ganze demjenigen entspräche, was er mich damals hören ließ. Von diesem Augenblick an war es bei mir entschieden, Kleist sei dazu geboren, die große Lücke in unserer Literatur auszufüllen, die, nach meiner Meinung wenigstens, selbst von Schiller und Goethe noch nicht ausgefüllt worden ist; und Sie stellen sich leicht vor,

wie eifrig ich nunmehr an ihm war, um ihn zur Vollendung des Werkes zu bewegen. Er schien zwar damals
über die Wirkung, die er auf mich getan hatte, ungemein
erfreut, und versprach alles Gute; aber dabei blieb es
auch, und um ihn nicht zu quälen, fand ich nötig, ihm während der Zeit, da er mein Hausgenosse war, so wenig wie möglich von seinem Werk zu sprechen. Gegen Mitte des Märzes
trennten wir uns endlich wieder, er verweilte noch mehrere
Tage in Weimar und ging dann nach Leipzig und Dresden.

## Luise Wieland an Charlotte Geßner

Weimar, den 19. April 1811

In dieser für mich, ich glaube für alle Mädchen gefahr-
vollen Zeit, meinem vierzehnten Jahre, kam Bruder Ludwig
wieder zu uns und mit ihm sein Freund Heinrich v. Kleist,
den Du auch persönlich kennst. Eine Beschreibung von
diesem eigenen Sterblichen brauche ich Dir daher nicht zu
machen. Dieser Freund eines Bruders, den ich liebte,
machte von dem Augenblick an, wo ich ihn sah, einen Eindruck auf das Herz Deiner ganz unerfahrenen Schwester,
der noch jetzt nach acht Jahren nicht ganz verwischt ist. Es
ist schwer, alle die anscheinenden Kleinigkeiten zu beschreiben, die aber alle von so großem Einfluß waren, daß
er, durch die Umstände begünstigt, mir glauben machte, ich
sei wiedergeliebt, — und ich war zu schwach, an ihr zu
zweifeln. Ludwig war ernstlich aufgebracht gegen Kleist,
und es hat, wie ich erst spät erfuhr, manchen unangenehmen Wortwechsel zwischen ihnen gegeben. Schwester
Amalie haßte ihn von ganzer Seele, und dieser Haß war
allein hinreichend, mich von ihr zu entfernen; Karoline war
selbst zu sehr von ihm eingenommen, um mich zu beobachten; im ganzen war das Benehmen aller drei gegen mich

unverzeihlich. Ich hatte Verstand genug, die unglücklichen
Folgen dieser Leidenschaft zu begreifen, wenn sie mir
mit Verstand und Teilnahme wären vorgestellt worden,
was aber nicht geschah. — Der Vater wußte anfangs nichts
von ihr — wie er sie aber erfuhr, hatte sich Kleist schon auf
meinen und der Karoline Wunsch entschlossen, uns zu verlassen. Er reiste auch wirklich ab — und ich blieb zurück!
Mein Gemütszustand mußte notwendig auch auf meinen
Körper einigen Einfluß haben, da ich ohnehin schwächlich
war. Jetzt erscheint mir Kleists Betragen gegen mich freilich in einem helleren Lichte; doch wünschte ich nicht, daß
Du schlimm von ihm dächtest. — Wenn er auch nicht zu
den ganz edlen Menschen gehört, die ja ohnehin eine Ausnahme machen, so ist sein Charakter doch gut, und er würde
sich dieses Leichtsinns gegen mich nicht schuldig gemacht
haben, wenn er weniger adeliges Blut (oder vielmehr un-
adeliges) in seinen Adern hätte. —

## Kleist an Ulrike

Leipzig, den 13/14. März 1803

Ich weiß nicht, was ich Dir über mich unaussprechlichen Menschen sagen soll. — Ich wollte, ich könnte mir
das Herz aus dem Leibe reißen, in diesen Brief packen und
Dir zuschicken. — Dummer Gedanke!

Kurz, ich habe Oßmannstedt wieder verlassen. Zürne
nicht! Ich mußte fort und kann Dir nicht sagen, warum.
Ich habe das Haus mit Tränen verlassen, wo ich mehr
Liebe gefunden habe, als die ganze Welt zusammen auf-
bringen kann; außer Du! —! Aber ich mußte fort!
O Himmel, was ist das für eine Welt!

Ich brachte die ersten folgenden Tage in einem Wirtshause zu Weimar zu und mußte gar nicht, wohin ich mich
wenden sollte. Es waren recht traurige Tage! Und ich

hatte eine recht große Sehnsucht nach Dir, o Du meine Freundin! Endlich entschloß ich mich, nach Leipzig zu gehen. Ich weiß wahrhaftig kaum anzugeben, warum. -- Kurz, ich bin hier.

Ich nehme hier Unterricht in der Deklamation bei einem gewissen Kerndörffer. Ich lerne meine eigne Tragödie bei ihm deklamieren. Sie müßte, gut deklamiert, eine bessere Wirkung tun als schlecht vorgestellt. Sie würde, mit vollkommener Deklamation vorgetragen, eine ganz ungewöhnliche Wirkung tun. Als ich sie dem alten Wieland mit großem Feuer vorlas, war es mir gelungen, ihn so zu entflammen, daß mir, über seine innerlichen Bewegungen, vor Freude die Sprache verging und ich zu seinen Füßen niederstürzte, seine Hände mit heißen Küssen überströmend.

Leset doch einmal im 34. oder 36. Blatt des Freimütigen den Aufsatz: Erscheinung eines neuen Dichters. Und ich schwöre Euch, daß ich noch viel mehr von mir weiß als der alberne Kauz, der Kotzebue. Aber ich muß Zeit haben, Zeit muß ich haben. – O Ihr Erynnien mit Eurer Liebe!

Tut mir den Gefallen und leset das Buch nicht. Ich bitte Euch darum. (Es ist eine elende Scharteke*.) Kurz, tut es nicht. Hört Ihr?

Und nun küsse in meinem Namen jeden Finger meiner ewig verehrungswürdigen Tante! Und, wie sie, den Orgelpfeifen gleich, stehen, küsse sie alle von der obersten bis zur letzten, der kleinen Maus, aus dem Apfelkern geschnitzt! Ein einziges Wort von Euch, und ehe Ihr's Euch verseht, wälze ich mich vor Freude in der Mittelstube. Adieu! Adieu! Adieu! O Du meine Allerteuerste!

Heinrich

-----

* Von Kleist gestrichen.

# Ein neuer Dichter

L. F. Huber im „Freimütigen" 1803

Eine gute Kunde hat der Freimütige heute einem jeden zu geben, der die jetzigen Konjunkturen der deutschen Literatur beherzigt — die Erscheinung eines neuen Dichters hat er zu melden, eines unbekannten und ungenannten, aber wirklich eines Dichters! — Ich nahm die Familie Schroffenstein mit allen den traurigen Erwartungen in die Hand, zu denen man bei einem Ritterschauspiel — als ein solches kündigt es das Verzeichnis der Personen gleich an — in der Regel berechtigt sein mag. Ich las einen Bogen, den zweiten, den dritten, ohne recht zu wissen, woran ich war. Hatten Shakespeare, Goethe, Schiller hier wieder einmal Unheil angerichtet? War es eine unberufene Nachahmung mit etwas eigener Verkehrtheit, und mit den Schellen der neuen ästhetischen Schule ausgestattet? — Nun, man muß doch sehen, dachte ich, und las weiter. Und siehe, es entfaltete sich, zu meinem immer steigenden Erstaunen, aus einer harten, ungleichen Sprache, aus unbestimmten, dunklen Andeutungen, aus manchen Elementen zu einem grundschlechten Stück eine stattliche poetische Welt vor mir, die mir die begeisterte Hoffnung zurückließ, daß endlich doch wieder ein rüstiger Kämpfer um den poetischen Lorbeer aufstehe, wie ihn unser Parnaß grade jetzt so sehr braucht....

Dieses Stück ist eine Wiege des Genies, über der ich mit Zuversicht der schönen Literatur unsers Vaterlandes einen sehr bedeutenden Zuwachs weissage. Der Verfasser mag vielleicht zu den außerordentlichen Geistern gehören, deren Entwicklung bis zu der Reife selten ohne einige Bizarrerien und Unarten abläuft. Er muß, um seine Bestimmung zu erfüllen, einst etwas viel Besseres machen als seine Familie Schroffenstein.

## In Dresden

Nach E. v. Bülow

Von Weimar begab sich Kleist im Jahre 1803 nach Dresden, um an seinem liebsten Trauerspiele, „Robert Guiskard", weiterzudichten, das er in seinem Unmute bereits zweimal vernichtet hatte. Hier traf er auch mit seinem Freunde v. Pfuel zusammen, und soll ihm Kleist eines Abends, als Pfuel Zweifel an seinem komischen Talent geäußert, die drei ersten Szenen des schon in der Schweiz begonnenen Lustspieles „Der zerbrochene Krug" diktiert haben.

Kleist war zu dieser Zeit ein Hausfreund der Familie v. Schlieben*, in welcher eine Tochter (Karoline) mit seinem Freunde Lohse verlobt war, dessen Gattin sie in der Folge wurde.

## Kleist an Ulrike

Leipzig, den 20. Juli 1803

Lies doch inliegenden Brief von Wieland, dem Alten, den ich, auf ein kurzes Empfehlungsschreiben, das ich Werdecks mitgab, am Abend Eurer Abreise empfing. Ich sehe sein Antlitz vor Eifer glühen, indem ich ihn lese. — Die beiden letzten Zeilen sind mir die rührendsten. Du kannst sie, wenn Du willst, verstehen.

## Wieland an Kleist

Sie schreiben mir, lieber Kleist, der Druck mannigfaltiger Familienverhältnisse habe die Vollendung Ihres Werkes unmöglich gemacht. Schwerlich hätten Sie mir einen Unfall ankündigen können, der mich schmerzlicher

---

* Eine Porträtzeichnung Henriettes v. Schlieben trägt von der Hand Karolines die Unterschrift: „Kleists Braut". Ueber dieses Verhältnis ist Näheres nicht bekannt.

betrübt hätte. Zum Glück läßt mich die positive Ver-
ficherung des Herrn v. Werdeck, daß Sie zeither mit Eifer
daran gearbeitet, hoffen und glauben, daß nur ein miß-
mutiger Augenblick Sie in die Verstimmung habe setzen
können, für möglich zu halten, daß irgendein Hindernis
von außen Ihnen die Vollendung eines Meisterwerks,
wozu Sie einen so mächtigen innerlichen Beruf fühlen,
unmöglich machen könne. Nichts ist dem Genius der
heiligen Muse, die Sie begeistert, unmöglich. Sie müssen
Ihren Guiskard vollenden, und wenn der ganze Kaukasus
und alles auf Sie drückte.

## Um den Kranz

Nach A. Wilbrandt

Kleist hat es seinem Freunde Pfuel oft gesagt, daß es
nur das eine Ziel für ihn gebe, der größte Dichter seiner
Nation zu werden; und auch Goethe sollte ihn daran nicht
hindern. Keiner hat Goethe leidenschaftlicher bewundert,
aber auch keiner ihn so wie Kleist beneidet und sein Glück
und seinen Vorrang gehaßt. Dem Freunde gestand er in
wilderregten Stunden, wie er es meinte: Ich werde ihm
den Kranz von der Stirne reißen, war der Refrain seiner
Selbstbekenntnisse wie seiner Träume.

## Kleist an Ulrike

Dresden, den 3. Juli 1803

Meine teuerste Freundin,

Der Rest meines Vermögens ist aufgezehrt, und ich
soll das Anerbieten eines Freundes annehmen, von seinem
Gelde so lange zu leben, bis ich eine gewisse Entdeckung im
Gebiete der Kunst, die ihn sehr interessiert, völlig ins Licht
gestellt habe. Ich soll in spätestens zwölf Tagen mit ihm nach
der Schweiz gehen, wo ich diese meine literarische Arbeit,

die sich allerdings über meine Erwartung hinaus verzögert, unter seinen Augen vollenden soll. Nicht gern aber möchte ich Dich, meine Verehrungswürdige, vorübergehen, wenn ich eine Unterstützung anzunehmen habe; möchte Dir nicht gern einen Freund vorziehen, dessen Börse, im Verhältnis mit seinem guten Willen, noch weniger weit reicht als die Deinige. Ich erbitte mir also von Dir, meine Teure, so viele Fristung meines Lebens, als nötig ist, seiner großen Bestimmung völlig genugzutun. Du wirst mir gern zu dem einzigen Vergnügen helfen, das, sei es noch so spät, gewiß in der Zukunft meiner wartet, ich meine, mir den Kranz der Unsterblichkeit zusammenzupflücken. Dein Freund wird es, die Kunst und die Welt wird es Dir einst danken.

Das liebste wäre mir, wenn Du statt aller Antwort selber kämest. Ich würde Dir mündlich manchen Aufschluß geben, den aufzuschreiben völlig außer meinem Vermögen liegt. In elf Tagen würdest Du mich noch hier, die nächstfolgenden in Leipzig finden. Da würdest Du auch meinen Freund kennenlernen, diesen vortrefflichen Jungen. Es ist Pfuel, von Königs Regiment. — Doch auch Dein Brief wird mir genug sein. Adieu.

Heinrich v. Kleist

N. S. Grüße alles und gib mir Nachrichten.

Die Reise geht in die Schweiz, Bern und Thun werden besucht, auch ein Ausflug nach Mailand unternommen. Unterdes ist Kleist weiter mit seinen Dichtungen beschäftigt.

## Kleist an Ulrike

Der Himmel weiß, meine teuerste Ulrike (und ich will umkommen, wenn es nicht wörtlich wahr ist), wie gern ich einen Blutstropfen aus meinem Herzen für jeden Buchstaben eines Briefes gäbe, der so anfangen könnte: „Mein

Gedicht ist fertig." Aber, Du weißt, wer, nach dem Sprichwort, mehr tut, als er kann. Ich habe nun ein Halbtausend hintereinander folgender Tage, die Nächte der meisten mit eingerechnet, an den Versuch gesetzt, zu so vielen Kränzen noch einen auf unsere Familie herabzuringen: jetzt ruft mir unsere heilige Schutzgöttin zu, daß es genug sei. Sie küßt mir gerührt den Schweiß von der Stirn und tröstet mich: „wenn jeder ihrer lieben Söhne nur ebensoviel täte, so würde unserm Namen ein Platz in den Sternen nicht fehlen". Und so sei es denn genug. Das Schicksal, das den Völkern jeden Zuschuß zu ihrer Bildung zumißt, will, denke ich, die Kunst in diesem nördlichen Himmelsstrich noch nicht reifen lassen. Töricht wäre es wenigstens, wenn ich meine Kräfte länger an ein Werk setzen wollte, das, wie ich mich endlich überzeugen muß, für mich zu schwer ist. Ich trete vor einem zurück, der noch nicht da ist, und beuge mich, ein Jahrtausend im voraus, vor seinem Geiste. Denn in der Reihe der menschlichen Erfindungen ist diejenige, die ich gedacht habe, unfehlbar ein Glied, und es wächst irgendwo ein Stein für den, der sie einst ausspricht.

Und so soll ich denn niemals zu Euch, meine teuersten Menschen, zurückkehren? O niemals! Rede mir nicht zu. Wenn Du es tust, so kennst Du das gefährliche Ding nicht, das man Ehrgeiz nennt. Ich kann jetzt darüber lachen, wenn ich mir einen Prätendenten mit Ansprüchen unter einem Haufen von Menschen denke, die sein Geburtsrecht zur Krone nicht anerkennen; aber die Folgen für ein empfindliches Gemüt, sie sind, ich schwöre es Dir, nicht zu berechnen. Mich entsetzt die Vorstellung.

Ist es aber nicht unwürdig, wenn sich das Schicksal herabläßt, ein so hilfloses Ding, wie der Mensch ist, bei der Nase herumzuführen? Und sollte man es nicht fast so nennen, wenn es uns gleichsam Kuxe auf Goldminen gibt, die, wenn wir nachgraben, überall kein echtes Metall enthalten? Die Hölle gab mir meine halben Talente, der Himmel schenkt dem Menschen ein ganzes oder gar keins.

Ich kann Dir nicht sagen, wie groß mein Schmerz ist. Ich würde vom Herzen gern hingehen, wo ewig kein Mensch hinkommt. Es hat sich eine gewisse ungerechte Erbitterung meiner gegen sie bemeistert, ich komme mir fast vor wie Minette, wenn sie in einem Streite recht hat und sich nicht aussprechen kann.

Ich bin jetzt auf dem Wege nach Paris, sehr entschlossen, ohne große Wahl zuzugreifen, wo sich etwas finden wird. Geßner hat mich nicht bezahlt, meine unselige Stimmung hat mir viel Geld gekostet, und wenn Du mich noch einmal unterstützen willst, so kann es mir nur helfen, wenn es bald geschieht. Kann sein auch, wenn es gar nicht geschieht.

Lebe wohl, grüße alles — ich kann nicht mehr.

Genf, den 5. Oktober 1803                    Heinrich

N. S.   Schicke mir doch Wielands Brief. Du mußt poste restante nach Paris schreiben.

## Flucht und Zusammenbruch
### Ulrikes Bericht

Eines Tages, in einem Gasthofe in der Schweiz, wo sie (Kleist und Pfuel) in ihrem Zimmer laut sprechen, hören sie im Nebenzimmer plötzlich ihre Namen rufen. Es waren Herr und Frau v. Werdeck, die ihre Stimmen erkannten. Voller Freude, sich da wiederzusehen, lassen sie sich leicht bereden, Werdecks nach Paris zu begleiten, und richtig kehrt er auch nach dem kürzlich erst verlassenen Paris zurück, das ihm damals so zuwider war, daß er, statt ein Jahr dazubleiben, nicht länger als vier Monate zu halten war. Eine Zeitlang sind sie ganz vergnügt miteinander. Eines Tages aber kömmt Heinrich mit Pfuel über eine Kleinigkeit in Streit, Heinrich wird so heftig, daß er aufsteht und fortgeht. Es vergeht eine Stunde nach der andern, ein Tag nach dem

andern — er kömmt nicht wieder. Werdecks und Pfuel,
in der größten Angst, zeigen es bei der Polizei und bei der
Gesandtschaft an, es werden überall Nachsuchungen gehalten, keine Spur von ihm. In Paris ist ein Platz (die
Morgue), wo alle Verunglückten, die man nicht kennt, hin-
gelegt werden, nach diesem Schreckensort fahren sie täglich
hin, ihn hier unter den Leichen zu suchen. Nach längerer
Zeit bekommt der preußische Gesandte einen Brief von ihm
aus ***, worin er ihn um die Erlaubnis bittet, mit den
Franzosen die Landung in England zu unternehmen. —
Der Gesandte schickt diesen Brief sogleich an den König,
der ihn sehr ungnädig aufnimmt, und der Gesandte schreibt
an Heinrich, er solle augenblicklich nach Paris zurückkehren.

### Kleist an Ulrike

Meine teure Ulrike! Was ich Dir schreiben werde,
kann Dir vielleicht das Leben kosten; aber ich muß, ich
muß, ich muß es vollbringen. Ich habe in Paris mein
Werk, soweit es fertig war, durchgelesen, verworfen, und
verbrannt: und nun ist es aus. Der Himmel versagt mir
den Ruhm, das größte der Güter der Erde; ich werfe
ihm, wie ein eigensinniges Kind, alle übrigen hin. Ich
kann mich Deiner Freundschaft nicht würdig zeigen, ich
kann ohne diese Freundschaft doch nicht leben: ich stürze
mich in den Tod. Sei ruhig, Du Erhabene, ich werde den
schönen Tod der Schlachten sterben. Ich habe die Hauptstadt dieses Landes verlassen, ich bin an seine Nordküste
gewandert, ich werde französische Kriegsdienste nehmen,
das Heer wird bald nach England hinüberrudern, unser
aller Verderben lauert über den Meeren, ich frohlocke bei
der Aussicht auf das unendlich-prächtige Grab. O Du
Geliebte, Du wirst mein letzter Gedanke sein!

St. Omer, den 26. Oktober 1803

Heinrich von Kleist

## Kleist an Henriette v. Schlieben

Berlin, den 29. Juli 1804

Von dort aus bin ich, wie von der Furie getrieben, Frankreich von neuem mit blinder Unruhe in zwei Richtungen durchreiset, über Genf, Lyon, Paris nach Boulogne sur Mer gegangen, wo ich, wenn Bonaparte sich damals wirklich nach England mit dem Heere eingeschifft hätte, aus Lebensüberdruß einen rasenden Streich begangen haben würde; sodann von da wieder zurück über Paris nach Mainz, wo ich endlich krank niedersank und nahe an fünf Monaten abwechselnd das Bett oder das Zimmer gehütet habe. Ich bin nicht imstande, vernünftigen Menschen einigen Aufschluß über diese seltsame Reise zu geben. Ich selber habe seit meiner Krankheit die Einsicht in ihre Motive verloren und begreife nicht mehr, wie gewisse Dinge auf andere erfolgen konnten.

## Krankheit und Genesung

Ulrikes Bericht

In Mainz geht er zum Doktor Wedekind, einem berühmten Arzt, klagt ihm, er sei krank, und bittet, ihn in die Kur zu nehmen. Wedekind gewinnt ihn gleich so lieb, daß er ihn bittet, bei ihm im Hause zu bleiben, dann wolle er ihn genauer beobachten, jetzt wisse er nicht, was er kurieren solle. Er bleibt längere Zeit bei Wedekind, und dieser rät ihm Tätigkeit, das sei seines Bedünkens alles, was ihm fehle. „Wollen Sie in Koblenz angestellt sein?" fragt er, „da kann ich Ihnen behilflich sein." — „Ach ja, mir ist alles gleich." — So geht er mit einem Empfehlungsbrief zu ***, wird auch hier wieder sehr freundlich empfangen, zu Tisch geladen, und in kurzem sind der Präsident und er befreundet. Er frägt Heinrich, in welchem Fach er eigentlich angestellt sein möchte — ja, das

war ihm gleich). Bei genauerer Bekanntschaft rät ihm der
Präsident aber, in sein Vaterland zurückzukehren, dort Anstellung zu suchen. Das war nun aber der schwerste Schritt.

## Wieland an Wedekind

Weimar, den 10. April 1804

Wenn ich nun alle diese Umstände, seinen auf Selbst-
gefühl gegründeten, aber von seinem Schicksal gewaltsam
niedergedrückten Stolz, die Exzentrizität der ganzen Laufbahn, worin er sich, seitdem er aus der militärischen
Karriere ausgetreten, hin und her bewegt hat, seine
fürchterliche Ueberspannung, sein fruchtloses Streben nach
einem unerreichbaren Zauberbild von Vollkommenheit in
seinem bereits zur fixen Idee gewordenen Guiskard, mit
seiner zerrütteten geschwächten Gesundheit und mit den
Mißverhältnissen, worin er mit seiner Familie zu stehen
scheint, zusammenkombiniere, so erschrecke ich vor den Gedanken, die sich mir aufdrängen, und fühle mich beinahe
genötigt, zu glauben, es sei sein guter Genius, der ihm den
Einfall, sich in Koblenz zu einem Tischler zu verdingen,
eingegeben. Gewiß ist, in meinen Augen wenigstens, daß das
Projekt, welches Ihnen Ihre so edelmütig teilnehmende Zu-
neigung zu diesem liebenswürdigen Unglücklichen eingegeben,
ihn in einem Büro, bei Ihrem Freunde M. unterzubringen,
allein schon aus der Ursache von unbeliebigem Erfolg sein
würde, weil diese Art von Beschäftigung und Abhängigkeit
ihm in kurzer Zeit ganz unerträglich sein würde.

## Luise Wieland an Charlotte Geßner

Weimar, den 19. April 1811

Bald nach Kleists Abreise zogen wir nach Weimar
(Mai 1803); als ich da ein Jahr still und höchst eingezogen gelebt, aber leider weder Mut und Kraft gehabt
hatte, etwas mehr zu wollen und zu werden, erschien dieser

zauberische Kleist wieder. Noch ganz derselbe liebens-
würdige Mensch, der durch seinen Geist, dazumal noch sehr
bescheidenen stillen Charakter und Benehmen so interessant
war. Mein Vater empfing ihn als einen alten lieben
Freund, und ich mit einer Fassung, die ich mühsam er-
rungen hatte. So erhielt ich mich in dieser Stimmung,
auch wie ich mit ihm allein war, bis zu seiner Abreise, die
wenige Tage später erfolgte.

Kleist hatte sich schließlich aufgerafft, die großen inneren Wider-
stände überwunden und war zu seinen Verwandten nach Frankfurt a. O. zurückgekehrt. Man suchte ihn zu überreden, von seinem
Plane, nur der Dichtkunst zu leben, abzustehen und als Staats-
beamter eine Stellung anzunehmen. Er geht nach Berlin und
wird dort vom Generaladjutanten des Königs, einem Generalmajor
Leopold von Köckeritz, empfangen, wie ein Brief an Ulrike höchst
anschaulich schildert.

## Kleist an Ulrike

### Mein liebstes Riekchen,

laß Dir einige Nachrichten über den Erfolg meiner Reise
mitteilen, ein Hundsfott gibt sie besser als er kann.

Ich kam Dienstags morgens mit Ernst und Gleißenberg hier an, mußte, weil der König abwesend war, den
Mittwoch und Donnerstag versäumen, fuhr dann am Frei-
tag nach Charlottenburg, wo ich Köckeritzen endlich im
Schlosse fand. Er empfing mich mit einem finstern Gesicht und antwortete auf meine Frage, ob ich die Ehre
hätte von ihm gekannt zu sein, mit einem kurzen: ja.
Ich käme, fuhr ich fort, ihn in meiner wunderlichen Angelegenheit um Rat zu fragen. Der Marquis von Lucchesini
hätte einen sonderbaren Brief, den ich ihm aus St. Omer
zugeschickt, dem Könige vorgelegt. Dieser Brief müsse un-
verkennbare Zeichen einer Gemütskrankheit enthalten, und
ich unterstünde mich, von Sr. Majestät Gerechtigkeit zu
hoffen, daß er vor keinen politischen Richterstuhl gezogen

werden würde. Ob diese Hoffnung begründet wäre? Und ob ich, wiederhergestellt, wie ich mich fühlte, auf die Erfüllung einer Bitte um Anstellung rechnen dürfte, wenn ich wagte, sie Sr. Majestät vorzutragen? Darauf versetzte er nach einer Weile: „Sind Sie wirklich jetzt hergestellt? Ganz, verstehen Sie mich, hergestellt? — Ich meine," fuhr er, da ich ihn befremdet ansah, mit Heftigkeit fort, „ob Sie von allen Ideen und Schwindeln, die vor kurzem im Schwange waren (er gebrauchte diese Wörter), völlig hergestellt sind?" — Ich verstünde ihn nicht, antwortete ich mit so vieler Ruhe als ich zusammenfassen konnte; ich wäre körperlich krank gewesen, und fühlte mich, bis auf eine gewisse Schwäche, die das Bad vielleicht heben würde, so ziemlich wiederhergestellt. — Er nahm das Schnupftuch aus der Tasche und schnaubte sich. „Wenn er mir die Wahrheit gestehen solle", fing er an, und zeigte mir jetzt ein weit besseres Gesicht als vorher, „so könne er mir nicht verhehlen, daß er sehr ungünstig von mir denke. Ich hätte das Militär verlassen, dem Zivil den Rücken gekehrt, das Ausland durchstreift, mich in der Schweiz ankaufen wollen, Versche gemacht (o meine teure Ulrike!), die Landung mitmachen wollen, 2c. 2c. 2c. Ueberdies sei des Königs Grundsatz, Männer, die aus dem Militär ins Zivil übergingen, nicht besonders zu protegieren. Er könne nichts für mich tun." — Mir traten wirklich die Tränen in die Augen. Ich sagte, ich wäre imstande, ihm eine ganz andere Erklärung aller dieser Schritte zu geben, eine ganz andere gewiß, als er vermutete. Jene Einschiffungsgeschichte z. B. hätte gar keine politischen Motive gehabt, sie gehöre vor das Forum eines Arztes weit eher als des Kabinetts. Ich hätte bei einer fixen Idee einen gewissen Schmerz im Kopfe empfunden, der, unerträglich heftig steigernd, mir das Bedürfnis nach Zerstreuung so dringend gemacht hätte, daß ich zuletzt in die Verwechslung der Erdachse gewilligt haben würde, ihn los zu werden. Es wäre doch grausam, wenn man einen Kranken verantwortlich machen wolle für Handlungen, die er im Anfalle der Schmerzen beging. — Er schien mich nicht ganz ohne Teilnahme anzuhören. — Was jenen Grundsatz des Königs beträfe, fuhr ich fort, so könne er des Königs Grundsatz nicht immer gewesen sein. Denn Se. Majestät hätten die Gnade gehabt, mich mit dem Versprechen einer Wiederanstellung zu entlassen; ein Versprechen, an dessen Nichterfüllung ich nicht glauben könne, solange ich mich seiner noch nicht völlig unwürdig gemacht hätte. — Er schien wirklich auf einen Augenblick unschlüssig. Doch die zwangvolle Wendung, die er jetzt plötzlich nahm, zeigte nur zu gut, was man bereits am Hofe über mich beschlossen hatte. Denn er holte mit einem Male das alte Gesicht wieder hervor und sagte: „Es wird Ihnen zu nichts helfen. Der König hat eine vorgefaßte Meinung gegen Sie; ich zweifle, daß Sie sie ihm benehmen werden. Versuchen Sie es und schreiben Sie an ihn; doch vergessen Sie nicht, die Bitte um Erlaubnis gleich hinzuzufügen, im Fall einer abschlägigen Antwort Ihr Glück im Auslande suchen zu dürfen." — Was sagst Du dazu, mein liebes Ulrikchen? — Ich antwortete, daß ich mir die Erlaubnis ausbäte, in meinem Vaterlande bleiben zu dürfen. Ich hätte Lust, meinem Könige zu dienen, keinem andern; wenn er mich nicht gebrauchen könne, so wäre mein Wunsch, im Stillen mir und den Meinigen leben zu dürfen. — „Richten Sie Ihren Brief," fiel er ein wenig betroffen ein, „wie Sie wollen. Es ist möglich, daß der König seine Meinung von Ihnen ändert; und wenn Sie ihn zu einer Anstellung geneigt machen können, so verspreche ich, Ihnen nicht entgegenzuwirken." — Ich ersuchte ihn jetzt förmlich um diese Gnade, und wir brachen das Gespräch ab. Er bat mich noch, auf eine recht herzliche Art, um Verzeihung, wenn er mich beleidigt haben sollte, verwünschte seinen Posten, der ihm den Unwillen aller Menschen zuzöge, denen er es nicht recht machte; ich versicherte ihn, daß ich ihn mit Verehrung verließe, und fuhr nach Berlin zurück. — Ich las auf dem Wege Wielands Brief, den Du mir geschickt hast, und erhob mich, mit einem tiefen Seufzer, ein wenig wieder aus der Demütigung, die ich soeben erfahren hatte. — Jetzt habe ich dem Könige nun wirklich geschrieben; doch weil das Anerbieten meiner Dienste wahrscheinlich fruchtlos bleiben wird, so habe ich es wenigstens in einer Sprache getan, welche geführt zu haben mich nicht gereuen wird*. Du selbst hast es mir zur Pflicht gemacht, mich nicht zu erniedrigen; und lieber die Gunst der ganzen Welt verscherzt, als die Deinige. — Ich habe jetzt die Wahl unter einer Menge von sauren Schritten, zu deren einem ich zuletzt fähig sein werde, weil ich es muß. Zu Deinen Füßen werfe ich mich aber, mein großes Mädchen; möchte der Wunsch doch Dein Herz rühren, den ich nicht aussprechen kann.

Berlin, den 24. Juni 1804　　　Dein Heinrich

N. S. Antworte mir doch bald. Ich will Deinen Brief hier erwarten. Grüße alles.

Kleist lebt sehr zurückgezogen in Berlin, ein seltener Gast der berühmten geistreichen Salons. Monate vergehen, ehe sich sein äußeres Geschick entschieden hat. Zunächst taucht das Projekt auf, daß er als Gesandtschaftsattaché seinen Verwandten Peter von Gualtieri, einen Bruder seiner Cousine Marie von Kleist, nach Spanien begleiten soll. Als dann endlich ein drittes Gesuch Kleists an den König um Einstellung in den Staatsdienst günstig beschieden wird, verzichtet er auf die Ausführung dieses Vorhabens, die Entscheidung über sein weiteres Schicksal dem Minister Hardenberg überlassend.

---

* Der Brief ist nicht erhalten.

Diätar

Ulrikes Bericht

Der jetzige Minister Altenstein gewann ihn lieb und handelte für ihn. Eines Tages nahm er ihn in seinen Wagen, fuhr mit ihm zu Hardenberg und sagte: „Exzellenz, hier stelle ich Ihnen einen jungen Mann vor, wie ihn das Vaterland braucht, lernen Sie ihn kennen, und geben Sie ihm eine Anstellung." Hardenberg ließ ihn im Altensteinschen Büro arbeiten, und Heinrich arbeitete mit großem Fleiße. Einst sagte er zu Altenstein: „Schicken Sie mir nur recht viel." Darauf erwiderte Altenstein: „Ich will Ihnen so viel schicken, daß Sie nicht sollen fertig werden." — „Das wollen wir sehen." — Und so arbeitet er acht Tage und Nächte ununterbrochen, so daß Altenstein nicht imstande ist, so viel durchzusehen. Da nun Heinrich aber doch noch zu dieser Art Arbeiten die Kenntnisse fehlten, so schlug ihm der Minister Hardenberg vor, erst noch ein Jahr nach Königsberg zu gehen, dort Kameralwissenschaft bei Krause zu hören und daneben beim Präsidenten Auerswald zu arbeiten. „Wollen Sie aber gleich eine Anstellung, wo Sie sich an zwölfhundert Reichstaler stehen, so sollen Sie die haben, wünschen Sie aber eine größere Karriere zu machen, so müssen Sie diese Studien erst machen, und dann sollen Sie Diäten bekommen." So bekam er beinahe sechshundert Reichstaler Wartegeld.

# Im Amt

Vom Mai 1805 bis Dezember 1806 finden wir Kleist in
K ö n i g s b e r g. Ergeben in sein Schicksal, arbeitet er als
Diätar an der Königlichen Domänen-Kammer und hört zu seiner
weiteren Ausbildung die berühmten Vorlesungen über Kameralwissenschaft bei K r a u s, damals Preußens nationalökonomischer
Autorität. Ein Jahr lang lebt Ulrike mit ihm zusammen, der
Kleist schon von Berlin aus wiederholt die Bitte ans Herz gelegt
hatte, zu ihm zu kommen und mit ihm einen gemeinsamen Haushalt
zu führen. Wenn er auch hier ein verhältnismäßig einsames und
isoliertes Leben führt, so verkehrte er, wie wir wissen, doch gern in
den vornehmen Zirkeln Königsbergs, im Hause seines Vorgesetzten,
des Geheimen Oberfinanzrats v o n  A u e r s w a l d, des Grafen
D o h n a, des Finanzrats von S c h ö n, von S t a e g e m a n n,
des Kriegsrats S c h e f f n e r, des Professors K r u g usw.

## Im Salon J. G. Scheffners

Nach Scheffner, Mein Leben

Im Jahre 1805 war Heinrich v. Kleist, der nach Ver-
lassung des Kriegsdienstes in Begleitung seiner pyladisch
gesinnten klugen Schwester in Frankreich und Italien gewesen und von seinem Gönner, dem Minister v. Hardenberg, zur Ausbildung im Finanzfach nach Königsberg geschickt war, oft in meinem Hause. Da in seinem Aeußeren
etwas Finsteres und Sonderbares vorherrschte, so gab
ein Fehler im Sprachorgan seinem Eifer in geistreichen
Unterhaltungen einen Anschein von eigensinniger Härte,

die seinem Charakter wohl nicht eigen war. Wie ein der
Meerestiefe entsteigender Taucher sich wenigstens in den
ersten Augenblicken nicht auf alles Große und Schöne be-
sinnt, was er in der Wasserwelt gesehen, und es nicht zu
erzählen vermag, so schien es bisweilen bei Heinrich von
Kleist der Fall zu sein. Tiefsinn und Begeisterung, sich
allein überlassen, bringen ihre Entwürfe oft nicht zur
Vollendung. Dieses beweisen die vielen hochgenialen
Stellen in den Kleistschen Schriften.

Kleists einstige Braut Wilhelmine von Zenge hatte 1804 den
Frankfurter Philosophieprofessor K r u g (1770—1842) geheiratet,
der 1805 als Nachfolger Kants nach Königsberg berufen wurde.
Hier traf auch Kleist mit ihr wieder zusammen.

## Wiedersehen mit Wilhelmine

Nach E. v. Bülow

Das erste Wiedersehen des Paares war ein äußerst
peinliches, inmitten einer großen Gesellschaft.

Nachdem sich Kleist eine lange Weile fern von seiner
ehemaligen Braut gehalten hatte, ging er auf ihre
Schwester zu, die er wieder seine goldene Schwester
nannte, und forderte sie zum Tanzen auf. Er sprach weich
und herzlich mit ihr, schüttete, unter vielen Selbstanklagen,
sein ganzes Herz vor ihr aus und fragte sie, ob sie ihn
würden wiedersehen wollen? Die Schwester stellte ihn
ihrem Schwager vor, der ihn selbst zu ihnen zu kommen
bat, und so ward er bald ihr täglicher Gast, las ihnen
seine kleinen, damals noch nicht gedruckten Erzählungen
vor und hörte gern ihre Urteile darüber an.

Die beiden Schwestern fanden Kleist stiller und ernster
als ehemals geworden, obwohl ihm seine kindliche Hingebung geblieben und seine Phantasie glühender als jemals war.

Das Verhältnis, in welchem Kleist bei der Kammer angestellt, mißfiel ihm, nach seinen Aeußerungen gegen die Damen, in hohem Grade, und er fand es unerträglich, sich Männern, die er übersah, untergeordnet zu sehen. Er war damals überhaupt mit sich und der ganzen Welt unzufrieden, und es entsprach nichts seinen Erwartungen.

## Kleist an Rühle v. Lilienstern

Königsberg, Dezember 1805

Mein lieber, trefflicher Rühle. Ich drücke Dich von ganzem Herzen an meine Brust. Du hast mir mit Deinem letzten Briefe, den Du mir unverdient (weil ich Dir auf den vorletzten nicht geantwortet) geschrieben, eine recht innige Freude gemacht. Warum können wir nicht immer beieinander sein? Was ist das für ein seltsamer Zustand, sich immer an eine Brust hinsehnen, und doch keinen Fuß rühren, um daran niederzusinken. Ich wollte, ich wäre eine Säure oder ein Alkali, so hätt' es doch ein Ende, wenn man aus dem Salze geschieden wäre. Du bist mir noch immer so wert als nur irgend etwas in der Welt, und solche Zuschriften wie die Deinige, sie wecken dies Gefühl so lebhaft, als ob es neugeboren würde; aber eine immer wiederkehrende Empfindung sagt mir, daß diese Brief-Freundschaft für uns nicht ist, und nur insofern, als Du auch etwas von der Sehnsucht fühlst, die ich nach Dir, d. h. nach der innigen Ergreifung Deiner mit allen Sinnen, inneren und äußeren, spüre, kann ich mich von Deinen Schriftzügen, schwarz auf weiß, in leiser Umschlingung ein wenig berührt fühlen.

Wie sehr hat mich die Nachricht erfreut, die Du mir von unserm Freunde Pfuel gibst, die Nachricht, daß das Korps, bei welchem er steht, vor die Stadt rückt, in welcher zugleich der Feind und sein Mädchen wohnt! Er ist nicht

das erste, ruhmlechzende Herz, das in ein stummes Grab
gesunken ist; aber wenn der Zufall die ersten Kugeln gut
lenkt, so sieht er mir wohl so aus (und seine Lage fordert
ihn ziemlich dringend dazu auf), als ob er die ertränkte
Ehre, wie Shakespeare sagt, bei den Locken heraufziehen
würde. Dir, mein trefflicher Rühle, hängt sie noch an
den Sternen; und Du wirst den Moment nicht versäumen,
sie mit einem dreisten Griff herunterzureißen, schlüge Dich
ihr prächtig-schmetternder Fall auch zu Boden. Denn so wie
die Dinge stehn, kann man kaum auf viel mehr rechnen,
als auf einen schönen Untergang.

Was ist das für eine Maßregel, den Krieg mit einem
Winterquartier und der langmütigen Einschließung einer
Festung anzufangen! Bist Du nicht mit mir überzeugt,
daß die Franzosen uns angreifen werden, in diesem
Winter noch angreifen werden, wenn wir noch vier
Wochen fortfahren, mit den Waffen in der Hand
drohend an der Pforte ihres Rückzuges aus Oesterreich zu
stehen? Wie kann man außerordentlichen Kräften mit
einer so gemeinen und alltäglichen Reaktion begegnen?
Warum hat der König nicht gleich, bei Gelegenheit des
Durchbruchs der Franzosen durch das Fränkische, seine
Stände zusammenberufen, warum ihnen nicht, in einer
rührenden Rede (der bloße Schmerz hätte ihn rührend gemacht) seine Lage eröffnet? Wenn er es bloß ihrem eignen
Ehrgefühl anheimgestellt hätte, ob sie von einem gemiß-
handelten Könige regiert sein wollen oder nicht, würde sich
nicht etwas von Nationalgeist bei ihnen geregt haben?
Und wenn sich diese Regung gezeigt hätte, wäre dies nicht
die Gelegenheit gewesen, ihnen zu erklären, daß es hier
gar nicht auf einen gemeinen Krieg ankomme? Es gelte
Sein oder Nichtsein; und wenn er seine Armee nicht um
300 000 Mann vermehren könne, so bliebe ihm nichts
übrig, als bloß ehrenvoll zu sterben. Meinst Du nicht,

daß eine solche Erschaffung hätte zustandekommen können? Wenn er alle seine goldnen und silbernen Geschirre hätte prägen lassen, seine Kammerherren und seine Pferde abgeschafft hätte, seine ganze Familie ihm darin gefolgt wäre, und er, nach diesem Beispiel, gefragt hätte, was die Nation zu tun willens sei. Ich weiß nicht, wie gut oder schlecht es ihm jetzt von seinen silbernen Tellern schmecken mag; aber dem Kaiser in Olmütz, bin ich gewiß, schmeckt es schlecht.

Ja, mein guter Rühle, was ist dabei zu tun? Die Zeit scheint eine neue Ordnung der Dinge herbeiführen zu wollen, und wir werden davon nichts, als bloß den Umsturz der alten erleben. Es wird sich aus dem ganzen kultivierten Teil von Europa ein einziges großes System von Reichen bilden, und die Throne mit neuen, von Frankreich abhängigen Fürsten-Dynastien besetzt werden. Aus dem Oesterreichischen, bin ich gewiß, geht dieser glückgekrönte Abenteurer, falls ihm nur das Glück treu bleibt, nicht wieder heraus, in kurzer Zeit werden wir in Zeitungen lesen: „Man spricht von großen Veränderungen in der deutschen Reichs-Verfassung;" und späterhin: „es heißt, daß ein großer, deutscher (südlicher) Fürst an die Spitze der Geschäfte treten werde." Kurz, in Zeit von einem Jahre, ist der Kurfürst von Bayern König von Deutschland.

Warum sich nur nicht einer findet, der diesem bösen Geiste der Welt die Kugel durch den Kopf jagt? Ich möchte wissen, was so ein Emigrant zu tun hat?

Für die Kunst, siehst Du wohl ein, war vielleicht der Zeitpunkt noch niemals günstig; man hat immer gesagt, daß sie betteln geht; aber jetzt läßt sie die Zeit verhungern. Wo soll die Unbefangenheit des Gemüts herkommen, die schlechthin zu ihrem Genuß nötig ist, in Augenblicken, wo das Elend jeden, wie Pfuël sagen würde,

in den Nacken schlägt. Uebrigens versichere ich Dich, bei
meiner Wahrheit, daß ich auf Dich für die Kunst
rechne, wenn die Welt einmal wieder, früh oder spät, frei
atmet. Schreibe bald wieder, und viel.

H. K.

## Kleist an Altenstein

Königsberg, den 30. Juni 1806

Es ist mit der innigsten Betrübnis, und nach einem
Kampf voll unsäglicher Schmerzen, daß ich die Feder ergreife, um Sie zu bitten, Verehrungwürdigster, mich von
der Verpflichtung, die mir obliegt, alle Ihre gütigen
Schritte für mich durch Weihung meiner Kräfte für den
Dienst des Staates zu rechtfertigen — eine Verpflichtung,
die nicht heiliger als in meiner Brust empfunden werden
kann, — wieder loszusprechen.

Ein Gram, über den ich nicht Meister zu werden vermag, zerrüttet meine Gesundheit. Ich sitze, wie an einem
Abgrund, mein edelmütiger Freund, das Gemüt immer
starr über die Tiefe geneigt, in welcher die Hoffnung
meines Lebens untergegangen ist: jetzt, wie beflügelt von
der Begierde, sie bei den Locken noch heraufzuziehen, jetzt
niedergeschlagen von dem Gefühl unüberwindlichen Un-
vermögens. Erlassen Sie mir, mich deutlicher darüber
zu erklären. Stünd' ich vor Ihren Augen, so würd' ich
Sprache finden, Ihnen deutlicher zu sein, Ihnen! Obschon ich es niemanden in der Welt bin.

Vergebens habe ich mich bemüht, mich aus diesem unglücklichen Zustand, der die ganze Wiederholung eines
früheren ist, den ich schon einmal in Frankreich erlebte,
emporzuarbeiten. Es ist, als ob das, was auf mich ein-
wirkt, in eben dem Maße wächst als mein Widerstand; wie
die Gewalt des Windes in dem Maße, als die Pflanzen, die

sich ihm entgegensetzen. Ich bin seit mehreren Monden schon
mit den hartnäckigsten Verstopfungen geplagt. Nicht
genug, daß ich bei der Unruhe, in welche sie mich versetzen,
unfähig zu jedem Geschäft bin, das Anstrengung erfordert:
kaum, daß ich dazu tauge, die Seite eines Buches zu über-
lesen. Ich bin schüchtern gewesen, schon durch den ganzen
Winter, wenn die Reihe des Vortrags mich traf; der
Gegenstand, über den ich berichten soll, verschwindet aus
meiner Vorstellung; es ist, als ob ich ein leeres Blatt vor
Augen hätte. Doch jetzt würde ich zittern, wenn ich vor
dem Collegio auftreten sollte. Es ist eine große Unordnung
der Natur, ich weiß es; aber es ist so.

Ueberzeugen Sie sich, Verehrungswürdigster, daß es nur
das Gefühl der Unmöglichkeit ist, Ihren Erwartungen ganz
zu entsprechen, und ein unüberwindlicher Widerwille, es
halb und unvollständig zu tun, was mich zu einem Schritte
bewegen kann, der mich in eine ganz zweideutige Zukunft
führt.

Der mit vielem guten Willen unternommene Versuch Kleists,
ein braver Diener des Staats zu werden, unterzutauchen im Meer
des Mittelmaßes, endete also wieder mit einem vollen Fiasko. Einblick in die Werkstatt des wiedererwachten Dichters gewährt ein
Brief an Rühle — freilich Kleist war nie freigebig und mitteilsam
im Hinblick auf seine Projekte, und so müssen wir uns auch hier
mit knappen Andeutungen begnügen.


Kleist an Rühle v. Lilienstern

Königsberg, den 31. August 1806

Mein liebster Rühle,

Der Gedanke will mir noch nicht aus dem Kopf, daß
wir noch einmal zusammen etwas tun müssen. Wer wollte
auf dieser Welt glücklich sein. Pfui, schäme Dich, möcht' ich
fast sagen, wenn Du es willst! Welch eine Kurzsichtigkeit,

180

o Du edler Mensch, gehört dazu, hier, wo alles mit
dem Tode endigt, nach etwas zu streben. Wir begegnen
uns, drei Frühlinge lieben wir uns: und eine Ewigkeit
fliehen wir wieder auseinander. Und was ist des Strebens
würdig, wenn es die Liebe nicht ist! Ach, es muß noch
etwas anderes geben, als Liebe, Glück, Ruhm 2c. x, y, z,
wovon unsre Seelen nichts träumen.

Es kann kein böser Geist sein, der an der Spitze der
Welt steht; es ist ein bloß unbegriffener! Lächeln wir
nicht auch, wenn die Kinder weinen? Denke nur, diese
unendliche Fortdauer! Myriaden von Zeiträumen, jed-
weder ein Leben, und für jedweden eine Erscheinung, wie
diese Welt! Wie doch das kleine Sternchen heißen mag,
das man auf dem Sirius, wenn der Himmel klar ist,
sieht? Und dieses ganze ungeheure Firmament nur ein
Stäubchen gegen die Unendlichkeit! O Rühle, sage mir,
ist dies ein Traum? Zwischen je zwei Lindenblättern, wenn
wir abends auf dem Rücken liegen, eine Aussicht, an
Ahnungen reicher, als Gedanken fassen und Worte sagen
können. Komm, laß uns etwas Gutes tun, und dabei
sterben! Einen der Millionen Tode, die wir schon gestorben sind, und noch sterben werden. Es ist, als ob
wir aus einem Zimmer in das andere gehen. Sieh, die
Welt kommt mir vor, wie eingeschachtelt; das Kleine ist
dem Großen ähnlich. So wie der Schlaf, in dem wir uns
erholen, etwa ein Viertel oder Drittel der Zeit dauert,
da wir uns, im Wachen, ermüden, so wird, denke ich, der
Tod, und aus einem ähnlichen Grunde, ein Viertel oder
Drittel des Lebens dauern. Und gerade so lange braucht
ein menschlicher Körper, zu verwesen. Und vielleicht gibt
es für eine ganze Gruppe von Leben noch einen eignen
Tod, wie für eine Gruppe von Durchwachungen (Tagen)
einen.

Nun wieder zurück zum Leben! So lange das dauert, werd ich jetzt Trauerspiele und Lustspiele machen. Ich habe der Kleisten eben wieder gestern eins geschickt, wovon Du die erste Szene schon in Dresden gesehen hast. Es ist der zerbrochene Krug. Sage mir dreist, als ein Freund, Deine Meinung, und fürchte nichts von meiner Eitelkeit. Meine Vorstellung von meiner Fähigkeit ist nur noch der Schatten von jener ehemaligen in Dresden. Die Wahrheit ist, daß ich das, was ich mir vorstelle, schön finde, nicht das, was ich leiste. Wär ich zu etwas anderem brauchbar, so würde ich es von Herzen gern ergreifen: ich dichte bloß, weil ich es nicht lassen kann.

Du weißt, daß ich meine Karriere wieder verlassen habe. Altenstein, der nicht weiß, wie das zusammenhängt, hat mir zwar Urlaub angeboten, und ich habe ihn angenommen; doch bloß um mich sanfter aus der Affäre zu ziehen. Ich will mich jetzt durch meine dramatischen Arbeiten ernähren; und nur, wenn Du meinst, daß sie auch dazu nicht taugen, würde mich Dein Urteil schmerzen, und auch das nur bloß, weil ich verhungern müßte. Sonst magst Du aber über ihren Wert urteilen, wie Du willst. In drei bis vier Monaten kann ich immer ein solches Stück schreiben; und bringe ich es nur à 40 Frid. d’or, so kann ich davon leben. Auch muß ich mich im Mechanischen verbessern, an Uebung zunehmen und in kürzerer Zeit Besseres liefern lernen. Jetzt habe ich ein Trauerspiel unter der Feder.

Ich höre, Du, mein lieber Junge, beschäftigst Dich auch mit der Kunst? Es gibt nichts Göttlicheres, als sie! Und nichts Leichteres zugleich; und doch, warum ist es so schwer? Jede erste Bewegung, alles Unwillkürliche, ist schön; und schief und verschroben alles, sobald es sich selbst begreift. O, der Verstand! Der unglückselige Verstand! Studiere nicht zu viel, mein lieber Junge. Deine

Ueberſetzung des Racine hatte treffliche Stellen. Folge
Deinem Gefühl. Was Dir ſchön dünkt, das gib uns, auf
gut Glück. Es iſt ein Wurf, wie mit dem Würfel; aber
es gibt nichts anderes.

Adieu! Grüße Schlotheim! Was macht der Pfuel?

H. K.

Der Königsberger Zeit gehört alſo die endgültige Fertigſtellung
des „Zerbrochenen Kruges" an. Das Trauerſpiel, an
dem Kleiſt arbeitet, iſt die „Penthesilea". Hier entſtand
ferner die Uebertragung des Molièreſchen Luſtſpiels „Amphitryon". Aber auch der Epiker und Proſaſchriftſteller Kleiſt er-
wachte. In Königsberg ſchreibt er die „Marquiſe von O..."
und „Das Erdbeben in Chili"; begann er den „Michael
Kohlhaas". Es war eine reiche Ernte und dies um ſo mehr,
wenn man bedenkt, daß er längere Zeit krank war. Von drei
Tagen müſſe er immer zwei das Bett hüten. „Mein Nervenſyſtem
iſt zerſtört, ich war zu Ende des Sommers fünf Wochen in Pillau,
um dort das Seebad zu gebrauchen; dort auch war ich bettlägerig
und bin kaum fünf- oder ſechsmal ins Waſſer geſtiegen."

# Der Schaffende

Nach dem Zusammenbruch Preußens in der unglücklichen Schlacht bei Jena und Auerstädt entschloß sich Kleist, das abgelegene Königsberg, wo ihn nach der Aufgabe seines Amts nichts mehr fesselte, zu verlassen. Er hält es zur besseren Ausnutzung seiner schriftstellerischen Pläne für das vorteilhafteste, sich möglichst dort aufzuhalten, wo der Buchhandel am wenigsten daniederliege. Da Berlin nach der Besetzung der Franzosen nicht mehr in Frage kam, so entscheidet er sich für Dresden. Aber unterwegs wird er als Spion verhaftet.

## In Gefangenschaft

Nach E. v. Bülow

Im Jahre 1807 wanderte Kleist, gerade zu der Zeit, als nach der Schlacht von Eylau die Parteigänger in Preußen auftauchen, mit Pfuel und zwei anderen Offizieren zu Fuß nach Berlin. Herr v. Pfuel trennte sich von seinen Begleitern kurz vor der Stadt, um nach Nenndorf zu Fouqués zu gehen. Die drei anderen wurden am Tor angehalten und Kleist, da er ohne Paß war und nur seinen Abschied als Leutnant in der Tasche hatte, als vermeinter Schillscher Offizier ohne weiteres gefangengenommen und nach Fort de Jour in Frankreich abgeführt.

Nach einer anderen Meinung machte es ihn zumeist verdächtig, daß er so leicht verlegen ward, stotterte, errötete ein Kindergesicht hatte und Französisch eigentlich fließender als Deutsch sprach.

# Kleist an Ulrike

Marburg, den 17. Februar 1807

Vergebens beriefen wir uns auf unsere Unschuld, und daß eine ganze Menge der angesehensten Männer unsere Aussage bekräftigen könnten; ohne uns anzuhören, wurden wir arretiert und am andern Morgen schon durch die Gendarmerie nach Wustermark abgeführt. Du kannst Dir unsern Schreck und unsre bösen Aussichten für die Zukunft denken, als wie hier, den gemeinsten Verbrechern gleich, in ein unterirdisches Gefängnis eingesperrt wurden, das wirklich nicht abscheulicher gefunden werden kann. Es gelang uns glücklich am folgenden Tage, einen der Gendarmen, die uns begleiteten, von der Ungerechtigkeit, die uns betroffen, zu überzeugen; er mußte seiner Order gehorchen, versicherte aber, daß er uns von Station zu Station empfehlen würde, und wirklich werden wir auch jetzt an den meisten Orten unter einer Bewachung vor den Zimmern einquartiert. Kann man sich aber etwas Uebereilteres als diese Maßregel denken? Man vermißt ganz das gute Urteil der Franzosen darin. Vielleicht gibt es nicht drei Menschen in der Welt, die ihnen gleichgültiger sein konnten als wir in jenem Augenblick. Die Reise geht, wie ich Dir schon gesagt habe, nach Joux, einem Schloß bei Pontarlier, auf der Straße von Neufchatel nach Paris. Was uns dort bevorsteht, ist wahrscheinlich in einem verschlossenen Briefe enthalten, der uns begleitet, und schwerlich etwas Besseres als Staatsgefangenschaft. Ich hoffe immer noch von Tag zu Tag, daß die Versuche, die wir schriftlich beim General Clarke gemacht haben, diesen überall als vortrefflich bekannten Mann von unserer Unschuld überzeugen werden. Wäre dies nicht, so würde ich mir ewig Vorwürfe machen, die Gelegenheiten, die sich mir täglich und stündlich zur Wiedererlangung meiner Freiheit anbieten, nicht benutzt zu haben. Ob mich gleich jetzt die Zukunft unruhig macht, so bin ich doch derjenige von meinen beiden Reisegefährten, der diese Gewalttat am leichtesten verschmerzen kann; denn wenn nur dort meine Lage einigermaßen erträglich ist, so kann ich daselbst meine literarischen Projekte ebensogut ausführen als anderswo. Bekümmere Dich also meinetwegen nicht übermäßig, ich bin gesunder als jemals, und das Leben ist noch reich genug, um zwei oder drei unbequeme Monate aufzuwiegen. Lebe wohl, grüße alles, ich werde Dir bald wieder schreiben und Briefe von Dir in Joux erwarten.

H. v. Kleist

## Kleist an Ulrike

Chalons sur Marne, den 23. April 1807

Meine teuerste Ulrike,

Nachdem wir noch mehrere Male in die Gefängnisse geworfen worden waren und an Orten, wo dies nicht geschah, Schritte tun mußten, die fast ebenso peinlich waren als das Gefängnis, kamen wir endlich den 5. März im Fort de Joux an. Nichts kann öder sein als der Anblick dieses auf einem nackten Felsen liegenden Schlosses, das zu keinem andern Zweck als zur Aufbewahrung der Gefangenen noch unterhalten wird. Wir mußten aussteigen und zu Fuß hinaufgehen; das Wetter war entsetzlich, und der Sturm drohte uns auf diesem schmalen, eisbedeckten Wege in den Abgrund hinunterzuwehen. Im Elsaß und auf der Straße weiterhin ging der Frühling schon auf, auf diesem Schlosse an dem nördlichen Abhang des Jura, lag noch drei Fuß hoher Schnee. Man fing damit an, meinen beiden Reisegefährten alles Geld abzunehmen, wobei man mich als Dolmetscher gebrauchte; mir konnte man nichts abnehmen, denn ich hatte nichts. Hierauf versicherte

man uns, daß wir es recht gut haben würden, und fing
damit an, uns, jeden abgesondert, in ein Gewölbe zu
führen, das zum Teil in den Felsen gehauen, zum Teil von
großen Quadersteinen aufgeführt, ohne Licht und ohne Luft
war. Nichts geht über die Beredsamkeit der Franzosen.

Gauvain* kam in das Gefängnis zu sitzen, in welchem
Toussaint L'Ouverture** gestorben war; unsere Fenster waren
mit dreifachen Gittern versehen, und wieviele Türen hinter
uns verschlossen wurden, das weiß ich gar nicht; und doch
hießen diese Behältnisse anständige und erträgliche Wohnungen. Wenn man uns Essen brachte, war ein Offizier
dabei gegenwärtig, kaum daß man uns, aus Furcht vor
staatsgefährlichen Anschlägen, Messer und Gabeln zu-
gestand. Das Sonderbarste war, daß man uns in dieser
hilflosen Lage nichts aussetzte; aber da man nicht wußte,
ob wir Staatsgefangene oder Kriegsgefangene waren (ein
Umstand, den unsre Order zweifelhaft gelassen hatte): auf
welchem Fuß sollte man uns bezahlen? Der Franzose stirbt
eher und läßt die ganze Welt umkommen, ehe er gegen seine
Gesetze verfährt. Diese Lage war inzwischen zu qualvoll,
als daß sie meine beiden Gefährten, die von Natur krank-
haft sind, lange hätten aushalten können. Sie verlangten
Aerzte, ich schrieb an den Kommandanten, und dieser, der
ein edelmütiger Mann schien und das Mißverständnis, das
bei dieser Sache obwalten mußte, schon voraussah, verwandte sich bei dem Gouverneur in Besançon, worauf man
uns andere Behältnisse anwies, die wenigstens den Namen
der Wohnungen verdienen konnten. Jetzt konnten wir, auf
unser Ehrenwort, auf den Wällen spazieren gehen, das

* Franz v. Gauvain war Kleists Reisebegleiter gewesen und
mit diesem gemeinsam gefangengenommen worden.

** Obergeneral der Neger und Präsident auf Haiti (1743—1803).

Wetter war schön, die Gegend umher romantisch, und da
meine Freunde mir für den Augenblick aus der Not
halfen und mein Zimmer mir Bequemlichkeiten genug zum
Arbeiten anbot, so war ich auch schon wieder vergnügt und
über meine Lage ziemlich getröstet. Inzwischen hatten wir,
gleich bei unsrer Ankunft, unsre Memoriale an den
Kriegsminister eingereicht und die Abschriften davon an
den Prinzen August geschickt. Da unsre Arretierung in
Berlin in der Tat ein bloßes Mißverständnis war und uns
wegen unseres Betragens gar kein bestimmter Vorwurf gemacht werden konnte, so befahl der Kriegsminister, daß
wir aus dem Fort entlassen und den andern Kriegsgefangenen gleich nach Chalons sur Marne geschickt werden
sollten. Hier sitzen wir nun, mit völliger Freiheit zwar,
auf unser Ehrenwort, doch Du kannst denken, in welcher
Lage, bei so ungeheuren Kosten, die uns alle diese Reisen
verursacht haben, und bei der hartnäckigen Verweigerung
des Soldes, den die andern Kriegsgefangenen ziehen. Ich
habe von neuem an den Kriegsminister und an den Prinzen
August geschrieben, und da es ganz unerhört ist, einen
Bürger, der die Waffen im Felde nicht getragen hat, zum
Kriegsgefangenen zu machen, so hoffe ich auf meine Befreiung oder wenigstens auf gänzliche Gleichschätzung mit
den übrigen Offizieren. Daß übrigens alle diese Uebel
mich wenig angreifen, kannst Du von einem Herzen hoffen,
das mit größern und mit den größesten auf das innigste
vertraut ist.

Die anfangs noch zuversichtliche und arbeitsfreudige Stimmung
weicht bald dem Gegenteil. „Inzwischen ist meine Lage hier unter
Menschen, die von Schmach und Elend niedergedrückt sind, wie Du
Dir leicht denken kannst, die denkbar widerwärtigste. Ob ein
Friede überhaupt sein wird, wissen die Götter. Ich sehne mich in
mein Vaterland zurück.“

188

# Kleist an Marie v. Kleist (?)

Châlons sur Marne, Juni 1807

Was sind dies für Zeiten? Sie haben mich immer in der Zurückgezogenheit meiner Lebensart für isoliert von der Welt gehalten, und doch ist vielleicht niemand inniger damit verbunden als ich. Wie trostlos ist die Aussicht, die sich uns eröffnet. Zerstreuung, und nicht mehr Bewußtsein ist der Zustand, der mir wohltut. Wo ist der Platz, den man jetzt in der Welt einzunehmen sich bestreben könnte, im Augenblicke, wo alles seinen Platz in verwirrten Bewegungen verwechselt? Kann man auch nur den Gedanken wagen, glücklich zu sein, wenn alles in Elend darniederliegt? Ich arbeite, wie Sie wohl denken können, doch ohne Lust und Liebe zur Sache. Wenn ich die Zeitungen gelesen habe und jetzt mit einem Herzen voll Kummer die Feder wieder ergreife, so frage ich mich, wie Hamlet den Schauspieler, was mir Hekuba sei?

Hier in Châlons lebe ich wieder so einsam wie in Königsberg. Kaum merke ich, daß ich in einem fremden Lande bin, und oft ist es wie ein Traum, 100 Meilen gereiset zu sein, ohne meine Lage verändert zu haben. Es ist hier niemand, dem ich mich anschließen möchte: unter den Franzosen nicht, weil mich ein natürlicher Widerwille schon von ihnen entfernt, der noch durch die Behandlung, die wir jetzt erfahren, vermehrt wird; und unter den Deutschen auch nicht. Und doch sehnt sich mein Herz so nach Mitteilung. Letzthin saß ich auf einer Bank einer öffentlichen, aber wenig besuchten Promenade, und es fing schon an finster zu werden, als mich jemand, den ich nicht kannte, mit einer Stimme anredete, als ob sie Pfuel aus der Brust genommen gewesen wäre. Ich kann Ihnen die Wehmut nicht beschreiben, die mich in diesem Augenblick ergriff. Und sein Gespräch war auch ganz so tief und innig, wie ich es nur einzig auf der Welt an ihm kennen gelernt habe.

Es war mir, als ob er bei mir säße, wie in jenem
Sommer vor drei Jahren, wo wir in jeder Unterredung
immer wieder auf den Tod als den ewigen Refrain des
Lebens zurückkamen. Ach, es ist ein ermüdender Zustand,
dieses Leben, recht, wie Sie sagten, eine Fatigue. Erfahrungen rings, daß man eine Ewigkeit brauchte, um sie
zu würdigen, und, kaum wahrgenommen, schon wieder von
andern verdrängt, die ebenso unbegriffen verschwinden.

## Kleist an Ulrike

Chalons, den 14. Juli 1807

Endlich, meine vortreffliche Ulrike, ist, wahrscheinlich
auf Deine wiederholte Verwendung, der Befehl vom Gen.
Clarke zu meiner Loslassung angekommen. Ich küsse Dir
die Stirn und die Hand. Der Befehl lautet, daß ich, auf
Ehrenwort, eine vorgeschriebene Straße befolgen und mich
in Berlin beim Gen. Clarke melden soll, der mich sprechen
will. So mancherlei Gedanken mir dies auch erregt, so
würde ich doch sogleich meine Reise antreten, wenn ich nicht
unpäßlich wäre; wenn man nicht die Unedelmütigkeit hätte,
mir die Diäten zu verweigern, die ich mir jedoch noch aus-
zuwirken hoffe; und wenn ich nicht einen Wechsel vom
Buchhändler Arnold aus Dresden erwarten müßte, für
ein Manuskript, das Rühle daselbst verkauft hat, und von
dem er mir geschrieben hat, daß er um diese Zeit abgehen
würde. Alle diese Gründe sind schuld daran, daß sich meine
Abreise vielleicht noch um 14 Tage oder 3 Wochen ver-
späten wird: doch da sich der Frieden jetzt abschließt und
nach dem Abschluß auch die Auswechselung der Gefangenen
sogleich vor sich gehen muß, so ergibt sich vielleicht alsdann
eine so viel wohlfeilere Gelegenheit, abzureisen, wenngleich
der Aufenthalt bis dahin hier so viel kostspieliger wird, da
ich keinen Sold mehr beziehe.

Das hier erwähnte Manuskript war das des „Amphitryon".
Das Buch war inzwischen mit einer Einleitung Adam Müllers
bei dem Verleger Christian Arnold in Dresden erschienen, nachdem Göschen abgelehnt hatte.

## Friedr. v. Gentz an Adam Müller

Prag, den 16. Mai 1807

Das Kleistsche Lustspiel (Amphitryon) hat mir die an-
genehmsten, und ich kann wohl sagen, die einzigen rein angenehmen Stunden geschaffen, die ich seit mehreren Jahren irgendeinem Produkt der deutschen Literatur verdankte.
Mit uneingeschränkter Befriedigung, mit unbedingter Bewunderung habe ich es gelesen, wieder gelesen, mit Molière
verglichen und dann aufs neue in seiner ganzen herrlichen
Originalität genossen. Selbst da, wo dieses Stück nur
Nachbildung ist, steigt es zu einer Vollkommenheit, die
nach meinem Gefühl weder Bürger, noch Schiller, noch
Goethe, noch Schlegel in ihren Uebersetzungen französischer
oder englischer Theaterwerke jemals erreichten. Denn zugleich so Molière und so deutsch zu sein, ist wirklich etwas
Wundervolles.

## Uebersetzer und Dichter

Kritik des Amphitryon in der Jenaischen
Allgemeinen Literaturzeitung

Wendet man den Blick von diesen Unvollkommen-
heiten ab und richtet nun sein Augenmerk lediglich auf
das, was der Autor zu erreichen strebte und was er erreichte: so muß uns seine kühne Originalität mit freudiger
Bewunderung und sein wahrhaft menschliches Gefühl
mit inniger Liebe erfüllen. Das Charakterbild, das der
Dichter von Alkmenen aufgestellt hat, ist höchst vortrefflich
in jedem Zuge. Wie herrlich ist die Zuversicht ausgedrückt,
mit welcher Alkmene im Amphitryon sich nicht irren zu
können glaubt. Mit Entzücken folgt man dem Wechsel
der Empfindungen in ihrer schönen Seele, welche der

Dichter vor uns vorüberführt. Der verzweifelnde Schmerz, als sie sich betrogen und getäuscht glaubt, die selige Wonne, wenn sie wiederum fest vertrauend der Liebe sich hingibt, ihr hoher Stolz und ihre fromme Demut, die Reinheit ihres menschlichen Gefühls, das, sich stets selber treu bleibend, nicht nach dem Uebermenschlichen trachtet, und das selbst dem Jupiter bewundernde Verehrung abnötigt — alles dieses bildet ein so unbeschreiblich schönes Ganzes, daß man durch den Schluß, wo Alkmene, als Jupiter sich offenbart, zwischen dem Gatten und dem Gotte zu unterscheiden gezwungen wird, sich fast verletzt fühlt. Die vorhergehende Stelle, wo sie auf den wahren Amphitryon, der doch ihr Gatte bleibt, schmäht und ihn zornig verstößt, ist kühn gedacht und sehr gewagt; man sieht, daß dem Dichter nicht die nächste Wirkung, sondern die Idee alles gilt, nach welcher das Irdische vom Göttlichen nie scheiden sollte — und schön ist das überwältigende, unaussprechliche Gefühl von dieser plötzlichen Offenbarung durch Alkmenens einfaches Ach! ausgedrückt, womit das Drama bedeutend schließt.

Kleist war, nachdem man ihm endlich die Reisediäten bewilligt hatte, auf dem schnellsten Wege von Chalons sur Marne nach Berlin geeilt und dort Anfang August 1807 eingetroffen. Seine Absicht, hier wieder, wie in Königsberg, mit Ulrike zusammenzuleben, findet nicht deren Zustimmung, und so geht Kleist nach Dresden, „als dem günstigsten Ort in dieser für die Kunst höchst ungünstigen Zeit", wo er während der nächsten zwei Jahre eine rege literarische Tätigkeit entfaltet.

## Kleist an Ulrike

Dresden, den 17. September 1807

Ich habe versucht, meine teuerste Ulrike, Dir zu schreiben; doch meine Lage ist so reich und mein Herz so voll des Wunsches, sich Dir g a n z mitzuteilen, daß ich nicht weiß, wo ich anfangen und enden soll. Schreibe mir doch,

192

ob ich nach Wormlage kommen darf, um Dich zu sprechen? Oder ob wir uns nicht auf halbem Wege irgendwo ein Rendezvous geben können? Ich sollte denken, dies letztere müßte möglich sein. Ich will Dich zu bewegen suchen, zu einer Buch-, Karten- und Kunst-Handlung, wozu das Privilegium erkauft werden muß, 500 Rth. zu 5 Prozent auf 1 Jahr herzugeben. Adam Müller (ein junger Gelehrter, der hier im Winter, mit ausgezeichnetem Beifall, öffentliche Vorlesungen hält), Rühle und Pfuel (dem sein Bruder das Geld dazu hergibt) sind die Interessenten. Dir alle Gründe darzutun, aus welchen die Zweckmäßigkeit und Nützlichkeit dieser Unternehmung hervorgeht, ist s ch r i f t l i ch unmöglich.

Ich kann Dir nicht alles sagen, was ich auf dem Herzen habe, Du müßtest selbst hier sein und die Stellung, die wir hier einnehmen, kennen, um beurteilen zu können, wie günstig sie einer solchen Unternehmung ist. Fast möchte ich Dich dazu einladen! Ich würde Dich in die vortrefflichsten Häuser führen können, bei Haza's, beim Baron Buol (Kaisl. Oestr. Gesandten), beim App.-Rat Körner usw., Häuser, in deren jedem ich fast wie bei der Kleisten in Potsdam bin. Zwei meiner Lustspiele (das eine gedruckt, das andere im Manuskript) sind schon mehrere Male in öffentlichen Gesellschaften, und immer mit wiederholtem Beifall, vorgelesen worden. Jetzt wird der Gesandte sogar auf einem hiesigen Liebhaber-Theater eine Aufführung veranstalten und Fitt (den Du kennst) die Hauptrolle übernehmen. Auch in Weimar läßt Goethe das eine aufführen. Kurz, es geht alles gut, meine liebste Ulrike, ich wünsche bloß, daß Du hier wärest und es mit eignen Augen sehen könntest. Schreibe mir, auf welche Art wir es machen, daß wir uns auf einen Tag sprechen, und sei versichert, daß ich ewig dein treuer Bruder bin.

H. v. Kl.

## Im Freundeskreis

Nach Heinr. Schubert*, Selbstbiographie

Heinrich von Kleist, dieser merkwürdige Geist, mit naturkräftigen, zugleich aber wie von einem schmerzhaften, inneren Weh gebundenen Schwingen, war, wenn ich nicht irre, damals soeben aus der Gefangenschaft, in welcher ihn die französischen Gewalthaber in Berlin gehalten hatten, frei geworden, und, seiner alten Neigung zu diesem friedlichen Ruheorte folgend, nach Dresden gegangen. Hier war er in einen geselligen Kreis getreten, in welchem ein Gemüt wie das seine gar bald sich neu gestärkt und freudig fühlen mußte. Der geistreiche Rühle von Lilienstern in seiner frischen jugendlichen Kraft und Lebendigkeit; der gemütvolle, heitere von Pfuel, der sich gleich bei der ersten Bekanntschaft das Zutrauen aller, die es mit dem Rechten und Guten recht meinten, erwarb; Adam Müller, der Mann von feinem Sinne und Verstande, welcher durch seine seltene Gewandtheit und Beweglichkeit sehr zu einer bedeutenden Wirkung auf die Bewegungen seiner Zeit geeignet war, diese drei bildeten den Mittelpunkt jenes Kreises. Auch mir tat sich derselbe auf und ich besuchte denselben öfter, gab auch einige kleine Arbeiten in die Zeitschrift „Phöbus", welche damals Kleist und Adam Müller gemeinsam redigierten.


## Kleist an Ulrike

Dresden, den 17. Dezember 1807

Ich habe gewagt, meine teuerste Ulrike, auf die 500 Rth., die Du mir versprachst, zu rechnen und in der Hoffnung, daß sie mit Weihnachten eingehen werden, den Verlag

---

* Schuberts Vorlesungen über die Erscheinungen des Hypnotismus, Somnambulismus, Mesmerismus u. ä. haben Kleist auf das lebhafteste interessiert und den Dichter des „Käthchen von Heilbronn" beeinflußt.

eines Kunstjournals, Phöbus, mit Adam Müller, anzufangen.

Das erste Heft des Phöbus wird Ende Januars erscheinen; Wieland auch (der alte) und Johannes Müller,
vielleicht auch Goethe, werden Beiträge liefern. Sobald
die Anzeigen gedruckt sind, werde ich Dir eine schicken.
Ich wünsche nichts, als daß Du hier wärst, um Dich von
dem innersten Wesen der Sache besser überzeugen zu
können.

Kleist an Christoph Martin Wieland

Dresden, den 17. Dezember 1807

Jetzt bin ich willens, mit Adam Müller, dem Lehrer
des Gegensatzes, der hier, während mehrerer Winter schon,
ästhetische, von dem Publikum sehr gut aufgenommene
Vorlesungen gehalten hat, ein Kunstjournal herauszu-
geben, monatsweise, unter dem Titel, weil doch einer
gewählt werden muß: Phöbus. Ich bin im Besitz dreier
Manuskripte, mit denen ich, für das kommende Jahr,
fragmentarisch darin aufzutreten hoffe; einem Trauerspiel,
Penthesilea; einem Lustspiel, Der zerbrochene
Krug (wovon der Gh. Rat v. Goethe eine Abschrift besitzt, die Sie leicht, wenn die Erscheinung Sie interessiert,
von ihm erhalten könnten); und einer Erzählung, Die
Marquise von O. . . . Adam Müller wird seine ästh.-
phil. Vorlesungen geben; und durch günstige Verhältnisse
sind wir in den Besitz einiger noch ungedruckter Schriften
des Novalis gekommen, die gleichfalls in den ersten Heften
erscheinen sollen. Ich bitte Sie, mein verehrungswürdigster Freund, um die Erlaubnis, Sie in der Anzeige als
einen der Beitragliefernden nennen zu dürfen; einmal
in der Reihe der Jahre, da Sie der Erde noch und nicht
den Sternen angehören, werden Sie schon einen Aufsatz
für meinen Phöbus erübrigen können; wenn Sie gleich

Ihrem eigenen Merkur damit karg sind. Ferner wünsche
ich, daß Sie den H. Hofrat Böttiger für das Institut
interessieren möchten; es sei nun, daß Sie ihn bewegten,
uns unmittelbar mit Beiträgen zu beschenken (wir zahlen
30 Th. pro Bogen, wir verlegen selbst), oder auch nur,
diese junge literarische Erscheinung im allgemeinen unter
seinen kritischen Schutz zu nehmen. Ich werde zwar selbst
deshalb meinen Antrag bei ihm machen; doch ein Wort
von Ihnen dürfte mich leicht besser empfehlen als alle
meine Dramen und Erzählungen. Ich wollte, ich könnte
Ihnen die Penthesilea so, bei dem Kamin, aus dem Steg-
reif vortragen wie damals den Robert Guiskard. Entsinnen Sie sich dessen wohl noch? Das war der stolzeste
Augenblick meines Lebens. So viel ist gewiß: ich habe eine
Tragödie (Sie wissen, wie ich mich damit gequält habe)
von der Brust heruntergehustet; und fühle mich wieder
ganz frei! In kurzem soll auch der Robert Guiskard
folgen; und ich überlasse es Ihnen, mir alsdann zu sagen,
welches von beiden besser sei, denn ich weiß es nicht.

## Kleist an Goethe

Hochwohlgeborner Herr,
Hochzuverehrender Herr Geheimrat,

Ew. Exzellenz habe ich die Ehre, in der Anlage gehorsamst das erste Heft des Phöbus zu überschicken. Es
ist auf den „Knien meines Herzens", daß ich damit vor
Ihnen erscheine; möchte das Gefühl, das meine Hände ungewiß macht, den Wert dessen ersetzen, was sie darbringen.

Ich war zu furchtsam, das Trauerspiel, von welchem
Ew. Exzellenz hier ein Fragment finden werden, dem
Publikum im ganzen vorzulegen. So, wie es hier steht,
wird man vielleicht die Prämissen, als möglich, zugeben
müssen und nachher nicht erschrecken, wenn die Folgerung
gezogen wird.

Es ist übrigens ebensowenig für die Bühne geschrieben als jenes frühere Drama: der Zerbrochene Krug,
und ich kann es nur Ew. Exzellenz gutem Willen zuschrei-
ben, mich aufzumuntern, wenn dies letztere gleichwohl in
Weimar gegeben wird. Unsre übrigen Bühnen sind weder
vor noch hinter dem Vorhang so beschaffen, daß ich auf
diese Auszeichnung rechnen dürfte, und so sehr ich auch sonst
in jedem Sinne gern dem Augenblick angehörte, so muß
ich doch in diesem Fall auf die Zukunft hinaussehen, weil
die Rücksichten gar zu niederschlagend wären.

Herr Adam Müller und ich, wir wiederholen unsre
inständigste Bitte, unser Journal gütigst mit einem Bei-
trag zu beschenken, damit es ihm nicht ganz an dem Glanze
fehle, den sein ein wenig dreist gewählter Titel ver-
spricht. Wir glauben nicht erst erwähnen zu dürfen, daß
die bei diesem Werke zum Grunde gelegten Abschätzungs-
regeln der Aufsätze in einem Falle keine Anwendung leiden
können, der schlechthin für uns unschätzbar sein würde.
Gestützt auf Ew. Exzellenz gütige Aeußerungen hierüber,
wagen wir, auf eine Mitteilung zu hoffen, mit der wir
schon das 2. Heft dieses Journals ausschmücken könnten.
Sollten Umstände, die wir nicht übersehen können, dies
unmöglich machen, so werden wir auch eine verzuglose,
wenn es sein kann, mit umgehender Post gegebene, Erklärung hierüber als eine Gunstbezeugung aufnehmen, indem diese uns in den Stand setzen würde, wenigstens mit
dem Druck der ersten, bis dahin für Sie offenen, Bogen
vorzugehn.

Der ich mich mit der innigsten Verehrung und Liebe
nenne

Ew. Exzellenz         gehorsamster

Heinrich von Kleist

Dresden, den 24. Januar 1808

Ew. Hochwohlgeboren

bin ich sehr dankbar für das übersendete Stück des Phöbus. Die prosaischen Aufsätze, wovon mir einige bekannt waren, haben mir viel Vergnügen gemacht. Mit der Penthesilea kann ich mich noch nicht befreunden. Sie ist aus einem so wunderbaren Geschlecht und bewegt sich in einer so fremden Region, daß ich mir Zeit nehmen muß, mich in beide zu finden. Auch erlauben Sie mir zu sagen (denn wenn man nicht aufrichtig sein sollte, so wäre es besser, man schwiege gar), daß es mich immer betrübt und bekümmert, wenn ich junge Männer von Geist und Talent sehe, die auf ein Theater warten, welches da kommen soll. Ein Jude, der auf den Messias, ein Christ, der aufs neue Jerusalem, und ein Portugiese, der auf den Don Sebastian wartet, machen mir kein größeres Mißbehagen. Vor jedem Brettergerüste möchte ich dem wahrhaft theatralischen Genie sagen: hic Rhodus, hic salta! Auf jedem Jahrmarkt getraue ich mir, auf Bohlen, über Fässer geschichtet, mit Calderons Stücken, mutatis mutandis, der gebildeten und ungebildeten Masse das höchste Vergnügen zu machen. Verzeihen Sie mir mein Gradezu; es zeugt von meinem aufrichtigen Wohlwollen. Dergleichen Dinge lassen sich freilich mit freundlicheren Tournüren und gefälliger sagen. Ich bin jetzt schon zufrieden, wenn ich nur etwas vom Herzen habe. Nächstens mehr.

Weimar, den 1. Februar 1808        Goethe


Adam Müller hatte im Juli 1807, während Kleist in Gefangenschaft saß, den „Amphitryon" und eine Abschrift des „Zerbrochenen Krugs" an Goethe gesandt. Darauf hatte Goethe geantwortet:

## Goethe an Adam Müller

Karlsbad, den 28. August 1807

Ueber Amphitryon habe ich manches mit Herrn von Gentz gesprochen; aber es ist durchaus schwer, genau das rechte Wort zu finden. Nach meiner Einsicht scheiden sich Antikes und Modernes auf diesem Wege mehr, als daß sie sich vereinigten. Wenn man die beiden entgegengesetzten Enden eines lebendigen Wesens durch Kontorsion zusammenbringt, so gibt das noch keine neue Art von Organisation; es ist allenfalls nur ein wunderliches Symbol, wie die Schlange, die sich in den Schwanz beißt.

Der Zerbrochene Krug hat außerordentliche Verdienste, und die ganze Darstellung dringt sich mit gewaltsamer Gegenwart auf. Nur schade, daß das Stück auch wieder dem unsichtbaren Theater angehört. Das Talent des Verfassers, so lebendig er auch darzustellen vermag, neigt sich doch mehr gegen das Dialektische hin; wie es sich denn selbst in dieser stationären Prozeßform auf das wunderbarste manifestiert hat. Könnte er mit eben dem Naturell und Geschick eine wirklich dramatische Aufgabe lösen und eine Handlung vor unsern Augen und Sinnen sich entfalten lassen, wie er hier eine vergangene sich nach und nach enthüllen läßt, so würde es für das deutsche Theater ein großes Geschenk sein. Das Manuskript will ich mit nach Weimar nehmen, in Hoffnung Ihrer Erlaubnis, und sehen, ob etwa ein Versuch der Vorstellung zu machen sei. Zum Richter Adam haben wir einen vollkommen passenden Schauspieler, und auf diese Rolle kommt es vorzüglich an. Die andern sind eher zu besetzen.

Die Aufführung des „Zerbrochenen Krugs" fand am 2. März 1808 in Weimar statt. Das Stück fiel kläglich durch. Goethe hatte den durchaus auf flottes Spiel berechneten Einakter in drei Teile zerlegt und das Lustspiel dadurch vollständig um seine Wirkung gebracht.

199

## Ein Theaterskandal

Ed. Genast, Aus dem Tagebuch eines alten Schauspielers

Der Zerbrochene Krug von Kleist folgte am 2. März. Schon bei der ersten Vorstellung wurde dem Stück der Stab gebrochen, und es fiel unverdienterweise total durch. Hauptsächlich traf die Schuld des Mißlingens den Darsteller (Becker) des Adam, der in seinem Vortrag so breit und langweilig war, daß selbst seine Mitspieler die Geduld dabei verloren. Trotz allen Rügen Goethes war er aus seinem breitspurigen Redegang nicht herauszubringen, und den kurzen Imperativ bei ihm anzubringen, wäre wahrlich ganz in der Ordnung gewesen, denn das Zerren und Dehnen war nicht zu ertragen. Bei der Aufführung dieses Stückes ereignete sich ein Vorfall, der in dem kleinen weimarischen Hoftheater noch nie dagewesen und als etwas Unerhörtes bezeichnet werden konnte: ein herzoglicher Beamter hatte die Frechheit, das Stück auszupfeifen. Karl August, der seinen Platz zwischen zwei Säulen, dicht am Proszenium, auf dem sogenannten bürgerlichen Balkon hatte, bog sich über die Brüstung hinaus und rief: „Wer ist der freche Mensch, der sich untersteht, in Gegenwart meiner Gemahlin zu pfeifen? Husaren, nehmt den Kerl fest!" Dies geschah, als der Missetäter eben durch die Tür entwischen wollte, und er wurde drei Tage auf die Hauptwache gesetzt. Den anderen Tag soll Goethe gegen Riemer, der es uns mitteilte, bemerkt haben: „Der Mensch hat gar nicht so unrecht gehabt; ich wäre auch dabei gewesen, wenn es der Anstand und meine Stellung erlaubt hätten. Des Anstands wegen hätte er aber warten sollen, bis er außerhalb des Zuschauerraumes war."

## Goethe über Kleist 1809

Gespräch mit Falk

Ich habe ein Recht, Kleist zu tadeln, weil ich ihn geliebt und gehoben habe; aber sei es nun, daß seine

Ausbildung, wie es jetzt bei vielen der Fall ist, durch die Zeit
gestört wurde, oder was sonst für eine Ursache zugrundeliegt, genug, er hält nicht, was er zusagt. Sein Hypo-
chonder richtet ihn als Menschen und Dichter zugrunde.
Sie wissen, welche Mühen und Proben ich es mir kosten
ließ, seinen „Wasserkrug" (!) auf das hiesige Theater zu
bringen. Daß es dennoch nicht glückte, lag einzig in dem
Umstande, daß es dem übrigens geistreichen und humo-
ristischen Stoffe an einer rasch durchgeführten Handlung
fehlt.

Mir aber den Fall desselben zuzuschreiben, ja, mir sogar
wie es im Werke gewesen ist, eine Ausforderung deswegen
nach Weimar schicken zu wollen, deutet, wie Schiller sagt, auf
eine schwere Verwirrung der Natur, die den Grund ihrer
Entschuldigung allein in einer zu großen Reizbarkeit der
Nerven oder in Krankheit finden kann.


## Tieck über den Zerbrochenen Krug

Vorrede zu Kleists Hinterlassenen Schriften 1821

Aus einer Kleinigkeit so ein Gewebe herauszuspinnen,
das sich vor unsern Augen bald mehr und mehr verwickelt,
bald wieder schnell zu lösen scheint, so lebendig, stets neu,
alle Figuren wahr, alles die höchste Teilnahme erregend, so
daß man das Unbedeutende der Sache selbst vergißt und sie
uns ebenso wichtig wie den streitenden Parteien erscheint,
ist meisterhaft; der Gedanke, daß sich der Richter, der der
Delinquent zugleich ist, durch seine Anstrengungen in den
Beweis gegen sich hinein examiniert, ist ebenso glücklich
als neu. Die Sprache ist charakteristisch, und sie sowohl
wie die Jambe ist in diesem echt niederländischen Gemälde so gebraucht, wie ich nicht glaube, daß es im
Deutschen schon geschehen sei. Jede Schilderung und

Erzählung steht farbig und sichtlich vor uns, und das Für
und Wider, das Hin- und Herschwanken des Gegenstandes, der ein Prozeß selbst ist, ist von der Hand eines
Virtuosen, und man fühlt, daß der Verfasser, der sich schon
daran gewöhnt hatte, seine Fabeln in diese Form zu bringen,
hier ganz mit Sicherheit wie in seinem Eigentum schaltet.

## Hebbels Urteil

Der Zerbrochene Krug gehört, um es gleich voranzu-
schicken, zu denjenigen Werken, denen gegenüber nur das
Publikum durchfallen kann. Der ergötzlichste Einfall
und das farbigste Sittengemälde ist hier zum Genialen ge-
steigert, sich organisch verbindend wie Wurzel und Frucht.
Seit dem Falstaff ist im Komischen keine Figur geschaffen
worden, die dem Dorfrichter Adam auch nur die Schuh-
riemen auflösen dürfte.

Kleist war über die kühle Ablehnung, die seine „Penthesilea"
von seiten Goethes erfuhr, und über den von diesem verschuldeten
Mißerfolg des „Zerbrochenen Krugs" aufs tiefste verletzt. Er
druckte im nächsten Heft des „Phöbus" einige Szenen aus dem
„Zerbrochenen Krug" mit einer spitzigen Bemerkung ab und entlud
seinen Groll in giftigen Epigrammen. Dem mit so viel Zuversicht
begonnenen Zeitschriftenunternehmen war ein Erfolg jedoch nicht
beschieden. Die Zahl der Subskribenten auf den Phöbus blieb
hinter den Erwartungen weit zurück, und die von Kleist beschafften
Mittel waren bald erschöpft.

## Kleist an Rühle v. Lilienstern

Dresden, den 4. Mai 1808

Mein liebster Rühle, ich muß Dich nur noch über einen
Punkt instruieren, in betreff des Phöbus, der bei unserer
letzten Zusammenkunft nicht hinlänglich ausgemacht worden ist. Der Ph. muß schlechterdings verkauft werden, es ist an gar keine Kommission zu denken, weil wir
die Verlagskosten nicht aufbringen können. Wir müssen

uns daher zu jedwedem Opfer verstehen, weil das Ka-
pital, das wir hingestreckt, doch verloren sein würde, wenn
er aufhört; so muß es lieber in die Schanze geschlagen
werden zu einer Zeit, da dies noch ein Mittel werden
kann, ihn (für künftige Jahre) aufrechtzuerhalten. Ja,
um dem Skandal zu entgehen, müssen wir uns noch obenein, wenn man uns nur Kredit geben will, für das Risiko
verschreiben — ich weiß, daß Du mit dieser Maßregel nicht voreilig sein wirst. — Adieu.

H. v. K.

## Dora Stock* an F. B. Weber.

Dresden, den 11. April 1808

Herr v. Kleist sahen wir oft in unserem Hause, und
wir schätzen ihn als Mensch, wie er es verdient. Mit dem
Schriftsteller haben wir manchen Streit. Sein Talent ist
unverkennbar, aber er läßt sich von den Heroen der neuen
Schule auf einen falschen Weg leiten, und ich fürchte,
daß Müller einen schädlichen Einfluß auf ihn hat. Seine
„Penthesilea" ist ein Ungeheuer, welches ich nicht ohne
Schaudern habe anhören können. Sein „Zerbrochener
Krug" ist eine Schenkenszene, die zu lang dauert und
ewig an der Grenze der Dezenz hinschießt. Seine Geschichte der Marquise von O... kann kein Frauenzimmer
ohne Erröten lesen. Wozu soll dieser Ton führen? Ueberhaupt fürchte ich, daß der Phöbus nicht länger wie ein
Jahr leben wird. Jetzt schon wird er weder mit Vergnügen erwartet, noch mit Interesse gelesen. Und doch
wollen diese Herren an der Spitze der Literatur stehen
und alles um sich und neben sich vernichten.

––––––––––

* Dora Stock war eine Schwägerin von Christian Körner, dem
Freunde Schillers und Vater Theodors, des Freiheitsdichters.

Emma Körner an F. B. Weber

Dresden, den 15. April 1808

Kleist sahen wir ziemlich oft, und seine Gesellschaft gewährt uns recht viel Vergnügen, er ist ein ganz eigener Mensch, und man muß ihn genau kennen, um ihn zu verstehen*. Er hat eine reiche Phantasie, welche, wenn ihr die Zügel mehr angelegt werden, gewiß noch große Dinge hervorbringen wird. In der „Penthesilea" sind vortreffliche Stellen, sie ist bei uns ganz vorgelesen worden, und so prächtig auch der Gegenstand ist, kann man sich doch nicht der Verwunderung darüber enthalten. Wenn Sie das Ganze kennten, würden Sie finden, daß die Szenen im Phöbus nicht vorteilhaft gewählt sind, es gibt noch weit vorzüglichere in dieser Tragödie. Obgleich Kleist nichts weniger als anmaßend ist, so bedarf er doch gewiß einen strengen Kritiker, welcher sein außerordentliches Talent auf andere Gegenstände leitet, als er immer zu seinen Dichtungen wählt. Er liebt es, mit dem Stoff zu kämpfen, aber es ist schade, wenn er seine Kraft verschwendet. Sie werden in der Rosenszene aus der „Penthesilea" gefunden haben, daß er auch das Liebliche in seiner Gewalt hat, und einem so vielseitigen Geiste sollten nicht Fehler in der Diktion entgehen. Müller tadelt ihn vielleicht nicht streng genug, sondern findet alles unverbesserlich, was Kleist in der Folge schaden kann.

---

* Kleist soll zu einer Pflegetochter des Ehepaares Körner, Julie Kunze, deren Gesang man lobte, eine leidenschaftliche Neigung gefaßt haben, und die Fama berichtet, daß ihre Ablehnung seiner Werbung Kleist den Anlaß zum Kätchen von Heilbronn gab. Sichere Unterlagen für diese Gerüchte sind jedoch nicht auf uns gekommen. Ob ihr die „zwei niedlichsten kleinen Hände, die in Dresden sind" gehörten, von denen Kleist einmal schreibt, daß sie ihn bei dem österreichischen Gesandten, Grafen Buol, in dessen Hause auch eine Privataufführung seines „Zerbrochenen Kruges" stattfand, mit einem Lorbeerkranz krönten, ist ungewiß.

Adam Müller an Fr. v. Gentz



Sie, mein Freund, reden unserm ökonomischen Vorteil das Wort und mißraten uns die Paradoxien, z. B. die anscheinende der Penthesilea. Wir dagegen wollen, es soll eine Zeit kommen, wo der Schmerz und die gewaltigsten tragischen Empfindungen, wie es sich gebührt, den Menschen gerüstet finden und das zermalmendste Schicksal von schönen Herzen begreiflich und nicht als Paradoxie empfunden werde. Diesen Sieg des menschlichen Gemüts über kolossalen, herzzerschneidenden Jammer hat Kleist in der Penthesilea als echter Vorfechter für die Nachwelt im voraus erfochten.

Mutwillen kann unser Betragen, Wagstück unser Unternehmen nur dann genannt werden, wenn wir über den Erfolg, den wir beabsichtigen, etwa noch zweifelhaft wären, wenn eine auswärtige Stimme, eine öffentliche Meinung oder irgendein dergleichen Popanz, kurz, wenn irgend etwas Zufälliges von außen erst hinzukommen müßte, um uns zu rechtfertigen. Ist indes innerhalb eines Werkes, wie gewaltig es sich auch gebärde, eine überwiegende Liebeskraft; ist das Blut, welches empört und vergossen wird, zugleich der Balsam für den mitempörten Zeugen, so lassen Sie der Welt immerhin etwas schaudern und, so Gott es ihr vergibt, auch etwas ekeln; es werden schon glücklichere Zeiten kommen, welche ganz unbefangen das Große und Natürliche und Menschliche begehren werden. Gerade ein solcher, wie Sie, der sein Herz an große und allgemeine Freuden und Sorgen gewöhnt hat, müßte ganz andere Dinge in Kleist sehen als die, worüber Sie sich mit so vielem Unwillen auslassen. Sie müßten an diesem Dichter preisen, daß er, der an der Oberfläche der Seelen spielen und schmeicheln könnte, der

alle Sinne mit den wunderbarsten Effekten durch Sprache,
Wohllaut, Phantasie, Ueppigkeit uff. bezaubern könnte,
daß er alle diese lockeren Künste und den Beifall der Zeitgenossen, welcher unmittelbar an sie geknüpft ist, ver-
schmäht, daß er für jene ungroßmütige Ruhe, für die flache
Annehmlichkeit keinen Sinn, keinen Ausdruck zu haben
scheint und viel lieber im Bewußtsein seiner schönen Heil-
kräfte Wunden schlägt, um nur das Herz der Kunst und
der Menschheit ja nicht zu verfehlen.


### Fr. v. Gentz an Adam Müller

Teplitz, den 2. Juni 1808

Ich habe einen Brief von Kleist erhalten, der mich an
so vielen Seiten zugleich packt, daß ich lügen und heucheln
würde, lieber als gefühllos zu scheinen. Ich habe es aber,
gottlob, nicht nötig. Das: Heil Dir! war kein Hexen-
geschrei; meine Idee von der Größe und Fülle des Kleistschen Talents ist ganz dieselbe geblieben; nicht erst im Guiskard, auch schon in der — mir ewig verhaßten — Penthesilea fand ich sie wieder! Was liegt denn darán, daß ein
solcher Dichter ein paar falsche Griffe tue? Er bleibt sich
und seiner Nation gewiß. — Ich werde, obgleich innerlich
beschämt über den viel zu großen Wert, den er auf mein
Urteil legt, mich in kurzem unmittelbar gegen ihn erklären.


### Kleist an Marie v. Kleist (?)

Dresden, Ende 1807

Unbeschreiblich rührend ist mir alles, was Sie mir über
die Penthesilea sagen. Es ist wahr, mein innerstes Wesen
liegt darin, und Sie haben es wie eine Seherin aufgefaßt:
der ganze Schmerz zugleich und Glanz meiner Seele. Jetzt
bin ich nur neugierig, was Sie zu dem Käthchen von

Heilbronn sagen werden, denn das ist die Kehrseite der Penthesilea, ihr anderer Pol, ein Wesen, das ebenso mächtig ist durch gänzliche Hingebung, als jene durch Handeln.

Daß Ihnen, wie Sie in R.s Brief sagen, das letzte, in seiner abgerißnen Form höchst barbarische Fragment der Penthesilea, worin sie den Achill totschlägt, gleichwohl Tränen entlockt hat, ist mir, weil es beweist, daß Sie die Möglichkeit einer dramatischen Motivierung denken können, selbst etwas so Rührendes, daß ich Ihnen gleich das Fragment schicken muß, worin sie ihn küßt und wodurch jenes allererst rührend wird. Diese Ihre Neigung, sich auf die Partei des Dichters zu werfen und durch Ihre eigene Einbildung geltend zu machen, was nur halb gesagt ist, bestimmt mich, mir öfter das Vergnügen zu machen, Ihnen im Laufe meiner Arbeiten abgerißne Stücke derselben zuzusenden. Um alles in der Welt möchte ich kein so von kastrierten Varianten strotzendes Manuskript niemandem mitteilen, der nicht von dem Grundsatz ausginge, daß alles seinen guten Grund hat. Doch Ihnen, die sich den Text mitten aus allen Korrekturen in voller Autorität, als wäre er groß Fraktur gedruckt, herausklauben, macht es mir Vergnügen, zu zeigen, wo mein Gefühl geschwankt hat.

Ich habe die Penthesilea geendigt, von der ich Ihnen damals, als ich den Gedanken zuerst faßte, wenn Sie sich dessen noch erinnern, einen so begeisterten Brief schrieb. Sie hat ihn wirklich aufgegessen, den Achill, vor Liebe. Es ist hier schon zweimal in Gesellschaft vorgelesen worden, und es sind Tränen geflossen, soweit als das Entsetzen, das unvermeidlich dabei war, zuließ. Ich werde einige Blätter aus der Penthesilea vom Schluß zusammenraffen und diesem Brief einlegen. Für Frauen scheint es im Durchschnitt weniger gemacht als für Männer, und auch unter den Männern kann es nur einer Auswahl gefallen. Pfuels kriegerisches Gemüt ist es eigentlich, auf das es

durch und durch berechnet ist. Als ich aus meiner Stube
mit der Pfeife in der Hand in seine trat und ihm sagte:
Jetzt ist sie tot, traten ihm zwei große Tränen in die Augen.
(Sie kennen seine antiken Mienen —.) Wenn er die letzten
Szenen liest, so sieht man den Tod auf seinem Antlitz.
Er ist mir so lieb dadurch geworden, und so Mensch.

Ob es bei den Forderungen, die das Publikum an die
Bühne macht, gegeben werden wird, ist eine Frage, die die
Zeit entscheiden muß. Ich glaube es nicht und wünsche es
auch nicht, solange die Kräfte unserer Schauspieler auf
nichts geübt, als Naturen wie die Kotzebueschen und Iffi-
landschen nachzuahmen, sind. Wenn man es recht untersucht, so sind zuletzt die Frauen an dem ganzen Verfall
unserer Bühne schuld, und sie sollten entweder gar nicht
ins Schauspiel gehen, oder es müßten eigene Bühnen für
sie, abgesondert von den Männern, errichtet werden. Ihre
Anforderungen an Sittlichkeit und Moral vernichten das
ganze Wesen des Dramas, und niemals hätte sich das
Wesen der griechischen Bühne entwickelt, wenn sie nicht
ganz davon ausgeschlossen gewesen wären.

Kleist bietet den „Phöbus" den Verlegern Göschen und Cotta
an, erhält jedoch absagende Antworten, und so geht die Zeitschrift
nach Ablauf des ersten Jahrganges ein. Von Kleists größeren
Dichtungen waren darin erschienen: Teile der „Penthesilea", die
Novelle „Die Marquise von O....", Szenen aus dem „Zerbrochenen Krug", das Fragment des „Robert Guiskard" (alles,
was uns überhaupt erhalten ist), die ersten Akte aus dem „Kätchen
von Heilbronn" und der Anfang des „Michael Kohlhaas" — eine
gewiß recht stattliche Auswahl von Werken ersten Ranges.

Die Buchausgabe der „Penthesilea" erschien im Juli 1808 im
Cottaschen Verlag. Das „K ä t c h e n  v o n  H e i l b r o n n" hatte
Kleist durch Vermittlung des österreichischen Dichters Heinrich von
Collin, der als Beamter des Wiener Hofes intime Beziehungen zum
Burgtheater hatte, dieser Bühne zur Aufführung angeboten und eine
zusagende Antwort erhalten.

## Kleist an Heinrich v. Collin

Dresden, den 8. Dezember 1808

Teuerster Herr v. Collin, das Kätchen von Heilbronn, das, wie ich selbst einsehe, notwendig verkürzt
werden muß, konnte unter keine Hände fallen, denen ich
dies Geschäft lieber anvertraute als den Ihrigen. Verfahren Sie ganz damit, wie es der Zweck Ihrer Bühne
erheischt. Auch die Berliner Bühne, die es aufführt, verkürzt es, und ich selbst werde vielleicht noch für andere
Bühnen ein gleiches damit vornehmen.

Wie gern hätte ich das Wort von Ihnen gehört, das
Ihnen, die Penthesilea betreffend, auf der Zunge zu
schweben schien! Wäre es auch gleich ein wenig streng gewesen! Denn wer das Kätchen liebt, dem kann die Pen-
thesilia nicht ganz unbegreiflich sein, sie gehören ja wie das
Plus und Minus der Algebra zusammen und sind ein
und dasselbe Wesen, nur unter entgegengesetzten Beziehungen gedacht. — Sagen Sie mir dreist, wenn Sie
Zeit und Lust haben, was Sie darüber denken.

Die Aufführung des „Kätchen" in Wien erfolgte am 17. März
1810. In Berlin ist es zu Kleists Lebzeiten nicht über die
Bretter gegangen.

## Tieck über das Kätchen von Heilbronn

Vorwort zu den Hinterlassenen Schriften Kleists

Die alte Romanze von der wundersamen Treu und
Ergebenheit eines weiblichen Wesens gegen den Mann,
den sie liebt, hat der Dichter von neuem auf seine
Weise verwandelt und ein Gemälde gebildet, so ganz vom
reinsten Hauch der Liebe beseelt und erfrischt, so rührend
und bezaubernd, dem Wunder des Märchens und doch zugleich der höchsten Wahrheit so verschwistert, daß es gewiß
als Volksschauspiel immer unter uns leben wird. Der

Charakter dieses Käthchens von Heilbronn und ihres Geliebten, der sein Gefühl für sie kaum sich gestehen will, ist so zart und kräftig, so rührend und erschütternd, daß sich wohl nur wenige Gemüter diesen Eindrücken verschließen können.

## Ein kühner, feuriger Genius

Johannes Falk in der Urania 1812

Hätte dieser reichbegabte, herrliche Kopf weiter nichts geschrieben als seinen Zerbrochenen Krug oder sein Käthchen von Heilbronn: so verdienten, besonders bei der Armut der Deutschen im dramatischen Fach, seine Versuche Aufmerksamkeit, seine Talente Hochachtung. Wäre dem warmen, edlen, biederherzigen, geistvollen Gleim ein Genie wie Kleist in den Weg gelaufen: was meint man wohl, wie er es würde in seinen Arm heraufgejauchzt, hereingejubelt haben! Dagegen wie verkehrt, wie kalt, wie wenig fördernd, wie lieblos ist fast alles, was dieser junge Dichter bis jetzt über seine Produkte öffentlich erfahren hat! Und doch, wie viele Köpfe sind denn dermalen in Deutschland noch übrig, die auch nur eine Seite — was Seite? —, die auch nur eine Periode mit dieser Anmut, mit dieser Originalität, mit dieser Neuheit, mit diesem Feuer im Ausdruck, mit dieser zugleich zarten und ungestümen Glut eines echten Shakespeareschen Pinsels, wie Kleist im Käthchen von Heilbronn, zu schreiben imstande sind? Mag es sein, daß er in diesem Produkt wie in allen seinen übrigen, die Grenzen der Motive überschreitend, zuweilen an das Barocke streift: soll uns denn ein einziger Fehler des trefflichen Mannes gegen alle übrigen Vorzüge, die er besitzt, blind, und der Mittelmäßigkeit, an der heutzutage fast aller öffentliche Weihrauch wie in Pfennigsgaben verräuchert wird, hold und geneigt machen?

## Kleist an Heinrich v. Collin

Dresden, den 1. Januar 1809

Verehrungswürdigster Herr v. Collin,

Sie erhalten in der Anlage ein neues Drama, betitelt: Die Hermannsschlacht, von dem ich wünsche, daß es Ihnen gleichfalls, wie das Kätchen von Heilbronn, ein wenig gefallen möge. Schlagen Sie es gefälligst der K. K. Theaterdirektion zur Aufführung vor. Wenn dieselbe es annehmen sollte, so wünsche ich fast (falls dies noch möglich wäre), daß es früher auf die Bühne käme als das Kätchen; es ist um nichts besser, und doch scheint es mir seines Erfolges sichrer zu sein.

In der „Hermannsschlacht" tritt uns hier ganz plötzlich ein neues großes Werk des Dichters entgegen, das mitten in den Zeitereignissen wurzelt. Ueber seinen Werdegang haben wir keine Andeutung, es wird nirgends vorher von Kleist erwähnt, sind wir ja auch hinsichtlich der Entwicklung der allgemeinen politischen Anschauungen Kleists nur auf spärliche Aeußerungen in seinen Briefen angewiesen. Aus ihren Andeutungen können wir allerdings entnehmen, daß Kleist von einer glühenden Vaterlandsliebe beseelt war, und daß er Napoleon als den Nationalfeind der Deutschen mit Inbrunst haßte. In seiner „Hermannsschlacht" hält er den Deutschen seiner Tage den Spiegel vor und zeigt an dem willkommenen Gleichnis der Befreiung Germaniens von dem römischen Joch, wie Tatkraft, Mut und Einigkeit auch einer scheinbar unbesieglichen Weltherrschaft zu trotzen vermögen. Es war ein Aufruf zum Kampf, aber er eilte der Zeit voraus. Das Stück wurde weder aufgeführt noch gedruckt.


## Kleist an Heinrich v. Collin

Dresden, den 20. April 1809

Teuerster Herr v. Collin,

Die 300 fl. Banknoten sind in Berlin angekommen. Ich habe sie zwar noch nicht erhalten; doch kann ich Ihnen die Quittung darüber nebst meinem ergebensten Dank zustellen.

Ihre mutigen Lieder österreichischer Wehrmänner haben
wir auch hier gelesen. Meine Freude darüber, Ihren
Namen auf dem Titel zu sehen (der Verleger hat es nicht
gewagt, sich zu nennen), war unbeschreiblich. Ich finde auch,
man muß sich mit seinem ganzen Gewicht, so schwer oder
leicht es sein mag, in die Wage der Zeit werfen; Sie
werden inliegend mein Scherflein dazu finden. Geben Sie
die Gedichte, wenn sie Ihnen gefallen, Degen oder wem
Sie wollen, in öffentliche Blätter zu rücken, oder auch einzeln (nur nicht zusammenhängend, weil ich eine größere
Sammlung herausgeben will) zu drucken; ich wollte, ich
hätte eine Stimme von Erz und könnte sie, vom Harz
herab, den Deutschen absingen.

Vorderhand sind wir die Franzosen hier los. Auf die
erste Nachricht der Siege, die die Oesterreicher erfochten,
hat Bernadotte sogleich, mit der sächsischen Armee, Dresden
verlassen, mit einer Eilfertigkeit, als ob der Feind auf
seiner Ferse wäre. Man hat Kanonen und Munitions-
wagen zertrümmert, die man nicht fortschaffen konnte.
Der Marsch, den das Korps genommen hat, geht auf
Altenburg, um sich mit Davoust zu verbinden; doch wenn
die Oesterreicher einige Fortschritte machen, so ist es abgeschnitten. Der König und die Königin haben laut ge-
weint, da sie in den Wagen stiegen. Ueberhaupt spricht
man sehr zweideutig von dieser Abreise. Es sollen die
heftigsten Auftritte zwischen dem König und Bernadotte
vorgefallen sein und der König nur auf die ungeheuersten
Drohungen Dresden verlassen haben. Indes ist alles
darauf gespannt, was geschehen wird, wenn die Armee über
die Grenze rücken soll. Der König soll entschlossen sein,
dies nicht zu tun; und der Geist der Truppen ist in der
Tat so, daß es kaum möglich ist. Ob er alsdann, den
Franzosen so nahe, noch frei sein wird? — ist eine andere
Frage. — Vielleicht erhalten wir einen Pendant zur

Geschichte von Spanien. — Wenn nur die Oesterreicher
erst hier wären!

Doch, wie steht's, mein teuerster Freund, mit der
Hermannsschlacht? Sie können sich leicht denken, wie sehr
mir die Aufführung dieses Stücks, das einzig und allein
auf diesen Augenblick berechnet war, am Herzen liegt.
Schreiben Sie mir bald: es wird gegeben; jede Bedingung
ist mir gleichgültig, ich schenke es den Deutschen; machen
Sie nur, daß es gegeben wird.

Mit herzlicher Liebe und Hochachtung,

Ihr

Heinrich v. Kleist

N. S. Das sächsische Korps ist auf Wägen plötzlich
nach Plauen und von da, wie es heißt, nach Zwickau
aufgebrochen. Was dies bedeuten soll, begreift niemand.
— Im Preußischen ist, mit der größten Schnelligkeit,
alles auf den Kriegsfuß gesetzt worden.        den 23. April

Kleist ist voller Ungeduld; mittelbar oder unmittelbar will er
sich in die Arme der Begebenheiten werfen. Glühendes Verlangen
beseelt ihn, zu seinem Teil an der Befreiung des Vaterlandes mit
beizutragen. Da Oesterreich es wagte, den Kampf gegen Napoleon
aufzunehmen so glaubte Kleist, auch Preußens Stunde sei gekommen,
die Ketten der Fremdherrschaft abzuschütteln. Bei der ersten sich
bietenden Gelegenheit verläßt er tatendurstig Dresden, Friedr. Dahlmann, den späteren Geschichtschreiber und Staatsmann (1785 bis
1860), als Weggenossen neben sich.

## Wanderung in Oesterreich

Fr. v. Dahlmanns Bericht

Den Heinrich v. Kleist lernte ich 1809 kurz nach dem
Ausbruche des Kriegs zwischen Oestreich und Frankreich
kennen. Ich war damals, vierundzwanzig Jahre alt (man
wußte in dieser Napoleonischen Welt nichts mit sich

anzufangen), von Wismar, meiner Vaterstadt, nach
Dresden gegangen, um dort, wie ich mir dachte, Vorträge
über griechische Geschichte vor einem größeren Publikum
zu halten; ein Plan, der vollkommen meiner Unerfahrenheit
entsprach, um so weniger aber meiner Vorbildung und
meiner Unfähigkeit, mich in der Welt geltend zu machen.
An meinen mäßigen Mitteln, die ich noch dazu mehreren-
teils einer liebevollen Schwester verdankte, zehrte ich denn
in der Stille der Pirnaer Vorstadt; meine einzige, zufällig
gemachte Bekanntschaft war der Maler Hartmann, dessen
treue deutsche Gesinnung mich fesselte und mit dem ich
öfter abends spazierenging; wir pflegten uns auf der Elb-
brücke zu treffen. Eines Abends brachte Hartmann den
Kleist mit, den ich bisher nicht kannte. Kaum aber hatten
wir die schöne Brücke betreten, als der gesprächige alte
Böttiger herbeikam und zunächst Hartmann in Beschlag
nahm; die Sache schien nicht enden zu wollen. Ich war
damals jünger und ungeduldiger als jetzt und wandte mich
kurz darauf in leisen Worten an Kleist: „Was meinen
Sie? Ich denke, wir lassen hier den Hartmann mit
Böttiger im Stiche und gehen still unseres Weges weiter;
H. wird uns das nächste Mal darüber heruntermachen,
aber es tut nichts.“ Alsbald gingen wir davon, kehrten
irgendwo ein und verabredeten gleich denselben Abend,
nächster Tage miteinander zu Fuße Dresden zu verlassen
und nach Oestreich zu wandern; denn da einmal der
sächsische Hof sich der schlechten Sache anschließe, sei es
besser, die Zukunft in Prag abzuwarten. Kleist übernahm
die Besorgung des Passes, mit welchem uns der damalige
chargé d'affaires von Oestreich in Dresden, Baron
Buol-Schauenstein, wie ein paar Eheleute aneinander-
band; denn der Paß lautete auf uns beide gemeinsam. Auf
dieser mehrtägigen Wanderung durchdrangen wir eigentlich
einander, ergriffen gegenseitig Besitz von uns, und wir

kamen noch später öfter verwundert darauf zurück, wie so
oft es sich getroffen habe, daß, wenn wir recht lange
schweigend nebeneinander gegangen, dann der eine plötzlich
anfing, von einem ganz entlegenen Gegenstande zu reden,
der doch derselbe war, über den der andere sich eben auslassen wollte. In Prag nahmen wir zwei Zimmer nebeneinander in einem Privathause, wenige Häuser von der
Moldaubrücke, an der kleinen Seite, einem Kaffeehause
gegenüber. Hier wohnte ich mich in Kleists Gedichte ein,
von welchen mir bis dahin das Bruchstück des Robert
Guiskard (Phöbus, April 1808) besonders nahegetreten
war; jetzt tat sich die Handschrift der Hermannsschlacht vor
mir auf, mit allem, was sie Großes, Wildes, Herz und
Nieren Ergreifendes, zuzeiten auch Empörendes an sich
hat. Häufig mußte ich ihm aus seinen Sachen vorlesen, ich
lasse es dahinstehen, ob aus demselben Grunde, den er einmal gegen Hartmann geltend machte, wie dieser mir erzählt hat: „Sie lesen so entsetzlich schlecht, lieber Hartmann, daß, wenn meine Sachen mir dann noch gefallen, sie
gewiß gut sein müssen!“ Genug, ich machte häufig den
Vorleser, auch wenn andere dabei waren; denn Kleist
selber ging ungern daran, weil er bei seiner bedeckten
Stimme und seiner Hast leicht ins Stottern geriet, allein
einzelne Stellen las er mit einem so unwiderstehlichen
Herzensklange der Stimme, daß sie mir noch immer in den
Ohren tönen. Als z. B. die Stelle:

> Wir litten menschlich seit dem Tage,
> Da Varus bei uns eingerückt,
> Wir rächten nicht die erste Plage,
> Mit Hohn auf uns herabgeschickt;
> Wir übten nach der Götter Lehre
> Uns durch viel Jahre im Verzeihn;
> Doch endlich drückt des Joches Schwere,
> Und abgeschüttelt will es sein.

Mit den Leuten, welche Briefe schreiben und geheime Boten schicken, um das Vaterland zu retten, war von dem ungeduldigen Dichter der Tugendbund gemeint. Nichts irriger, als Thusnelden wie ein verfehltes Ideal zu fassen. Kleist pflegte wohl zu sagen: „Sie ist im Grunde eine recht brave Frau, aber ein wenig einfältig, wie die Weiber sind, die sich von den französischen Manieren fangen lassen."

Kleist verschmähte auch das Unschöne nicht, sobald es nur seine Wirkung tat. Manchmal zwar wollte er nach der leidigen Berliner Art auch imponieren, was seine Gediegenheit am wenigsten nötig hatte, zerhackte wohl auch seinen Dialog, weil er sich von dem raschen Redewechsel Wirkung versprach. Am wenigsten sagten mir die nachtwandlerischen und mit dem Magnetismus geschwängerten Ingredienzien in einigen seiner mir sonst lieben Dramen zu, und auch aus dem herrlichen Kohlhaas, in dem sich des Dichters Charakter treu abbildet, wünsche ich einiges verwandter Art hinweg. Hartnäckig und starr, wie Kleist von Grund aus war, gab er mir übrigens niemals recht in meinem Tadel; und ich gestehe es, ich vermag noch diesen Tag nicht wohl einzusehen, daß wir durch den Genuß der Früchte eines reichen Geistes das Recht erwerben, diesem zum Dank seine Wohltaten zu verleiden, indem wir ihm Mißgriffe, die er allenfalls begangen hat, beharrlich vorwerfen. Wie dem denn sei, ich ließ gewöhnlich nach einigem Gebalge ab, beruhigte mich und hielt zu ihm, glaube auch noch diesen Tag, daß, wenn die Witterung des Glücks diesem ungeduldigen Geiste nicht ausgeblieben wäre, wir in Heinrich v. Kleist einen dramatischen Dichter besäßen, wie er dem deutschen Charakter gerade nottäte, kein Sänger des Polsters und der genialischen Ruhe, aber kühn und mit Leidenschaft in die Tiefen des Weltwesens dringend. Kleist hatte Feldzüge und ernste, nicht bloß dilettantische Universitätsstudien gemacht, das habe ich aus seinen Kollegienheften gesehn. Sein Wesen bedurfte des stärkenden Hintergrundes eines gehobnen Vaterlandes, und in Ermangelung desselben, schwächlichen Velleitäten gegenüber, warf er sich manchmal in Träume, die am Ende doch nicht leerer sind als der geheimnisvolle Turm im Wilhelm Meister.

Wie die Zeit weiterging, beschlossen wir, nach Wien zu reisen, und bedachten nicht, daß der Sieger von Regensburg schneller als wir sein werde.

Wir saßen gerade eines frühen Morgens bei unserm Spiele in Stockerau, als der Gastwirt zu uns mit den Worten eintrat: „Was, meine Herren, Sie sitzen beim Spiele und hören nicht, daß die Schlacht angefangen hat?" Es war die von Aspern (21. Mai). Da warfen wir denn freilich alles zusammen. Den Tag nach der Schlacht besuchten wir das Schlachtfeld; der Wirt gab Pferde und Wagen her und fuhr uns selbst. Wie leichten Herzens fühlten wir uns inmitten dieses Anblicks der grauenvollen Zerstörung. Ich verwahre noch jetzt einen Brief, den ich einem toten Franzosen aus der Tasche zog; er war an seine Eltern gerichtet. Niemand störte uns in unserer Wanderung über das Schlachtfeld; wir befanden uns gerade der Lobau gegenüber, als ich den unglücklichen Einfall hatte, einen Bauern, der Kugeln sammelte, zu fragen, ob die Franzosen hier wo eine Brücke gehabt hätten oder ob man den schmalen Arm durchwaten könne? Der ehrliche Mann mochte die Frage so verstehn, als ob ich Lust hätte, auf diesem Wege zu den Franzosen, die noch auf der Lobau standen, zu kommen; kurz, er hielt es für seine Pflicht, Anzeige von den beiden verdächtigen fremdredenden Fußgängern zu machen, und da sahen wir uns denn ziemlich bald nicht bloß unserer Pässe befragt, sondern in förmliche Untersuchung genommen. Hunderte von Soldaten strömten herbei, die einander zuriefen, man habe ein paar französische

Spione gefangen. Da machte es mich nun wahrhaft in-
grimmig, als Kleist von seinen Gedichten hervorzog und
namentlich das vom Kaiser Franz ein paar Offizieren
reichte. Diese tapferen, ehrlichen Leute betrachteten jedes
politische Gedicht als eine unberufene, vorwitzige Ein-
mischung, und als sie nun vollends hinter Kleists Namen
kamen, machten sie mit einer unglaublichen Geringschätzung
der preußischen Waffentaten ihm geradezu die Uebergabe
von Magdeburg durch seine Verwandten zum Vorwurf.
Als wir nun in die Ueberreste von Aspern kamen, wo in
der halbzerstörten Apotheke ein Protokoll aufgenommen
ward, gestaltete sich die Sache dadurch wirklich verdrießlich
für uns, daß Pferde und Wagen, von denen wir gesprochen
hatten, sich nirgend vorfanden. Der Besitzer entschuldigte
sich später gegen uns mit der Ausrede, man habe sein Ge-
spann zur Fortschaffung der Leichen benutzen wollen; da sei
er rasch davongefahren. Das Ende war: wir wurden ins
Hauptquartier des Marschalls Grafen Hiller nach Neu-
stäbl gebracht, und obgleich dieser sich sogleich zurechtfand
und uns mit sehr gütigen Worten empfing, nur daß er
unsere Wanderung auf ein frisches Schlachtfeld hin etwas
verwegen fand, mußten wir uns doch entschließen, todmüde,
wie wir waren, unser nächtliches Unterkommen noch eine
gute Strecke weiter im Dorfe Kageran zu suchen.

Nachdem der Krieg verloren war, trennten die Freunde
sich mit schwerem Herzen.

<br>

Kleist an Friedrich v. Schlegel

Prag, den 13. Juni 1809

Teuerster Herr v. Schlegel,

Durch den Obristburggrafen H. Grf. v. Wallis ist ein
Gesuch, das H. v. Dahlmann und ich um die Erlaubnis, ein
Journal, oder eigentlich ein Wochenblatt, unter dem Titel:
Germania, herausgeben zu dürfen, bei der Regierung

218

eingereicht hatten, Sr. Exz. dem H. Grf. v. Stadion vorgelegt worden. Was dieses Blatt enthalten soll, können
Sie leicht denken; es ist nur ein Gegenstand, über den der
Deutsche jetzt zu reden hat. Wir vereinigen uns beide,
H. v. Dahlmann und ich, Sie zu bitten, bei dem Herrn
Grafen durch Ihre gütige Verwendung das, was etwa
nötig sein möchte, zu tun, um die in Rede stehende Erlaubnis, und zwar so geschwind, als es die Umstände ver-
statten, zu erhalten. Ueberhaupt will ich mit der Eröffnung desselben weiter nichts — (denn ihm persönlich vor-
zustehen, fühle ich mich nur in Ermangelung eines Besseren
gewachsen), als unsern Schriftstellern, und besonders den
norddeutschen, eine Gelegenheit zu verschaffen, das, was
sie dem Volke zu sagen haben, gefahrlos in meine Blätter
rücken zu lassen. Wir selber nennen uns nicht, und mithin
auch keinen anderen, wenn es nicht ausdrücklich verlangt
wird.          Ihr gehorsamster

Heinrich v. Kleist

## Einleitung für die „Germania"

Diese Zeitschrift soll der erste Atemzug der deutschen
Freiheit sein. Sie soll alles aussprechen, was während der
drei letzten unter dem Druck der Franzosen verseufzten
Jahre in den Brüsten wackrer Deutschen hat verschwiegen
bleiben müssen: alle Besorgnis, alle Hoffnung, alles
Elend und alles Glück.

Jetzt oder niemals ist es Zeit, den Deutschen zu sagen,
was sie ihrerseits zu tun haben, um der erhabenen Vormundschaft, die sich über sie eingesetzt hat, allererst würdig
zu werden: und dieses Geschäft ist es, das wir, von der
Lust, am Guten mitzuwirken, bewegt, in den Blättern der
„Germania" haben übernehmen wollen.

Hoch auf den Gipfel der Felsen soll sie sich stellen und den
Schlachtgesang herabdonnern ins Tal! Dich, o Vaterland,

will sie singen und Deine Heiligkeit und Herrlichkeit;
und welch ein Verderben seine Wogen auf Dich heran-
wälzt! Sie will herabsteigen, wenn die Schlacht braust,
und sich, mit hochrot glühenden Wangen, unter die
Streitenden mischen und ihren Mut beleben und ihnen
Unerschrockenheit und Ausdauer und des Todes Verachtung
ins Herz gießen; — und die Jungfrauen des Landes
herbeirufen, wenn der Sieg erfochten ist, daß sie sich nieder-
beugen über die, so gesunken sind, und ihnen das Blut aus
der Wunde saugen. Möge jeder, der sich bestimmt fühlt,
dem Vaterlande auf diese Weise zu ... (Hier bricht die
Handschrift ab.)


## Germania an ihre Kinder

Die des Maines Regionen,
Die der Elbe heitre Au'n,
Die der Donau Strand bewohnen,
Die das Odertal bebaun,
Aus des Rheines Laubensitzen,
Von dem duft'gen Mittelmeer,
Von der Riesenberge Spitzen,
Von der Ost- und Nordsee her!

### Chor

Horchet! — Durch die Nacht, ihr Brüder,
Welch ein Donnerruf hernieder?
    Stehst du auf, Germania?
    Ist der Tag der Rache da?


Deutsche, mut'ger Kinder Reigen,
Die, mit Schmerz und Lust geküßt,
In den Schoß mir kletternd steigen,
Die mein Mutterarm umschließt,

Meines Busens Schutz und Schirmer,
Unbesiegtes Marsenblut,
Enkel der Kohortenstürmer,
Römerüberwinderbrut!

**Chor**

Zu den Waffen!  Zu den Waffen!
Was die Hände blindlings raffen!
    Mit dem Spieße, mit dem Stab,
    Strömt ins Tal der Schlacht hinab!


Wie der Schnee aus Felsenrissen:
Wie auf ew'ger Alpen Höh'n,
Unter Frühlings heißen Küssen,
Siedend auf die Gletscher gehn:
Katarakten stürzen nieder,
Wald und Fels folgt ihrer Bahn,
Das Gebirg hallt donnernd wider,
Fluren sind ein Ozean!

**Chor**

So verlaßt, voran der Kaiser,
Eure Hütten, eure Häuser,
    Schäumt, ein uferloses Meer,
    Ueber diese Franken her!


Der Gewerbsmann, der den Hügeln
Mit der Fracht entgegenzeucht,
Der Gelehrte, der, auf Flügeln,
Der Gestirne Saum erreicht,
Schweißbedeckt das Volk der Schnitter,
Das die Fluren niedermäht,
Und, vom Fels herab, der Ritter,
Der, sein Cherub, auf ihm steht!

**Chor**

Wer, in unzählbaren Wunden,
Jener Fremden Hohn empfunden,
    Brüder, wer ein deutscher Mann,
    Schließe diesem Kampf sich an!

Alle Triften, alle Stätten
Färbt mit ihren Knochen weiß;
Welchen Rab' und Fuchs verschmähten,
Gebet ihn den Fischen preis;
Dämmt den Rhein mit ihren Leichen;
Laßt, gestäufft von ihrem Bein,
Schäumend um die Pfalz ihn weichen,
Und ihn dann die Grenze sein!

Chor

Eine Lustjagd, wie wenn Schützen
Auf die Spur dem Wolfe sitzen!
   Schlagt ihn tot!  Das Weltgericht
   Fragt euch nach den Gründen nicht!


Nicht die Flur ist's, die zertreten
Unter ihren Rossen sinkt;
Nicht der Mond, der, in den Städten,
Aus den öden Fenstern blinkt;
Nicht das Weib, das, mit Gewimmer,
Ihrem Todeskuß erliegt,
Und zum Lohn, beim Morgenschimmer,
Auf den Schutt der Vorstadt fliegt!

Chor

Das Geschehne sei vergessen;
Reue mög' euch ewig pressen!
   Höh'rem, als der Erde Gut,
   Schwillt, an diesem Tag, das Blut!


Rettung von dem Joch der Knechte,
Das, aus Eisenerz geprägt,
Eines Höllensohnes Rechte
Ueber unsern Nacken legt;
Schutz den Tempeln vor Verheerung;
Unsrer Fürsten heil'gem Blut
Unterwerfung und Verehrung:
Gift und Dolch der Afterbrut!

Frei, auf deutschem Grunde, walten
Laßt uns, nach dem Brauch der Alten,
Seines Segens selbst uns freun:
Oder unser Grab ihn sein!


## Kleist an Ulrike

Prag, den 17. Juli 1809

Noch niemals, meine teuerste Ulrike, bin ich so erschüttert gewesen wie jetzt. Nicht sowohl über die Zeit — denn das, was eingetreten ist, ließ sich, auf gewisse Weise, vorhersehen; als darüber, daß ich bestimmt war, es zu überleben. Ich ging aus Dresden weg, wie Du weißt, in der Absicht, mich mittelbar oder unmittelbar in den Strom der Begebenheiten hineinzuwerfen; doch in allen Schritten, die ich dazu tat, auf die seltsamste Weise konterkarriert, war ich genötigt, hier in Prag, wohin meine Wünsche gar nicht gingen, meinen Aufenthalt zu nehmen. Gleichwohl schien sich hier, durch Buol und durch die Bekanntschaften, die er mir verschaffte, ein Wirkungskreis für mich eröffnen zu wollen. Es war die schöne Zeit nach dem 21. und 22. Mai, und ich fand Gelegenheit, einige Aufsätze, die ich für ein patriotisches Wochenblatt bestimmt hatte, im Hause des Grafen v. Kollowrat vorzulesen. Man faßte die Idee, dieses Wochenblatt zustandezubringen, lebhaft auf. Andere übernahmen es, statt meiner, den Verleger herbeizuschaffen, und nichts fehlte als eine höhere Bewilligung, wegen welcher man geglaubt hatte, einkommen zu müssen. Solange ich lebe, vereinigte sich noch nicht so viel, um mich eine frohe Zukunft hoffen zu lassen; und nun vernichten die letzten Vorfälle nicht nur diese Unternehmung — sie vernichten meine ganze Tätigkeit überhaupt.

Ich bin gänzlich außerstande, zu sagen, wie ich mich jetzt
fassen werde. Ich habe Gleißenberg geschrieben, ein paar
ältere Manuskripte zu verkaufen; doch das eine wird, wegen
seiner Beziehung auf die Zeit, schwerlich einen Verleger,
und das andere, weil es keine solche Beziehung hat, wenig
Interesse finden. Kurz, meine teuerste Ulrike, das ganze
Geschäft des Dichtens ist mir gelegt; denn ich bin, wie ich
mich auch stelle, in der Alternative, die ich Dir soeben
angegeben habe.


## Die tiefste Erniedrigung

Wehe, mein Vaterland, dir!  Das Lied dir zum Ruhme
                                            zu singen,
    Ist, getreu dir im Schoß, mir, deinem Dichter,
                                            verwehrt!


Kleist hat sich während der nächsten Monate wahrscheinlich in
Prag aufgehalten; bestimmte Nachrichten für diese Zeit fehlen;
er ist für seine Verwandten und Freunde verschollen. Ende November 1809 finden wir ihn in Frankfurt a. d. O. Anfang 1810
siedelt er endgültig nach Berlin über.


## In Frankfurt a. d. O.

Nach E. v. Bülow

Im Jahre 1809 sah ihn die Schwester seiner Braut
zum letztenmal in Frankfurt a. d. O. wieder, verstimmt und
gebeugt durch das fortwährende Unglück des Vaterlandes,
sowie tief gekränkt, daß seine im Druck erschienenen Dichtungen so wenig Eingang im Publikum gefunden hatten.
Er sagte ihr eines Tages eine Strophe aus einem Gedichte
her, welche ihr sehr gefiel, und sie fragte ihn, von wem
das sei. Darüber schlug er sich mit beiden Händen vor die
Stirne und sagte in tiefstem Schmerz: Auch Sie kennen
es nicht? O mein Gott! Warum mache ich denn Gedichte?

224

# Die Katastrophe

Im Januar 1810 war Kleist nach Berlin gekommen, um noch einmal, nach dem Scheitern aller Pläne, in der Hauptstadt sein Glück zu versuchen. Es war ein Kampf um die nackte Existenz. Sein eigenes kleines Vermögen war längst verbraucht; Ulrike hatte hilfsbereit geborgt, so oft sie darum angegangen war; aber auch diese Quelle war nicht unerschöpflich. So suchte Kleist sich als Schriftsteller und Journalist durchzuschlagen, da die Beamtenlaufbahn ihm verschlossen war. Keineswegs jedoch gibt er den Kampf mit dem widrigen Schicksal von vornherein auf, wie man oft behauptet hat. Er arbeitet mit Hingabe und großem Eifer, schreibt für die seit Oktober 1810 von ihm herausgegebenen „Abendblätter" Aufsätze, Anekdoten, Erzählungen und dichtet, wie wir erfahren, an einem größeren Roman, von dem sich leider keine Zeile, nicht einmal der Titel, erhalten hat. Die Einnahmen Kleists aus seinen literarischen Arbeiten waren jedoch recht gering. Die letzten Dichtungen erwiesen sich als überhaupt unverwertbar. Die Hermannsschlacht wagte kein Verleger zu bringen, und auch die auf den Anfang 1810 vollendeten Prinzen von Homburg gesetzten Hoffnungen blieben unerfüllt; das Drama wurde zu Lebzeiten Kleists nicht gedruckt. So versuchte er die älteren Werke auszunutzen. Georg Reimer wurde sein Verleger. Er übernahm die Erzählungen und zahlte für den ersten Band 50 Thaler als Honorar, ferner das Kätchen von Heilbronn (75 Thaler), den Zerbrochenen Krug und einen zweiten Band Erzählungen. Der Versuch, das Kätchen am Berliner Nationaltheater zur Aufführung anzubringen, mißglückte; Iffland, sein allmächtiger Direktor, gab das Stück zurück, ohne es überhaupt gelesen zu haben. Man begreift, daß dieser Dichter „nicht glänzend angetan und düster vor sich hinblickend" durch die Straßen schritt, wie uns Gubitz berichtet.

## Clemens Brentano an W. Grimm

Anfang April 1810

Unsere Tischgesellschaft* hat sich jetzt sehr vermehrt. Der Poet Kleist, den Müller einmal totgesagt und, nachdem er ihn hier wieder besucht und darauf aufs Land gegangen, mir als einen plötzlich mystisch Verschwundenen angekündigt, ist frisch und gesund unser Mitesser, ein untersetzter Zweiunddreißiger, mit einem erlebten runden stumpfen Kopf, gemischt launigt, kindergut, arm und fest. Was mich ängstigt, ist, daß er sehr, sehr schwer und mühsam arbeitet.

## Achim v. Arnim an W. Grimm

Anfang April 1810

Kleist ist angekommen, eine sehr eigentümliche, ein wenig verdrehte Natur, wie das fast immer der Fall, wo sich Talent aus der alten preußischen Montierung durcharbeitete.

Er ist der unbefangenste, fast zynische Mensch, der mir lange begegnet, hat eine gewisse Unbestimmtheit in der Rede, die sich dem Stammern nähert und in seinen Arbeiten durch stetes Ausstreichen und Abändern sich äußert. Er lebt sehr wunderlich, oft ganze Tage im Bette, um da ungestörter bei der Tabakspfeife zu arbeiten.

## Kleist an den Verleger Georg Reimer

Berlin, den 10. August 1810

Lieber Herr.

Wollen Sie mein Drama, das Kätchen von Heilbronn, zum Druck übernehmen? Es ist den 17., 18. und 19. März auf dem Theater an der Wien während der

---

* Die christlich-deutsche Tischgesellschaft, eine Gruppe von preußischen Patrioten, der viele der bedeutendsten Männer Berlins angehörten, wie Clausewitz, Fichte, Fürst Radziwill, Savigny, E. v. Pfuel, Stägemann usw.

Vermählungsfeierlichkeiten zum erstenmal gegeben und auch seitdem häufig, wie mir Freunde sagen, wiederholt worden. Ich lege Ihnen ein Stück, das, glaube ich, aus der Nürnberger Zeitung ist, vor, worin dessen Erwähnung geschieht. Auch der Moniteur und mehrere andere Blätter haben darüber Bericht erstattet. Die hiesige Zeitungsredaktion hat den inliegenden Artikel abgedruckt, und von ihr ist es, daß ich ihn erhalten habe.

Ihr gehorsamster H. v. Kleist

Berlin, den 11. August 1810

Hier erfolgt das Kätchen von Heilbronn. Ich wünsche
1. zu Montag früh Bescheid,
2. hübschen Druck und daß es auf die Messe kömmt;
3. Honorar überlasse ich Ihnen, wenn es nur gleich gezahlt wird.

H. v. K.

Berlin, den 12. August 1810

In den Heften, liebster Reimer, die Sie mir geschickt haben, finde ich die Erzählung nicht. Es ist mir höchst unangenehm, daß Ihnen diese Sache so viel Mühe macht. Hierbei erfolgt inzwischen die Marquise v. O ... — Was das Kätchen betrifft, so habe ich, meines Wissens, gar keine Forderung getan; und wenn ich wiederhole, daß ich es ganz und gar Ihrem Gutbefinden überlasse, so ist das keine bloße Redensart, durch welche, auf verdeckte Weise, etwas Unbescheidenes gefordert wird; sondern, da ich gar wohl weiß, wie es mit dem Buchhandel steht, so bin ich mit 80, ich bin mit 60 Talern völlig zufrieden. Wenn es nur für diese Messe gedruckt wird.

Ihr H. v. Kleist

Berlin, den 13. August 1810

Mein lieber Freund,

Die Zeiten sind schlecht, ich weiß, daß Sie nicht viel geben können, geben Sie, was Sie wollen, ich bin mit allem zufrieden, nur geben Sie es gleich. — Ihre Erinnerungen sollen mir von Herzen willkommen sein.

H. v. Kleist

Berlin, Ende August 1810

Lieber Herr.

Ich schicke Ihnen das Fragment vom Kohlhaas und denke, wenn der Druck nicht zu rasch vor sich geht, den Rest zu rechter Zeit nachliefern zu können.

Es würde mir lieb sein, wenn der Druck so wohl ins Auge fiele, als es sich, ohne weiteren Kostenaufwand, tun läßt, und schlage etwa den Persiles* vor.

Der Titel ist: Moralische Erzählungen von Heinrich von Kleist.

Ihr treuer und ergebener

H. v. K.

Gemeinsam mit Adam Müller, deſſentwegen Kleist, nach seiner eigenen Aeußerung, hauptsächlich nach Berlin gekommen war, gab Kleist vom ersten Oktober 1810 ab eine Tageszeitung heraus unter dem Titel „Berliner Abendblätter". Das Blatt hatte anfangs, infolge seiner freiheitlichen Haltung, guten Erfolg. Es erschien täglich, während die beiden anderen Berliner Zeitungen, die Vossische und die Spenersche, nur dreimal wöchentlich herauskamen. Außerdem brachte es die Neuerung, daß es, im Gegensatz zu den anderen Blättern, abends ausgegeben wurde.

------

* Roman von Cervantes, bei Reimer in deutscher Uebertragung 1808 erschienen.

F. A. v. Stägemann an J. G. Scheffner



Heinrich v. Kleist redigiert jetzt ein Abendblättchen, welches so gelesen wird, daß vor einigen Tagen Wache nötig war, um das andringende Publikum vom Stürmen des Hauses des Verlegers abzuhalten. Diesen Reiz gibt ihm die Aufnahme der Polizeinachrichten, die der Polizeipräsident aus Freundschaft suppeditiert.

Der Erfolg war jedoch nicht von großer Dauer. Zensurschwierigkeiten stellten sich ein, da Adam Müller das Blatt zum Sprachrohr ultrakonservativer Anschauungen und reaktionärer Bestrebungen machte. Die anfangs gegebenen offiziellen „Mitteilungen über alle bedeutenden, das Gemeinwohl und die öffentliche Sicherheit betreffenden Ereignisse in dem ganzen Umfang der Monarchie" blieben aus. Die Aufnahme politischer Artikel wurde verboten, und selbst auf dem Gebiete der Theaterkritik wurden die Beschränkungen durch die Zensur so stark, daß die Zeitung jeden eigenen Charakter verlor und sich mit Nachdrucken aus den übrigen Tagesblättern begnügen mußte. Es ist zu verstehen, daß das Interesse des Publikums an dem neuen Unternehmen erlosch. Damit war der Untergang der „Abendblätter" besiegelt; sie stellten am 30. März 1811 mit dem Ablauf des 2. Quartals ihr Erscheinen ein.

## An Friedrich de la Motte Fouqué

### Mein liebster Fouqué,

Ihre liebe, freundliche Einladung, nach Nennhausen hinauszukommen und daselbst den Lenz aufblühen zu sehen, reizt mich mehr, als ich es sagen kann. Fast habe ich ganz und gar vergessen, wie die Natur aussieht. Noch heute ließ ich mich, in Geschäften, die ich abzumachen hatte, zwischen dem Ober- und Unterbaum über die Spree setzen; und die Stille, die mich plötzlich in der Mitte der Stadt umgab, das Geräusch der Wellen, die Winde, die mich anwehten, es ging mir eine ganze Welt erloschener Empfindungen wieder auf.

Inzwischen macht mir eine Entschädigungsforderung, die ich wegen Unterdrückung des Abendblatts an den Staatskanzler gerichtet habe, und die ich gern durchsetzen möchte, unmöglich, Berlin in diesem Augenblick zu verlassen. Der Staatskanzler hat mich, durch eine unerhörte und ganz willkürliche Strenge der Zensur, in die Notwendigkeit gesetzt, den ganzen Geist der Abendblätter in bezug auf die öffentlichen Angelegenheiten, umzuändern; und jetzt, da ich, wegen Nichterfüllung aller mir deshalb persönlich und durch die dritte Hand gegebenen Versprechungen, auf eine angemessene Entschädigung dringe: jetzt leugnet man mir, mit erbärmlicher diplomatischer List, alle Verhandlungen, weil sie nicht schriftlich gemacht worden sind, ab. Was sagen Sie zu solchem Verfahren, liebster Fouqué? Als ob ein Mann von Ehre, der ein Wort, ja, ja, nein, nein, empfängt, seinen Mann dafür nicht ebenso ansähe, als ob es, vor einem ganzen Tisch von Räten und Schreibern, mit Wachs und Petschaft abgefaßt worden wäre? Auch bin ich, mit meiner dummen deutschen Art, bereits eben so weit gekommen, als nur ein Punier hätte kommen können; denn ich besitze eine Erklärung, ganz wie ich sie wünsche, über die Wahrhaftigkeit meiner Behauptung, von den Händen des Staatskanzlers selbst. — Doch davon ein Mehreres, wenn ich bei Ihnen bin, welches geschehen soll, sobald diese Sache ein wenig ins Reine ist.

Was schenken Sie uns denn für diese Messe? Wie gern empfinge ich es von Ihnen selbst, liebster Fouqué; ich meine, von Ihren Lippen, an Ihrem Schreibtisch, in der Umringung Ihrer teuren Familie! Denn die Erscheinung, die am meisten, bei der Betrachtung eines Kunstwerks, rührt, ist, dünkt mich, nicht das Werk selbst, sondern die Eigentümlichkeit des Geistes, der es hervorbrachte und der sich, in unbewußter Freiheit und Lieblichkeit, darin entfaltet.

Nehmen Sie gleichwohl das Inliegende*, wenn Sie es in
diesem Sinne lesen wollen, mit Schonung und Nachsicht auf.
Es kann auch, aber nur für einen sehr kritischen Freund,
für eine Tinte meines Wesens gelten; es ist nach dem Teniers
gearbeitet, und würde nichts wert sein, käme es nicht von
einem, der in der Regel lieber dem göttlichen Raffael
nachstrebt. Adieu! Es bleibt grade noch ein Platz zu
einem Gruß an Fr. v. Briest, den ich hiermit gehorsamst
bestelle.

H. v. Kleist

den 25. April 1811


## Kleist an Friedrich Wilhelm III.

Großmächtigster,

Allergnädigster König und Herr,

Ew. Königlichen Majestät erhabenem Thron unterstehe
ich mich, in einem Fall, der für mein ferneres Fortkommen
im Vaterlande von der höchsten Wichtigkeit ist, mit folgender untertänigsten Bitte um allerhöchste Gerechtigkeit,
zu nahen. Se. Exzellenz, der Herr Staatskanzler, Freiherr v. Hardenberg, ließen mir im November vorigen
Jahres, bei Gelegenheit eines in dem Journal: das
Abendblatt, enthaltenen Aufsatzes, der das Unglück hatte,
denenselben zu mißfallen, durch den damaligen Präsidenten der Polizei, H. Gruner, und später noch einmal

---

* Die Buchausgabe des „Zerbrochenen Krugs", die soeben erschienen war.

wiederholentlich durch den Herrn Regierungsrat v. Raumer[*],
die Eröffnung machen, daß man dies Institut mit Geld
unterstützen wolle, wenn ich mich entschließen könne, dasselbe so, wie es den Interessen der Staatskanzlei gemäß
wäre, zu redigieren. Ich, der keine anderen Interessen, als
die Ew. Königlichen Majestät, welche, wie immer, so auch
diesmal, mit denen der Nation völlig zusammenfielen,
berücksichtigte, weigerte mich anfangs, auf dieses Anerbieten einzugehen; da mir jedoch, infolge dieser Verweigerung, von seiten der Zensurbehörde solche Schwierigkeiten in den Weg gelegt wurden, die es mir ganz unmöglich machten, das Blatt in seinem früheren Geiste fort-
zuführen, so bequemte ich mich endlich notgedrungen in
diesen Vorschlag: leistete aber in einem ausdrücklichen
Schreiben an den Präsidenten, H. Gruner, vom 8. Dezember v. J. auf die mir angebotene Geldunterstützung
ehrfurchtsvoll Verzicht und bat mir bloß zu einiger
Entschädigung wegen beträchtlich dadurch verminderten
Absatzes, der zu erwarten war, die Lieferung offizieller,
das Publikum interessierender Beiträge von den Landes-
behörden aus. Von dem Augenblick an, da Se. Exzellenz
mir dies versprachen, gab das Blatt den ihm eigenen Charakter von Popularität gänzlich auf; dasselbe trat unter
unmittelbare Aufsicht der Staatskanzlei, und alle Aufsätze,
welche die Staatsverwaltung und Gesetzgebung betrafen,
gingen zur Prüfung des Herrn Regierungsrats von
Raumer. Gleichwohl blieben jene offiziellen Beiträge,
ohne welche, bei so verändertem Geiste, das Blatt auf
keine Weise bestehen konnte, gänzlich aus; und obschon ich
weit entfernt bin, zu behaupten, daß Se. Exzellenz Absicht
war, dies Blatt zugrundezurichten, so ist doch gewiß, daß
die gänzliche Zugrunderichtung desselben, infolge jener

---

[*] Friedrich Raumer (1781—1873), der bekannte Historiker.

ausbleibenden offiziellen Beiträge, erfolgte, und daß mir
daraus ein Schaden von nicht weniger als 800 Thalern
jährlich erwuchs, worauf das Honorar mit meinem Verleger festgesetzt war.  Wenn ich nun gleich, wie schon erwähnt, anfangs jede Geldunterstützung gehorsamst von
mir ablehnte, so war doch nichts natürlicher, als daß ich
jetzt, wegen des Verlusts meines ganzen Einkommens,
wovon ich lebte, bei Sr. Erzellenz um eine Entschädigung
einkam.  Aber wie groß war mein Befremden, zu sehen,
daß man jene Verhandlungen mit der Staatskanzlei, auf
welche ich mich berief, als eine lügenhafte Erfindung von
mir behandelte und mir, als einem Zudringlichen, Unbe-
scheidenen und Ueberlästigen, mein Gesuch um Entschädigung gänzlich abschlug! Se. Erzellenz haben nun zwar,
auf diejenigen Schritte, die ich deshalb getan, in ihrem
späterhin erfolgten Schreiben vom 18. April d. J., im
allgemeinen mein Recht, eine Entschädigung zu fordern,
gnädigst anerkannt; über die Entschädigung selbst aber, die
man mir durch eine Anstellung zu bewirken einige Hoffnung
machte, ist, so dringend meine Lage auch solches erfordert,
bis diesen Augenblick noch nichts verfügt worden, und ich
dadurch schon mehr als einmal dem traurigen Gedanken
nahegebracht worden, mir im Ausland mein Fortkommen
suchen zu müssen.  Zu Ew. Königlichen Majestät Gerechtigkeit und Gnade flüchte ich mich nun mit der aller-
untertänigsten Bitte, Sr. Erzellenz, dem H. Staatskanzler,
aufzugeben, mir eine Anstellung im Zivildienst anweisen zu
lassen, oder aber, falls eine solche Stelle nicht unmittelbar,
wie sie für meine Verhältnisse paßt, auszumitteln sein sollte,
mir wenigstens unmittelbar ein Wartegeld auszusetzen, das,
statt jenes besagten Verlusts, als eine Entschädigung
gelten kann. Auf diese allerhöchste Gnade glaube ich um
so mehr einigen Anspruch machen zu dürfen, da ich durch
den Tod der verewigten Königin Majestät, welche meine

unvergeßliche Wohltäterin war, eine Pension verloren
habe, welche Höchstdieselbe mir, zur Begründung einer
unabhängigen Existenz und zur Aufmunterung in meinen
literarischen Arbeiten, aus ihrer Privatschatulle aus-
zahlen ließ.

Der ich in der allertiefsten Unterwerfung und Ehrfurcht
ersterbe,

Ew. Königlichen Majestät,

alleruntertänigster

Heinrich v. Kleist

Berlin, den 17. Juni 1811

## Raumers Darstellung

In den Lebenserinnerungen

In den von Müller und Kleist herausgegebenen „Abend-
blättern" erschien ein hämischer Angriff auf die soeben be-
stätigten Gesetze, und der König erließ deshalb unmittelbar
eine Zurechtweisung an die Polizei. Auch diese sollte von
mir herrühren, obgleich ich von dem ganzen Hergang nichts
wußte. Nun steckte sich Müller hinter den sehr gutmütigen
Kleist, um mich durch alle Stufen von Drohungen (bis zum
Zweikampfe) zu seinem Willen zu zwingen. Der hieran sich
reihende Briefwechsel schließt damit, daß Kleist erklärte: er
sei zu allem induziert und vertraue, ich würde ihm edelmütig
alles vergeben. In der Tat konnte ich dem wohlwollenden,
talentvollen, bloß verlockten Kleist nicht zürnen und habe
ihm dies in späteren Gesprächen herzlich gesagt; leider
war ich aber gar nicht imstande, etwas Erhebliches für ihn
zu tun, was vielleicht seine schon längst eingewurzelte
Melancholie gemildert und ihm ein heiteres Leben ver-
schafft hätte.

## Kleist an Fouqué

### Mein liebster Fouqué,

Zum Dank für das liebe, freundliche Geschenk, das Sie
mir mit Ihren Schauspielen und Ihre Frau Gemahlin
mit ihren kleinen Romanen gemacht haben, übersende
ich Ihnen diesen soeben fertiggewordenen zweiten Band
meiner Erzählungen. Möge er Ihnen nur halb so viel
Vergnügen machen, als mir die vortrefflichen Erzählungen
Ihrer Frau Gemahlin, in welchen die Welt der Weiber
und Männer wunderbar gepaart ist, gemacht haben. Auch
Ihren vaterländischen Schauspielen bin ich einen Tag der
herzlichsten Freude schuldig; besonders ist eine Vergiftungs-
szene im Waldemar mit wahrhaft großem und freien dramatischen Geiste gedichtet und gehört zu dem Muster-
haftesten in unserer deutschen Literatur. Wenn es Ihnen
recht ist, so machen wir einen Vertrag, uns alles, was wir
in den Druck geben, freundschaftlich mitzuteilen; es
soll an gutem Willen nicht fehlen, mein Geschenk dem
Ihrigen, so viel es in meinen Kräften steht, gleichzu-
machen. Vielleicht kann ich Ihnen in kurzem gleichfalls
ein vaterländisches Schauspiel, betitelt: der Prinz von
Homburg vorlegen, worin ich auf diesem, ein wenig
dürren, aber eben deshalb, fast möcht' ich sagen, reizenden
Felde, mit Ihnen in die Schranken trete. Geschäfte, der
unangenehmsten und verwickeltsten Art, haben mich für
diesen Sommer abgehalten, Ihnen in Nennhausen meine
Aufwartung zu machen; inzwischen kommt es mir vor,
als ob eine Verwandtschaft zwischen uns prästabilitiert
wäre, die sich in kurzer Zeit gar wunderbar entwickeln
müßte, und es gehört zu meinen liebsten Wünschen, dies
noch im Laufe dieses Herbstes zu versuchen. Vielleicht,
mein liebster Fouqué, wenn Sie zu Hause bleiben,

erscheine ich noch ganz unvermutet bei Ihnen und erinnere
Sie an die freundschaftliche Einladung, die Sie mir zu
wiederholtem Male gemacht und nun vielleicht schon wieder
vergessen haben. Meine gehorsamste Empfehlung an Ihre
Frau Gemahlin, sowie an Frl. v. Luck und alle übrigen,
in deren Andenken ich stehe; wenn Sie, wie man hier sagt,
nach Berlin kommen sollten, so werden Sie nicht vergessen,
Ihre Gegenwart auf einen Augenblick zu schenken

Ihrem

treuesten und ergebensten

H. v. Kleist

Berlin, den 15. August 1811


## Kleist an Marie v. Kleist

Berlin, August 1811

Das Leben, das ich führe, ist seit Ihrer und A. Müllers
Abreise gar zu öde und traurig*. Auch bin ich mit den
zwei oder drei Häusern, die ich hier besuchte, seit der letzten
Zeit ein wenig außer Verbindung gekommen und fast
täglich zu Hause, vom Morgen bis auf den Abend, ohne auch
nur einen Menschen zu sehen, der mir sagte, wie es in
der Welt steht. Sie helfen sich mit Ihrer Einbildung und
rufen sich aus allen vier Weltgegenden, was Ihnen lieb
und wert ist, in Ihr Zimmer herbei. Aber diesen Trost,
wissen Sie, muß ich unbegreiflich unseliger Mensch entbehren. Wirklich, in einem so besonderen Falle ist noch
vielleicht kein Dichter gewesen. So geschäftig dem weißen
Papier gegenüber meine Einbildung ist und so bestimmt
in Umriß und Farbe die Gestalten sind, die sie alsdann

---

* Marie v. Kleist hielt sich seit Ende Mai oder Anfang Juni
auf Groß-Gievitz in Mecklenburg bei Verwandten auf.

hervorbringt, so schwer, ja ordentlich schmerzhaft ist es
mir, mir das, was wirklich ist, vorzustellen. Es ist,
als ob diese, in allen Bedingungen angeordnete Bestimmt-
heit, meiner Phantasie im Augenblick der Tätigkeit selbst
Fesseln anlegte. Ich kann, von zu vielen Formen ver-
wirrt, zu keiner Klarheit der innerlichen Anschauung
kommen; der Gegenstand, fühle ich unaufhörlich, ist kein
Gegenstand der Einbildung: mit meinen Sinnen in der
wahrhaftigen, lebendigen Gegenwart möchte ich ihn durchdringen und begreifen. Jemand, der anders hierüber denkt,
kommt mir ganz unverständlich vor; er muß Erfahrungen
gewonnen haben, ganz abweichend von denen, die ich
darüber gemacht habe. Das Leben mit seinen zudringlichen,
immer wiederkehrenden Ansprüchen reißt zwei Gemüter
schon in dem Augenblicke der Berührung so vielfach auseinn-
ander, um wie viel mehr, wenn sie getrennt sind. An ein
Näherrücken ist gar nicht zu denken; und alles, was man gewinnen kann, ist, daß man auf dem Punkt bleibt, wo man
steht. Und dann der Trost in verstimmten und trübseligen
Augenblicken, deren es heutzutage so viel gibt, fällt ganz
und gar weg. Kurz, Müller, seitdem er weg ist, kömmt mir
wie tot vor, und ich empfinde auch ganz denselben Gram
um ihn, und, wenn ich nicht wüßte, daß Sie wiederkommen
werden, würde mir es mit Ihnen ebenso ergehn.


Kleist an Marie von Kleist

Berlin, August 1811

Wenn ich doch zu Ihren Füßen sinken könnte, meine
teuerste Freundin, wenn ich doch Ihre Hände ergreifen
und mit tausend Küssen bedecken könnte, um Ihnen den
Dank für Ihren lieben teuren Brief auszudrücken. Das

lange Ausbleiben desselben hatte mir die Besorgnis erweckt, daß es Ihre Absicht sein könnte, mir gar nicht mehr zu schreiben; in der Tat hatte ich es verdient, und ich war darauf gefaßt, wie man auf das Trostloseste, das über ein Menschenleben kommen kann, gefaßt sein kann. Mehreremal, wenn ich auf den Gedanken geriet, daß Sie vielleicht einen Brief von mir erwarteten, hatte ich die Feder ergriffen, um Ihnen zu schreiben; aber die gänzliche Unfähigkeit, mich anders als durch die Zukunft auszusprechen, machte sie mir immer wieder aus den Händen fallen. Denn die Entwickelung der Zeit und der Anteil, den ich daran nehmen werde, ist das Einzige, was mich wegen des Vergangenen mit Ihnen versöhnen kann; erst wenn ich tot sein werde, kann ich mir denken, daß Sie mit dem vollen Gefühl der Freundschaft zu mir zurückkehren werden. Endlich gestern komme ich zu Hause und finde einen Brief so voll von Vergebung — ach, was sage ich, Vergebung? so voll von Güte und Milde, als ob ich gar keine Schuld gegen Sie hätte, als ob in Ihrer Brust auch nicht der mindeste Grund zum Unwillen gegen mich vorhanden wäre. Sagen Sie mir, wodurch habe ich so viele Liebe verdient? Oder habe ich sie nicht verdient, und schenken Sie sie mir bloß, weil Sie überhaupt nicht hassen können, weil Sie alles, was sich Ihrem Kreise nähert, mit Liebe umfassen müssen? Nun, der Himmel lohne Ihnen diesen Brief, der mir, seit Ihrer Abreise, wieder den ersten frohen Lebensaugenblick geschenkt hat. Ich würde Ihnen den Tod wünschen, wenn Sie zu sterben brauchten, um glücklich zu werden; es scheint mir, als ob Sie, bei solchen Empfindungen, das Paradies in Ihrer Brust mit sich herumtragen müßten.

Unsere Verhältnisse sind hier, wie Sie vielleicht schon wissen werden, friedlicher als jemals; man erwartet den Kaiser Napoleon zum Besuch, und wenn dies geschehen sollte, so werden vielleicht ein paar Worte ganz leicht und geschickt alles lösen, worüber sich hier unsere Politiker die Köpfe zerbrechen. Wie diese Aussicht auf mich wirkt, können Sie sich leicht denken; es ist mir ganz stumpf und dumpf vor der Seele, und es ist auch nicht ein einziger Lichtpunkt in der Zukunft, auf den ich mit einiger Freudigkeit und Hoffnung hinaussähe. Vor einigen Tagen war ich noch bei Gneisenau und überreichte ihm nach Ihrem Rat ein paar Aufsätze, die ich ausgearbeitet hatte; aber dies alles scheint nur, wie der Franzose sagt, moutarde après diner. Wirklich ist es sonderbar, wie mir in dieser Zeit alles was ich unternehme zugrundegeht; wie sich mir immer, wenn ich mich einmal entschließen kann einen festen Schritt zu tun, der Boden unter meinen Füßen entzieht. Gneisenau ist ein herrlicher Mann; ich fand ihn abends, da er sich eben zu einer Abreise anschickte, und war in einer ganz freien Entfaltung des Gesprächs nach allen Richtungen hin wohl bis um zehn Uhr bei ihm. Ich bin gewiß, daß, wenn er den Platz fände, für den er sich geschaffen und bestimmt fühlt, ich irgendwo in seiner Umringung den meinigen gefunden haben würde. Wie glücklich würde mich dies in der Stimmung, in der ich jetzt bin, gemacht haben! Denn es ist eine Lust, bei einem tüchtigen Manne zu sein; Kräfte, die in der Welt nirgends mehr an ihrem Orte sind, wachen in solcher Nähe und unter solchem Schutze wieder zu einem neuen freudigen Leben auf. Doch daran ist nach allem, was man hier hört, kaum mehr zu denken.

Wozu raten Sie mir denn, meine teuerste Freundin, falls auch diese Aussicht, die sich mir eröffnete, wieder vom Winde verweht würde? Soll ich, wenn ich das Geld von Ulriken erhalte, nach Wien gehen? Und werde ich es erhalten? — Ich gestehe, daß ich mit ebenso viel Lust, bei Regen und Schneegestöber, in eine ganz finstere Nacht hinausgehen würde, als nach dieser Stadt. Nicht, als ob

sie mir an und für sich, widerwärtig wäre; aber es scheint
mir trostlos, daß ich es nicht beschreiben kann, immer an
einem anderen Orte zu suchen, was ich noch an keinem,
meiner eigentümlichen Beschaffenheit wegen, gefunden
habe. Gleichwohl sind die Verhältnisse, in die ich dort eintreten könnte, von mancher Seite vorteilhaft: es läßt sich
denken, daß meine Liebe zur Kunst dort von neuem wieder
aufwachte — und auf jeden Fall ist gewiß, daß ich hier
nicht länger bestehen kann. Sprechen Sie ein Wort,
meine teuerste Freundin, sprechen Sie ein bestimmtes Wort,
das mich entscheide; ich bin schon so gewohnt, alles auf
Ihre Veranlassung und Ihren Anstoß zu tun, daß ich die
Kraft, mich selbst zu entscheiden, fast ganz entbehre.

Und nun leben Sie wohl, meine teuerste Freundin; ich
sinke noch einmal zu Ihren Füßen nieder und küsse Ihre
Hand für Ihren Brief; beschenken Sie mich bald wieder
mit einem!

H. v. K.

## Kleist an Marie von Kleist

Berlin, August 1811

Ich fühle, daß mancherlei Verstimmungen in meinem
Gemüt sein mögen, die sich in dem Drang der wider-
wärtigen Verhältnisse, in denen ich lebe, immer noch mehr
verstimmen, und die ein recht heiterer Genuß des Lebens,
wenn er mir einmal zuteil würde, vielleicht ganz leicht
harmonisch auflösen würde. In diesem Falle würde ich die
Kunst vielleicht auf ein Jahr oder länger ganz ruhen
lassen und mich, außer einigen Wissenschaften, in denen
ich noch nachzuholen habe, mit nichts als mit Musik be-
schäftigen. Denn ich betrachte die Kunst als die Wurzel
oder vielmehr, um mich schulgerecht auszudrücken, als die
algebraische Formel aller übrigen, und so wie wir schon

einen Dichter haben — mit dem ich mich übrigens auf keine Weise zu vergleichen wage —, der alle seine Gedanken über die Kunst, die er übt, auf Farben bezogen hat*, so habe ich von meiner frühesten Jugend an alles allgemeine, was ich über die Dichtkunst gedacht habe, auf Töne bezogen. Ich glaube, daß im Generalbaß die wichtigsten Aufschlüsse über die Dichtkunst enthalten sind.

## Kleist an Marie von Kleist

Berlin, August 1811

Sobald ich mit dieser Angelegenheit fertig bin, will ich einmal wieder etwas recht Phantastisches vornehmen. Es weht mich zuweilen bei einer Lektüre oder im Theater wie ein Luftzug aus meiner allerfrühesten Jugend an. Das Leben, das vor mir ganz öde liegt, gewinnt mit einem Male eine wunderbare herrliche Aussicht, und es regen sich Kräfte in mir, die ich ganz erstorben glaubte. Alsdann will ich meinem Herzen ganz und gar, wo es mich hinführt, folgen und schlechterdings auf nichts Rücksicht nehmen, als auf meine eigene innerliche Befriedigung. Das Urteil der Menschen hat mich bisher viel zu sehr beherrscht; besonders das Käthchen von Heilbronn ist voll Spuren davon. Es war von Anfang herein eine ganz treffliche Erfindung, und nur die Absicht, es für die Bühne passend zu machen, hat mich zu Mißgriffen verführt, die ich jetzt beweinen möchte. Kurz, ich will mich von dem Gedanken ganz durchdringen, daß, wenn ein Werk nur recht frei aus dem Schoß des menschlichen Gemüts hervorgeht, dasselbe auch notwendig darum der ganzen Menschheit angehören müsse.

---

Goethe ist gemeint.

Seit dem Fiasko der „Abendblätter" war Kleist ohne Einnahmequelle. Die Sorge um die materielle Existenz machte sich mit der Zeit immer drückender fühlbar. Am 7. September 1811 entschloß er sich zu einem Gesuch an den König um Wiedereinstellung in den Heeresdienst. Der Brief selbst ist nicht erhalten, wohl aber das Begleitschreiben seiner Cousine Marie von Kleist, mit welchem diese das Gesuch dem König vorlegte, sowie die Entscheidung des Königs.

## Marie von Kleist an den König

9. September 1811

Ich lege den Brief eines meiner alten vieljährigen Freunde zu meines Königs Füßen und behaupte dreist, daß es keinen biedereren echteren preußischen Untertan gibt als diesen Freund ... Mein König lasse ihn an seiner Seite fechten, er beschirme meines Monarchen Leben. Nicht das Traktament des Adjutanten fordere ich für ihn. Er verlangt nur die Gage des letzten Leutnants eines Regiments, gern diente er ganz umsonst, wenn er die mindeste Ressource hätte. Sein ganzer, sein einziger Wunsch ist, für seinen König zu sterben ... Mein König vergesse nicht, daß ein Dichter seines Namens unter die ersten Helden des Vaterlandes gehört, ein Mann auch aus unsäglichen Sonderbarkeiten zusammengesetzt, aber brav und treu — in H. K. soll dieser Held wieder aufleben.

## Kabinetts-Ordre des Königs

Berlin, den 11. September 1811

Ich erkenne mit Wohlgefallen den guten Willen, der Ihrem Dienstanerbieten zugrundeliegt; noch ist zwar nicht abzusehen, ob der Fall, für den Sie dies Anerbieten machen, wirklich eintreten wird, sollte solches aber geschehen, dann werde Ich auch gern Ihrer in der gewünschten

Art eingedenk sein, und gebe Ich Ihnen dies auf Ihr
Schreiben vom 7. d. M. hiermit in Antwort zu erkennen.

Friedrich Wilhelm

Kleist war voller Hoffnung. Er liest aus der wohlwollenden,
aber zu nichts verpflichtenden Entschließung eine vollzogene Anstellung heraus und bittet Hardenberg um einen Vorschuß von
20 Louisdor für seine Ausrüstung. Als die Entscheidung ausbleibt,
soll Ulrike wieder helfen, bei der Kleist eines Tages in Frankfurt
erscheint. Man muß über sein unerwartetes Auftauchen, über den
Anlaß seines Besuches, wohl auch über sein Aussehen entsetzt gewesen
sein. Kleist selbst ist über diese Aufnahme derart in seinem Innern
getroffen, daß er fortläuft und an Ulrike irgendwo in der Nähe
die nachstehenden Zeilen schreibt.


## Kleist an Ulrike
Frankfurt a. d. Oder, Oktober 1811
Meine liebste Ulrike.

Der König hat mich durch ein Schreiben im
Militär angestellt, und ich werde entweder unmittelbar bei ihm Adjutant werden oder eine Kompagnie erhalten. Die Absicht, in der ich hierherkam, war, mir zu
einer kleinen Einrichtung, welche dies nötig macht, Geld zu
verschaffen, entweder unmittelbar von Dir oder durch Dich,
auf die Hypothek meines Hauses. Da Du Dich aber,
mein liebes, wunderliches Mädchen, bei meinem Anblick so
ungeheuer erschrocken hast, ein Umstand, der mich, so wahr
ich lebe, auf das Allertiefste erschütterte: so gebe ich, wie es
sich von selbst versteht, diesen Gedanken völlig auf, ich bitte
Dich von ganzem Herzen um Verzeihung, und beschränke
mich, entschlossen, noch heut nachmittag nach Berlin zu-
rückzureisen, bloß auf den anderen Wunsch, der mir am
Herzen lag, Dich noch einmal auf ein paar Stunden zu
sehen. Kann ich bei Dir zu Mittag essen? — Sage nicht
erst ja, es versteht sich ja von selbst, und ich werde in
einer halben Stunde bei Dir sein.    Dein Heinrich

Kleist hat das erbetene Geld nicht erhalten; man wagte offenbar
nicht, ihm die Summe auszuhändigen. Wie aus seinem Brief an
Marie v. Kleist vom 10. November hervorgeht, hat die Behandlung, wie sie ihm hier in Frankfurt von seiten seiner Verwandten
widerfuhr, ihn aufs tiefste verletzt.

## Marie v. Kleist an ihren Sohn Adolf

### Groß-Gievis, den 24. Oktober 1811

Ueberhaupt sind meine Bekannten sehr nachlässig.
Heinrich Kleist hat in diesen vier Wochen einmal geschrieben. Obgleich ich ihm vier Briefe bei verschiedenen
Veranlassungen zugeschickt habe, so ist keine Antwort auf
diese vier Briefe erfolgt. Ueberzeuge Dich doch*, ob seine
Lage vielleicht so trostlos ist, daß er keine Neigung hat,
selbst davon zu sprechen. Ich will Dir nur gestehen, daß
es meine Absicht war, das Geld, welches seine Schwester
mir für ihn übergab, bis zu dem Zeitpunkt zurückzubehalten,
für den es bestimmt war; aber wenn es ihm zu schlecht
gehen sollte, würde ich ihm einen Teil davon sofort geben.
Ich muß nur wissen, ob er in Berlin ist, damit ich ihm
das Geld schicken kann, ohne daß es verloren geht. Denn
da ich gar keine Nachricht erhalte, so befürchte ich fast,
daß er zu Fuß und ohne Geld nach Wien unterwegs ist,
und das würde mir unaussprechlichen Kummer bereiten,
indem ich ihm in diesem Unglück nicht habe helfen können.
Schreib mir doch sofort, wenn Du diesen Brief bekommst.
Aber schiebe es bitte nicht auf, denn man soll niemals
zögern, wenn es gilt, einem Unglücklichen hilfreich zu sein.
Du erhältst diesen Brief Sonntag gegen Abend. Geh sofort
zu ihm und schreibe mir dann auf der Stelle, ob er in
Berlin ist, das ist alles. Wenn Du diese zwei Zeilen
noch Sonntag vor 7 Uhr zur Post gibst, erhalte ich sie

---

* Im Original von hier ab französisch.

Mittwoch, und ich kann dann am Donnerstag, den 31. Oktober, darauf antworten, und er bekommt sein Geld am selben oder spätestens am nächsten Tag. Er ist dann höchstens noch acht Tage in diesem sorgenvollen Zustand. Sei also nicht saumselig. Wenn man den Menschen nicht mit Geld helfen kann, soll man es wenigstens an gutem Willen nicht fehlen lassen.... Aber sprich nicht zu ihm von diesem Geld.

Trotz der dringlichen Bitte seiner Mutter scheint Adolf von Kleist sich seines Auftrags nicht sofort (ob überhaupt?) entledigt zu haben, denn in einem Brief vom 31. Oktober schreibt sie, daß sie noch keine Nachricht habe und daher sehr unruhig über Kleists Schicksal sei. Völlig mittellos, ohne jede bestimmte Hoffnung auf Besserung seiner Verhältnisse für die nächste Zukunft, verzweifelt und voll bitterem Groll über die schmachvolle politische Lage des Vaterlandes, lebt Kleist indessen einsam seine Tage hin, Todessehnsucht im Herzen.

## Henriette Vogel

Adam Müller im Oesterreichischen Beobachter 1811

Kleist hatte in den letzten Tagen seines Lebens eine Frau* kennengelernt, die, mit vielen glücklichen Gaben des Geistes und mit Anlagen zu jeder Tugend ausgeschmückt, zugleich musterhafte Hausfrau und ihrem rechtschaffenen Ehemanne auf Tod und Leben ergeben war. Ihr einziger Fehler war ein tiefes Mißtrauen in sich selbst, eine Unbefriedigung mit ihrem eigenen Tun und Lassen, ein geheimer Widerstreit gegen die Verhältnisse dieser Erde, so wie sie selbige kennengelernt. Alle ihre äußeren Verhältnisse waren die möglichst glücklichen, welches sie auch empfand mit Dankbarkeit, obwohl nicht recht wissend, wem sie dafür verpflichtet sei. Eine absolut unheilbare körperliche Krankheit kündigte sich bei ihr an, und da ihr zerrissener Gemütszustand es ihr schon längst zweifelhaft

---

* Adolfine Henriette Vogel, geb. Keber (1777—1811), verheiratet mit dem Landrentmeister Louis V.

gemacht, ob sie eigentlich für diese Welt bestimmt sei, und ob sie ihre Familie so beglücken könnte, wie sie es wünschte, so schien ihr nun das Rätsel gelöst. Sie hatte sich schon mit dem Leben abgefunden, als sie dem unglücklichen Freunde begegnete, der, wie sie, über die Ansprüche des Lebens getäuscht, der, wie sie, wenn ich mich so ausdrücken darf, lange Zeit her den Todesgedanken als eine bloße Würze des geschmacklosen Lebens betrachtete; der so vieles um sich her und alle Arbeiten seines tätigen Lebens fruchtlos hatte untergehen sehen und in der Gegenwart zu sehr befangen, obwohl ohne unheilbare, körperliche Krankheit, gleichfalls das Ende seines Daseins und der Dinge, die ihn gereizt hatten, deutlich herankommen sah. Ueber die Tröstungen einer kurzen Leidenschaft waren beide so weit erhaben, daß ich sie, um mich der Welt verständlich zu machen, kalt gegeneinander nennen muß. Es gab keine Gemeinschaft zwischen ihnen, als die der herrlichen Anlagen, der Unwissenheit über ihre höhere, göttliche Bestimmung, also der Verzweiflung und — in den letzten Stunden ihres Lebens — eines gewissen tragischen Interesses aneinander.

## Das Todesversprechen

Nach E. v. Bülow

Was sie zueinanderführte und Kleist bald zu ihrem Hausfreunde machte, war die Sympathie in ihren trüben Stimmungen und ihre gemeinschaftliche Liebe zur Musik. Sie musizierten und sangen zusammen, vorzüglich alte Psalmen, und freuten sich gegenseitig an ihrem Talente.

Als es Kleist eines Tages schien, seine Freundin habe ganz besonders schön gesungen, sagte er zu ihr mit einem ihm wohl aus seiner Jugend überbliebenen Ausdrucke uniformierter Begeisterung: Das ist zum Erschießen schön! Sie sah ihn in dem Augenblicke bedeutend an und erwiderte kein Wort; in einer einsamen Stunde kam sie aber auf diese ihm entschlüpfte Aeußerung zurück. Sie fragte ihn: ob er sich noch des ernsten Wortes erinnere, welches sie ihm schon früher einmal abgenommen habe, ihr, im Fall sie ihn darum bitte, jeden, selbst den größten Freundschaftsdienst zu leisten? Seine ritterliche Antwort war: er sei dazu zu jeder Zeit bereit, und sie sagte ferner: Wohlan! so töten Sie mich! Meine Leiden haben mich dahin geführt, daß ich das Leben nicht mehr zu ertragen vermag. Es ist freilich nicht wahrscheinlich, daß Sie dies tun, da es keine Männer mehr auf Erden gibt; — allein ... Ich werde es tun, fiel ihr Kleist in das Wort, ich bin ein Mann, der sein Wort hält!

## Kleist an Marie von Kleist

Berlin, den 9. November 1811

Meine liebste Marie, mitten in dem Triumphgesang, den meine Seele in diesem Augenblick des Todes angestimmt, muß ich noch einmal Deiner gedenken und mich Dir, so gut wie ich kann, offenbaren: Dir, der Einzigen, an deren Gefühl und Meinung mir etwas gelegen ist; alles andere auf Erden, das Ganze und Einzelne, habe ich völlig in meinem Herzen überwunden. Ja es ist wahr, ich habe Dich hintergangen, oder vielmehr ich habe mich selbst hintergangen; wie ich Dir aber tausendmal gesagt habe, daß ich dies nicht überleben würde, so gebe ich Dir jetzt, indem ich von Dir Abschied nehme, davon den Beweis. Ich habe Dich während Deiner Anwesenheit in Berlin gegen eine andere Freundin vertauscht; aber wenn Dich das trösten kann, nicht gegen eine, die mit mir leben, sondern die im Gefühl, daß ich ihr ebensowenig treu sein würde wie Dir, mit mir sterben will. Mehr Dir zu sagen, läßt mein Verhältnis zu dieser Frau nicht zu. Nur so viel wisse, daß meine Seele durch die

Berührung mit der ihrigen zum Tode ganz reif geworden
ist; daß ich die ganze Herrlichkeit des menschlichen Gemüts
an dem ihrigen ermessen habe, und daß ich sterbe, weil
mir auf Erden nichts mehr zu lernen und zu erwerben
übrig bleibt. Lebe wohl! Du bist die Allereinzige auf
Erden, die ich jenseits wiederzusehen wünsche. Etwa
Ulriken? — ja nein, nein ja: es soll von ihrem eignen
Gefühl abhängen. Sie hat, dünkt mich, die Kunst nicht
verstanden, sich aufzuopfern, ganz für das, was man liebt,
in Grund und Boden zu gehn: das Seligste, was sich
auf Erden erdenken läßt, ja worin der Himmel bestehen
muß, wenn es wahr ist, daß man darin vergnügt und
glücklich ist. Adieu!

den 10. November 1811

Deine Briefe haben mir das Herz zerspalten, meine
teuerste Marie, und wenn es in meiner Macht gewesen
wäre, so versichere ich Dich, ich würde den Entschluß, zu
sterben, den ich gefaßt habe, wieder aufgegeben haben.
Aber ich schwöre Dir, es ist mir ganz unmöglich, länger
zu leben; meine Seele ist so wund, daß mir, ich möchte
fast sagen, wenn ich die Nase aus dem Fenster stecke, das
Tageslicht wehe tut, das mir daraufschimmert. Das
wird mancher für Krankheit und überspannt halten; nicht
aber Du, die fähig ist, die Welt auch aus andern Stand-
punkten zu betrachten als aus dem Deinigen. Dadurch,
daß ich mit Schönheit und Sitte, seit meiner frühsten
Jugend an, in meinen Gedanken und Schreibereien, unaufhörlichen Umgang gepflogen, bin ich so empfindlich geworden, daß mich die kleinsten Angriffe, denen das Gefühl
jedes Menschen nach dem Lauf der Dinge hienieden ausgesetzt ist, doppelt und dreifach schmerzen. So versichre ich
Dich, wollte ich doch lieber zehnmal den Tod erleiden,
als noch einmal wieder erleben, was ich das letztemal in

Frankfurt an der Mittagstafel zwischen meinen beiden
Schwestern, besonders als die alte Wackern dazukam, empfunden habe; laß es Dir nur einmal gelegentlich von Ulriken erzählen. Ich habe meine Geschwister immer, zum
Teil wegen der Freundschaft, die sie für mich hatten, von
Herzen liebgehabt; so wenig ich davon gesprochen habe,
so gewiß ist es, daß es einer meiner herzlichsten und innigsten Wünsche war, ihnen einmal, durch meine Arbeiten
und Werke, recht viel Freude und Ehre zu machen. Nun
ist es zwar wahr, es war in den letzten Zeiten, von mancher
Seite her, gefährlich, sich mit mir einzulassen, und ich klage
sie desto weniger an, sich von mir zurückgezogen zu haben,
je mehr ich die Not des Ganzen bedenke, die zum Teil auch
auf ihren Schultern ruhte; aber der Gedanke, das Verdienst, das ich doch zuletzt, es sei nun groß oder klein, habe,
gar nicht anerkannt zu sehen und mich von ihnen als ein
ganz nichtsnutziges Glied der menschlichen Gesellschaft, das
keiner Teilnahme mehr wert sei, betrachtet zu sehn, ist
mir überaus schmerzhaft, wahrhaftig, es raubt mir nicht nur
die Freuden, die ich von der Zukunft hoffte, sondern es
vergiftet mir auch die Vergangenheit. — Die Allianz, die
der König jetzt mit den Franzosen schließt, ist auch nicht
eben gemacht, mich im Leben festzuhalten. Mir waren
die Gesichter der Menschen schon jetzt, wenn ich ihnen begegnete, zuwider, nun würde mir gar, wenn sie mir auf
der Straße begegneten, eine körperliche Empfindung an-
wandeln, die ich hier nicht nennen mag. Es ist zwar wahr,
es fehlte mir sowohl als ihnen an Kraft, die Zeit wieder
einzurücken; ich fühle aber zu wohl, daß der Wille, der in
meiner Brust lebt, etwas anderes ist als der Wille derer,
die diese witzige Bemerkung machen; dergestalt, daß ich
mit ihnen nichts mehr zu schaffen haben mag. Was soll
man doch, wenn der König diese Allianz abschließt, länger
bei ihm machen? Die Zeit ist ja vor der Tür, wo man

wegen der Treue gegen ihn, der Aufopferung und Standhaftigkeit und aller andern bürgerlichen Tugenden, von
ihm selbst gerichtet, an den Galgen kommen kann. —
Rechne hinzu, daß ich eine Freundin gefunden habe, deren
Seele wie ein junger Adler fliegt, wie ich noch in meinem
Leben nichts Aehnliches gefunden habe; die meine Traurigkeit als eine höhere, festgewurzelte und unheilbare begreift
und deshalb, obschon sie Mittel genug in Händen hätte,
mich hier zu beglücken, mit mir sterben will, die mir die
unerhörte Lust gewährt, sich, um dieses Zweckes willen, so
leicht aus einer ganz wunschlosen Lage, wie ein Veilchen
aus einer Wiese herausheben zu lassen; die einen Vater,
der sie anbetet, einen Mann, der großmütig genug war, sie
mir abtreten zu wollen, ein Kind, so schön und schöner als
die Morgensonne, nur meinetwillen verläßt: und Du wirst
begreifen, daß meine ganze jauchzende Sorge nur sein
kann, einen Abgrund tief genug zu finden, um mit ihr
hinabzustürzen. — Adieu noch einmal! —

den 12. November 1811

Meine liebste Marie, wenn Du wüßtest, wie der Tod
und die Liebe sich abwechseln, um diese letzten Augenblicke
meines Lebens mit Blumen, himmlischen und irdischen,
zu bekränzen, gewiß Du würdest mich gern sterben lassen.
Ach, ich versichre Dich, ich bin ganz selig. Morgens und
abends knie ich nieder, was ich nie gekonnt habe, und bete
zu Gott; ich kann ihm mein Leben, das allerqualvollste,
das je ein Mensch geführt hat, jetzo danken, weil er es mir
durch den herrlichsten und wollüstigsten aller Tode vergütigt.
Ach könnt' ich nur etwas für Dich tun, das den herben
Schmerz, den ich Dir verursachen werde, mildern könnte!
Auf einen Augenblick war es mein Wille, mich malen zu
lassen; aber alsdann glaubte ich wieder zu viel Unrecht
gegen Dich zu haben, als daß es mir erlaubt sein könnte,

250

vorauszusetzen, mein Bild würde Dir viel Freude machen.
Kann es Dich trösten, wenn ich Dir sage, daß ich diese
Freundin niemals gegen Dich vertauscht haben würde,
wenn sie weiter nichts gewollt hätte, als mit mir zu leben?
Gewiß, meine liebste Marie, so ist es; es hat Augenblicke
gegeben, wo ich meiner lieben Freundin offenherzig diese
Worte gesagt habe.  Ach, ich versichere Dich, ich habe Dich
so lieb, Du bist mir so überaus teuer und wert, daß ich
kaum sagen kann, ich liebe diese liebe vergötterte Freundin
mehr als Dich.  Der Entschluß, der in ihrer Seele auf-
ging, mit mir zu sterben, zog mich, ich kann Dir nicht sagen,
mit welcher unaussprechlichen und unwiderstehlichen Gewalt an ihre Brust, erinnerst Du Dich wohl, daß ich Dich
mehrmals gefragt habe, ob Du mit mir sterben willst? —
Aber Du sagtest immer nein. — Ein Strudel von nie
empfundener Seligkeit hat mich ergriffen, und ich kann
Dir nicht leugnen, daß mir ihr Grab lieber ist als die
Betten aller Kaiserinnen der Welt. — Ach, meine teure
Freundin, möchte Dich Gott bald abrufen in jene bessere
Welt, wo wir uns alle, mit der Liebe der Engel, einander
werden ans Herz drücken können. Adieu.

## Kleist an Sophie Haza-Müller*

Der Himmel weiß, meine liebe, treffliche Freundin,
was für sonderbare Gefühle, halb wehmütig, halb ausgelassen uns bewegen, in dieser Stunde, da unsere Seelen
sich, wie zwei fröhliche Luftschiffer, über die Welt erheben, noch einmal an Sie zu schreiben. Wir waren doch
sonst, müssen Sie wissen, wohl entschlossen, bei unseren Bekannten und Freunden keine Karten p. p. c. abzugeben.
Der Grund ist wohl, weil wir in tausend glücklichen Augenblicken an Sie gedacht, weil wir uns tausendmal vorgestellt

* Adam Müllers Frau.

haben, wie Sie in Ihrer Gutmütigkeit aufgelacht (aufgejauchzt) haben würden, wenn Sie uns in der grünen oder roten Stube beisammen gesehen hätten. Ja, die Welt ist eine wunderliche Einrichtung! — Es hat seine Richtigkeit, daß wir uns, Jettchen und ich, wie zwei trübsinnige, trübselige Menschen, die sich immer ihrer Kälte wegen angeklagt haben, von ganzem Herzen liebgewonnen haben, und der beste Beweis davon ist wohl, daß wir jetzt miteinander sterben.

Leben Sie wohl, unsre liebe, liebe Freundin, und seien Sie auf Erden, wie es gar wohl möglich ist, recht glücklich! Wir unsererseits wollen nichts von den Freuden dieser Welt wissen und träumen lauter himmlische Fluren und Sonnen, in deren Schimmer wir, mit langen Flügeln an den Schultern, umherwandeln werden. Adieu! Einen Kuß von mir, dem Schreiber, an Müller; er soll zuweilen meiner gedenken und ein rüstiger Streiter Gottes gegen den Teufel Aberwitz bleiben, der die Welt in Banden hält. —

(Nachschrift von Henriette Vogel:)

Doch wie dies alles zugegangen,
Erzähl' ich Euch zur andren Zeit,
Dazu bin ich zu eilig heut. —

Lebt wohl denn! Ihr, meine lieben Freunde, und erinnert Euch in Freud und Leid der zwei wunderlichen Menschen, die bald ihre große Entdeckungsreise antreten werden.　　　　Henriette

(Wieder von Kleists Hand:)

Gegeben in der grünen Stube,
den 20. November 1811　　　　H. v. Kleist

## Kleist und Henriette an Peguilhen

(Henriette Vogel:)

Mein sehr werter Freund! Ihrer Freundschaft, die Sie für mich bis dahin immer so treu bewiesen, ist es vorbehalten, eine

wunderbare Probe zu bestehen, denn wir beide, nämlich der bekannte
Kleist und ich, befinden uns hier bei S t i m m i n g s auf dem Wege
nach Potsdam, in einem sehr unbeholfenen Zustande, indem wir
e r s c h o s s e n daliegen, und nun der Güte eines wohlwollenden
Freundes entgegensehn, um unsre gebrechliche Hülle der sichern
Burg der Erde zu übergeben. Suchen Sie, liebster Peguilhen, diesen
Abend hier einzutreffen und alles so zu veranstalten, daß mein guter
Vogel möglichst wenig dadurch erschreckt wird, diesen Abend oder
Nacht wollte Louis seinen Wagen nach Potsdam schicken, um mich
von dort, wo ich vorgab hinzureisen, abholen zu lassen, dies möchte
ich Ihnen zur Nachricht sagen, damit Sie die besten Maßregeln
darnach treffen können. Grüßen Sie Ihre von mir herzlich geliebte
Frau und Tochter vieltausendmal, und seien Sie, teurer Freund,
überzeugt, daß Ihre und Ihrer Angehörigen Liebe und Freundschaft
mir noch im letzten Augenblick meines Lebens die größte Freude
macht.

Ihre A. Vogel

Ein kleines versiegeltes schwarzes ledernes Felleisen und einen
versiegelten Kasten, worin noch Nachrichten für Vogel, Briefe, Geld
und Kleidungsstücke, auch Bücher vorhanden, werden Sie bei
S t i m m i n g s finden. Für die darin befindlichen 10 Thlr. Kurant
wünschte ich eine recht schöne, b l a ß g r a u e Tasse, inwendig ver-
goldet, mit einer goldnen Arabeske auf weißem Grunde zum Rand,
und am Oberkopf im weißen Felde meinen Vornamen, die Fasson,
wie sie jetzt am modernsten ist. Wenn Sie sich dieser Kommission
halber an Buchhalter Meves auf der Porzellan-Fabrik wendeten,
mit dem Bedeuten, diese Tasse am W e i h n a c h t s - H e i l i g -
a b e n d Louis eingepackt zuzuschicken, doch würden Sie, mein
lieber Freund, mit der Bestellung eilen müssen, weil sie sonst nicht
fertig werden möchte. Leben Sie wohl und glücklich. —

Einen kleinen Schlüssel werden Sie noch eingesiegelt im Kasten
finden, er gehört zum Vorhängeschloß des einen Koffers z u H a u s e
b e i V o g e l, worin noch mehrere Briefe und andre Sachen zum
Besorgen liegen.

## (Kleist:)

Ich kann wohl Ihre Freundschaft auch, mein liebster
Peguilhen für einige kleine Gefälligkeiten in Anspruch
nehmen. Ich habe nämlich vergessen, meinen Barbier für
den laufenden Monat zu bezahlen, und bitte, ihm 1 Thlr.
à ¼ C zu geben, die Sie eingewickelt in dem Kasten der

Mad. Vogel finden werden. Die Vogeln sagt mir eben,
daß Sie den Kasten aufbrechen und alle Kommissionen, die
sich darin finden, besorgen möchten: damit Vogel nicht
gleich damit behelligt würde. — Endlich bitte ich noch, das
ganze kleine schwarzlederne Felleisen, das mir gehört, mit
Ausnahme der Sachen, die etwa zu meiner Bestattung gebraucht werden möchten, meinem Wirt, dem Quartiermeister
Müller, Mauerstraße N. 53, als einen kleinen Dank für
seine gute Aufnahme und Bewirtung zu schenken. —
Leben Sie recht wohl, mein liebster Peguilhen; meinen
Abschiedsgruß an Ihre vortreffliche Frau und Tochter.

H. v. Kleist,

man sagt hier den 21. Nov.; wir
wissen aber nicht, ob es wahr ist.

N. S. In dem Koffer der Mad. Vogel, der in Berlin
in ihrem Hause in der Gesindestube mit messingnem Vor-
legeschloß steht, und wozu der kleine, versiegelte Schlüssel,
der hier im Kasten liegt, paßt — in diesem Koffer befinden sich drei Briefe von mir, die ich Sie noch herzlichst zu
besorgen bitte. Nämlich:

1. einen Brief an die Hofrätin Müller, nach Wien;

2. einen Brief an meinen Bruder Leopold nach
Stolpe, welche beide mit der Post zu besorgen sind (der
erstere kann vielleicht durch den guten Brillen Voß spe-
diert werden); und

3. einen Brief, an Fr. v. Kleist, geb. v. Gualtieri,
welchen ich an den Major v. Below, Gouverneur des
Prinzen Friedrich von Hessen, auf dem Schlosse, abzugeben bitte.

Endlich liegt

4. noch ein Brief an Fr. v. Kleist, in dem hiesigen
Kasten der Mad. Vogel, welchen ich gleichfalls und zu

gleicher Zeit an den Major v. Below abzugeben bitte.
— Adieu!

N. S.

Kommen Sie recht bald zu Stimmings hinaus, mein
liebster Peguilhen, damit Sie uns bestatten können. Die
Kosten, was mich betrifft, werden Ihnen von Frankfurt
aus, von meiner Schwester Ulrike, wiedererstattet werden.
— Die Vogeln bemerkt noch, daß zu dem Koffer mit dem
messingnen Vorhängeschloß, der in Berlin in ihrer Gesindestube steht, und worin viele Kommissionen sind, der
Schlüssel hier versiegelt in dem hölzernen Kasten liegt. —
Ich glaube, ich habe dies schon einmal geschrieben, aber
die Vogel besteht darauf, daß ich es noch einmal schreibe.

H. v. Kl.


## Kleist an Ulrike

Ich kann nicht sterben, ohne mich, zufrieden und heiter
wie ich bin, mit der ganzen Welt, und somit auch, vor
allen anderen, meine teuerste Ulrike, mit Dir versöhnt zu
haben. Laß sie mich, die strenge Aeußerung, die in dem
Briefe an die Kleisten enthalten ist, laß sie mich zurück-
nehmen; wirklich, Du hast an mir getan, ich sage nicht,
was in Kräften einer Schwester, sondern in Kräften eines
Menschen stand, um mich zu retten: die Wahrheit ist, daß
mir auf Erden nicht zu helfen war. Und nun lebe wohl;
möge Dir der Himmel einen Tod schenken, nur halb an
Freude und unaussprechlicher Heiterkeit dem meinigen
gleich: das ist der herzlichste und innigste Wunsch, den ich
für Dich aufzubringen weiß.

Stimmings bei Potsdam,

d. — am Morgen meines Todes

Dein Heinrich

Fernab am Horizont, auf Felsenrissen,
Liegt der gewitterschwarze Krieg getürmt.
Die Blitze zucken schon, die ungewissen,
Der Wandrer sucht das Laubdach, das ihn schirmt.
Und wie ein Strom, geschwellt von Regengüssen,
Aus seines Ufers Bette heulend stürmt,
Kommt das Verderben, mit entbundnen Wogen,
Auf alles, was besteht, herangezogen.


Der alten Staaten graues Prachtgerüste
Sinkt donnernd ein, von ihm hinweggespült,
Wie auf der Heide Grund ein Wurmgeniste,
Von einem Knaben scharrend weggewühlt;
Und wo das Leben, um der Menschen Brüste,
In tausend Lichtern jauchzend hat gespielt,
Ist es so lautlos jetzt, wie in den Reichen,
Durch die die Wellen des Kozythus schleichen.


Und ein Geschlecht, von düsterm Haar umflogen,
Tritt aus der Nacht, das keinen Namen führt,
Das, wie ein Hirngespinst der Mythologen,
Hervor aus der Erschlagnen Knochen stiert;
Das ist geboren nicht, und nicht erzogen,
Vom alten, das im deutschen Land regiert,
Das läßt in Tönen, wie der Nord an Strömen,
Wenn er im Schilfrohr seufzet, sich vernehmen.


Und du, o Lied, voll unnennbarer Wonnen,
Das das Gefühl so wunderbar erhebt,
Das, einer Himmelsurne wie entronnen,
Zu den entzückten Ohren niederschwebt,
Bei dessen Klang, empor ins Reich der Sonnen,
Von allen Banden frei, die Seele strebt:
Dich trifft der Todespfeil; die Parzen winken,
Und stumm ins Grab mußt du darniedersinken.

Ein Götterkind, bekränzt, im Jugendreigen,
Wirst du nicht mehr von Land zu Lande ziehn,
Nicht mehr in unsre Tänze niedersteigen,
Nicht hochrot mehr, bei unserm Mahl, erglühn.
Und nur wo einsam, unter Tannenzweigen,
Zu Leichensteinen, stille Pfade fliehn,
Wird Wanderern, die bei den Toten leben,
Ein Schatten deiner Schön' entgegenschweben.

Und stärker rauscht der Sänger in die Saiten,
Der Töne ganze Macht lockt er hervor,
Er singt die Lust, fürs Vaterland zu streiten,
Und machtlos schlägt sein Ruf an jedes Ohr,
Und wie er flatternd das Panier der Zeiten
Sich weiterpflanzen sieht, von Tor zu Tor,
Schließt er sein Lied; er wünscht mit ihm zu enden,
Und legt die Leier tränend aus den Händen.

## Bericht des Wirts zum Stimming

Nach E. v. Bülow

Am Mittwoch, den 20. November d. J., nachmittags
2 Uhr, kamen zwei Fremde, ein Herr und eine Dame,
mit eignem Fuhrwerk von Berlin gefahren, stiegen bei
mir ab und erbaten sich Mittagessen. Sie sagten, sie
wollten sich nur einige Stunden aufhalten und einige
Fremde aus Potsdam erwarten, und wünschten ein eignes
Zimmer zu haben. Wir wiesen ihnen unten, linker Hand,
ein Zimmer an, womit die Dame aber nicht zufrieden war,
die lieber oben ein Zimmer haben wollte. Es wurde ihnen
nun oben eines angewiesen und die Dame fragte darauf,
ob sie nicht noch ein Zimmer gleich daneben haben könnten,
welches auch sogleich angewiesen wurde. Hierauf trat die
Dame ans Fenster und fragte, ob sie nicht einen Kahn
bekommen könnten, um über den See nach der anderen
Seite zu fahren? Meine Frau antwortete, wir könnten

wohl einen Kahn haben; dies verursachte aber viel Umstände. Sie könnten dagegen leicht zu Fuß nach der anderen Seite des Sees kommen, welches der Dame sehr lieb war. Sie fragte nun nach einem Sofa, und da wir keins hatten, bat sie um zwei Betten, in jedem Zimmer eins, damit die Fremden, welche vielleicht erst in der Nacht kämen, sich etwas ausruhen könnten.

Nachdem beide sehr vergnügt zusammen gespeist hatten, gingen sie auf der anderen Seite des Sees in der Gegend spazieren, wo sie sich zuletzt erschossen, kamen bald wieder zurück und bezahlten ihren Fuhrmann, der nun leer nach Berlin zurückfahren mußte. Hierauf tranken sie Kaffee, erbaten sich Feder und Tinte, blieben auf ihren Zimmern und schrieben daselbst.

Nach einiger Zeit baten sie sich Abendessen aus und hatten Wein und Rum bei sich. Nachdem sie abgespeist hatten, schrieben sie wieder, und als das Mädchen ihnen Wasser brachte und fragte, ob sie noch etwas befehlen, erhielt sie die Antwort: Nein, nichts mehr! Wenn aber die Fremden kommen, vielleicht Tee.

Der Hausknecht, welcher die Nacht wachte, hat auf dem Zimmer beständig Licht brennen sehen und beide zuweilen gehen hören. So verging die Nacht.

Am Morgen, um 5 Uhr, kam die Dame herunter und bat um eine Portion Kaffee. Diese tranken beide, um 7 Uhr noch eine Portion, so wurde es 9 Uhr. Das Mädchen mußte nun ihre Kleider reinigen, und auf die Frage, ob sie zu Mittag essen wollten, entgegneten sie, daß sie nur etwas Bouillon trinken und am Abend desto besser essen würden.

Sie baten sich nun ihre Rechnung aus, die sie bezahlten und quittiert zurückverlangten. Dann verlangten sie einen Boten nach Berlin, dem sie einen Brief zu besorgen gaben, und dieser ging um 12 Uhr ab. Auf die

Frage, was sie am Abend speisen wollten, erwiderte der Herr: Wir bekommen heute abend zwei Fremde, die müssen recht gut essen. Ach nein! sagte die Dame, ich dächte, wir ließen es, sie könnten auch mit einem Eierkuchen vorliebnehmen, wie wir. Nun, sagte der Herr, dann essen wir morgen mittag desto besser, und beide wiederholten, auf den Abend kommen zwei Gäste!

Sie tranken ihre Bouillon, erkundigten sich abwechselnd nach der Uhr und fragten, wann der Bote wohl gewiß in Berlin sein könnte? Da er um 12 Uhr weggegangen war, versicherten wir, daß er um 3 Uhr, höchstens ½ 4 dasein müsse. Nach einer Weile kamen beide herunter, verlangten zwei Portionen Kaffee und fragten noch einmal, ob jetzt der Bote wohl dasein könne? Jetzt bald, sagten wir.

Hierauf gingen beide hinaus und sprachen über die Lage und die schöne Gegend; waren aber dabei so vergnügt und scherzhaft, daß man gar nichts Besonderes an ihnen bemerken konnte. Wir glaubten, sie ließen sich durch den Boten einen Wagen von Berlin holen, in dem sie wieder zurückfahren wollten.

Beide kamen nun in die Küche, und die Dame fragte meine Frau, ob sie wohl den Kaffee jenseits des Sees auf den schönen grünen Platz wollte bringen lassen. Es sei da eine schöne Aussicht! Meine Frau äußerte ihre Verwunderung darüber, da es so weit sei; der Herr sagte aber sehr zuvorkommend: er wolle den Leuten ihre Mühe gern bezahlen, und erbat sich noch für 8 Gr. Rum. Hierauf gingen beide nach dem bestimmten Platz, und als meine Frau sagte, sie wolle indes die Zimmer reinigen lassen, verbaten beide es mit dem Bemerken, daß lieber alles darin so bleiben möchte. Die Dame hatte ein Körbchen, welches mit einem weißen Tuch bedeckt war, am Arme, worin wahrscheinlich die Pistolen gelegen haben.

Als wir den Kaffee und den Rum hingeschickt hatten, verlangten sie auch einen Tisch und zwei Stühle. Auch diese wurden geschickt. Dann ließ der Herr sich einen Bleistift ausbitten und fragen, wieviel der Kaffee koste? Wir glaubten jetzt, der Herr sei ein Künstler und wolle die Gegend aufnehmen.

Als ich den Bleistift überschickte, ließ ich dazu sagen, daß es mit der Bezahlung für den Kaffee noch Zeit habe. Beide kamen der Frau aber schon einige Schritte entgegen, und die Dame übergab ihr das Kaffeegeschirr, wo in einem Tassenkopf das Geld für den Kaffee und den Rum lag. Sie sagte dabei: „Hier sind vier Groschen für Ihre Mühe; das andere Geld übergibt Sie dem Wirte. Den Tassenkopf wasche Sie rein aus und bringe mir ihn wieder." Die Frau ging fort, und beide Fremde eilten nach dem Tische zurück.

Als die Frau etwa 40 Schritte gegangen war, fiel ein Schuß. Nach etwa 30 Schritten fiel ein zweiter Schuß. Die Frau glaubte aber, daß sie zum Vergnügen schössen, weil beide so scherzhaft und munter gewesen waren, Steine ins Wasser geworfen hatten und miteinander gescherzt und gesprungen waren.

Als die Frau den Tassenkopf wiederbringen sollte, fanden wir es sonderbar, daß, da sie keinen Kaffee mehr hatten, sie noch einen Tassenkopf verlangten. Doch nahm die Frau den Tassenkopf und trug ihn hin.

Als sie auf den Platz kam, fand sie beide Personen in ihrem Blute liegen, entleibt.

Stummes Entsetzen ergriff die Aufwärterin, die nun, vom Schreck betäubt, nach ihrer Wohnung zurückeilte und unserem Mädchen, das sie so rennen sah, zurief: die Fremden hätten sich erschossen und lägen tot da.

Auch uns alle setzt die Nachricht in Erstaunen. Wir gehen zuerst oben nach der Stube; finden aber die Türen fest verschlossen. Wir dringen durch eine Seitentür in das eine Zimmer: sie war mit allen im Zimmer befindlichen Stühlen verrammelt und außer einem versiegelten Päckchen nichts im Zimmer vorhanden.

Nun eilten wir alle nach dem Platze und fanden beide entseelt; die Dame in einer liegenden Stellung hinten übergelehnt, den Oberrock von beiden Seiten aufgeschlagen und die Hände auf der Brust zusammengefaltet. Die Kugel war in die linke Brust, durch das Herz und am linken Schulterblatt wieder herausgegangen. Der Herr, in derselben Grube vor ihr kniend, hatte sich eine Kugel durch den Mund in den Kopf geschossen, die ihm das Leben geraubt. Beide waren gar nicht entstellt, vielmehr hatten sie eine heitere, zufriedene Miene.

Wir ließen dem Herrn die Taschen untersuchen, ob er nicht mit dem erhaltenen Bleistift noch etwas geschrieben habe; fanden aber nichts als die beiden Zimmerschlüssel. Wir sandten sogleich einen Bericht an die Polizei in Potsdam.

Um 6 Uhr kamen zwei Herren von Berlin gefahren. Der eine stieg aus und fragte, ob die beiden Fremden noch hier wären? Auf die Antwort, daß beide nicht mehr lebten, fragte er noch einmal, ob es wahr wäre? Wir sagten, daß beide jenseits des Sees erschossen in ihrem Blute lägen.

Nun stieg der andere Herr, der Ehemann der Entleibten, auch aus, kam in die Stube, warf den Hut in einen Winkel, die Handschuhe in den anderen und war über den Verlust seiner Gattin ganz untröstlich.

Wir erkundigten uns, wer der Herr wäre, welcher sich mit der Dame erschossen hätte, und erfuhren, daß es Herr Heinrich von Kleist, ihr Hausfreund, gewesen. Die jetzt gekommen, waren also die beiden Fremden, für welche die

Entleibten wegen des Abendessens so viele Sorge getragen hatten.

Wir warteten nun bis 11 Uhr abends, und da von der Polizei niemand kam, gingen wir alle zur Ruhe. Am Morgen ließ der Ehemann sich eine Haarlocke von seiner Frau holen, und beide Herren reisten nach Berlin zurück. Mittags war der andere Herr, welcher mit dem Ehemann nach Berlin gereist war, der Herr Kriegsrat Peguilhen, wieder bei uns und ließ dicht neben den beiden Toten eine große Grube graben, mit dem Bemerken, daß er zwei Särge von Berlin schicken würde, worin beide nebeneinander in die Grube begraben werden sollten.

Um 2 Uhr nachmittags, den 22., kamen der Herr Hofmedikus und Polizeioffizianten von Berlin, nahmen alles zu Protokoll, ließen die Leichen nach dem kleinen Hause bringen, daselbst öffnen und untersuchen. Hiernach wurden beide in die bestimmten Särge gelegt und abends 10 Uhr in ihre Ruhestätte begraben.

# Nachklang

## Adam Müller über den Freund

Im Oesterreichischen Beobachter 1811

Heinrich v. Kleist, durch großartige und originelle Versuche im Felde der tragischen Dichtkunst in Deutschland bekannt und durch eine wahre Schönheit der Seele wie durch aufopferndes Hingeben an alles Gute, Große und Gerechte seinen wenigen Freunden unvergeßlich, hatte längst eine Art von Unbehaglichkeit unter den Umständen seiner Zeit empfunden. Seine deutschen Zeitgenossen waren ihres eigenen Urteils vielleicht nie weniger mächtig gewesen, als da seine Werke erschienen: man strebte nach Ruhe, nach gewissen bequemen Empfindungen, nach leichten, schmeichelnden Berührungen des Herzens. Wie konnte ein Dichter gefallen, der, selbst keines oberflächlichen Gefühls fähig, die Zukunft zu ergreifen, die Nation für den Schmerz zu erziehen und für großmütiges Hingeben an das Vaterland und an die Freunde zu begeistern, also alle Wunden noch tiefer aufzureißen, mit jugendlicher Ueberschwenglichkeit unternommen hatte. Sein Publikum ließ das gut sein, der Dichter ward an die Seite gestellt und wie alles Unbequeme leicht vergessen. Dies hat ihm das Herz gebrochen, seine Kraft gelähmt, ihn getötet lange vorher, ehe er den verbrecherischen Entschluß faßte, den er zuletzt, nicht ohne Widerstreben seiner besseren Natur, ausführte.

Varnhagen an Fouqué

Prag, den 19. Dezember 1811

Du warst wohl nicht weniger als ich bestürzt über Kleists traurigen Ausgang, mein innig geliebter Freund! Eine so herrliche Dichterseele, ein so schönes Talent missen wir nun, Freunde des Mannes und seiner Kunst!. Zwei Tage, bevor mir Brentano, denn dieser erfuhr es zuerst, die Nachricht brachte, hatte ich mit steigendem Vergnügen den zweiten Teil der liebevollen Erzählungen durchgelesen, und indem ich mit Liebe bei seiner Dichtung verweilte, ging ich unmerklich in das Gefühl des Wohlgefallens über, das ich mir für unser Wiedersehen dachte, ein Ereignis, das mit vielen anderen ich seit langer Zeit gewohnt war, mir nahe zu denken, so lange nämlich, als mein Verlangen schon dauert, nach Berlin zu kommen. — Noch weiß ich keine näheren Umstände von Kleists sonderbarem Ende, allein nach allem, was mir Pfuel, was mir Brentano von seinen Eigenheiten und seinen letzten Schicksalen erzählt haben, bedarf ich eben keiner Erklärung; die Wege sind mir nicht fremd, deren Ziel so aussieht. Der Körper muß sich gefallen lassen, von dem Leid der Seele fortgerafft zu werden, während er selbst noch frisch könnte weiterleben, und er macht es mit der Seele oft nicht besser. Aber wie sehr am äußersten Rande muß der Arme noch gelitten haben, ehe er mit sich auch sein Talent, das er vergötterte, zu vernichten sich entschließen konnte. Pfuel war überaus getroffen, aber ihm war es nicht unvorhergesehen gewesen, und nur unerwartet, daß es schon jetzt geschehen sei. Laß mich hinwegblicken von dem in tausendfältiger Verwirrung Abgeschiedenen auf Dein freundliches, einfaches, liebevolles Leben und Dichten.

Rahel Levin an A. v. d. Marwitz

Berlin, den 23. Dezember 1811

Gestern aber hätte ich Ihnen doch geschrieben, wenn mich nicht Heinrich Kleists Tod so sehr eingenommen hätte. Es läßt sich, wo das Leben aus ist, niemals etwas darüber sagen; von Kleist befremdete mich die Tat nicht, es ging streng in ihm her, er war wahrhaft und litt viel. Wir haben nie über Tod und Selbstmord gesprochen. —

Sie wissen, wie ich über Mord an uns selbst denke: wie Sie! Ich mag es nicht, daß die Unglückseligen, die Menschen, bis auf die Hefen leiden. Dem wahrhaft Großen, Unendlichen, wenn man es konzipiert, kann man sich auf allen Wegen nähern; begreifen können wir keinen; wir müssen hoffen auf die göttliche Güte; und die sollte grade nach einem Pistolenschuß ihr Ende erreicht haben? — Unglück aller Art dürfte mich berühren? Jedem elenden Fieber, jedem Klotz, jedem Dachstein, jeder Ungeschicklichkeit sollte es erlaubt sein, nur mir nicht? Siechen auf Krankheits- und Unglückslagern sollt' ich müssen, und wenn es hoch und schön kommt, zu achtzig Jahren ein glücklicher imbécille werden, und von dreißig an schon mich ekelhaft deteriorieren? Ich freue mich, daß mein edler Freund — denn Freund ruf' ich ihm bitter und mit Tränen nach — das Unwürdige nicht duldete: gelitten hat er genug. — Keiner von denen, die ihn etwa tadeln, hätte ihm zehn Taler gereicht; Nächte gewidmet, Nachsicht mit ihm gehabt, hätt' er sich ihm nur zerstört zeigen können. Den ewigen Kalkul hätten sie nie unterbrochen, ob er wohl Recht, ob er wohl nicht Recht zu dieser Tasse Kaffee habe! Ich weiß von seinem Tod nichts, als daß er eine Frau, und dann sich erschossen hat. Es ist und bleibt ein Mut.

Wien, den 7. Februar 1812

Denen, die Heinrich nicht kannten, bleibt die Tat ewig ein tiefes Rätsel trotz allem, was darüber gesagt werden kann; am besten ist's, es werde fürs erste gar nichts mehr öffentlich darüber gesprochen, später wird die Wirkung größer und gewisser sein. — Da wir Christen sind, so ist die öffentliche Verteidigung eines Selbstmörders immer eine kitzlige Sache, ja selbst viele seiner Freunde sind zuerst Christen und dann erst Heinrichs Freunde, und darum finden auch die bessern etwas entsetzlich Verdammenswürdiges in seiner Tat, die als ein doppelter Mord und doppelte Verantwortlichkeit noch entsetzlicher erscheint. Ich für mein Teil bin zuerst Kleists Freund und dann erst Christ, und deswegen weicht meine Ansicht von der der meisten weithin ab, und ich bin nicht imstande, mich ihnen so über meinen Freund verständlich zu machen, wie ich es wünsche, und wie ich einsehe, daß es nötig ist, um ihn zu rechtfertigen. Dagegen, daß Kleist sich überhaupt den Tod gab, habe ich nichts, gar nichts, er war so gequält und zerrüttet, daß er den Tod mehr lieben mußte als das Leben, das ihm von allen Seiten so sauer gemacht wurde; nur so mußte er nicht sterben, so in unechter Exaltation versunken, oder doch versunken scheinend; er konnte würdiger, schöner enden; er hat es mir schwer gemacht, und das ist's, was mich schmerzt, Gefallen im Tode an ihm zu finden, so wie ich es im Leben an ihm gefunden hatte; und aus dieser Ursache hat mich seine Tat weniger erschüttert, als vielmehr mir wehegetan.

Der liebe gute Heinrich! Mit ihm ist die Seele untergegangen, die mich am besten verstand; und dennoch war's gut, daß er starb, das Herz war ihm schon lange gebrochen. Die Vogel steht daneben wie eine dumme Zufälligkeit; sie war nicht gemacht, weder durch ihr Leben, noch durch ihren

Tod, das gebrochene Herz aufzurichten, seine ältesten
Freunde hätten das nicht vermocht, geschweige denn sie, die
Bekannte von gestern, mit dem Gepräge des Unechten an
der Stirn. Doch genug von dem teuren Toten, Friede und
Segen über seine Asche. Ueber den ersten Eindruck weg
habe ich ihm völlig verziehen; sein Andenken wird mich
schmerzlich und tröstend zugleich durchs Leben begleiten.

## Marie v. Kleist an ihren Sohn Adolf

### Groß-Gievitz, den 10. Dezember 1811

Den Gram, den ich über Heinrichs Tod habe, kann ich
keinem Menschen aussprechen, und am wenigsten Dir, der
Du zu jung bist, um das ganze Schreckliche dieser Sache
einzusehn. Heinrich war ein vortrefflicher Mensch, in den
meisten Dingen der vortrefflichste, den ich je gesehen habe.
Diese angeborene Güte, Liebe, Sanftmut habe ich bei
keinem Menschen noch nie so eingefleischt gefunden, kein
Engel vom Himmel kann sie in einem höheren Grad besitzen. Auch war er von Natur gottesfürchtig und fromm.
Französische Literatur, Umgang mit Freigeistern hatten
leider Zweifel in ihn gebracht. Er rang, um sie loszu-
werden, er kämpfte nach Ueberzeugung. Das griff seinen
schwachen Körper an, dem er in seiner Jugend gewiß ge-
schadet hatte durch Genuß mancher Art. Uebrigens war er
ein Dichter. Und wenn er kein einziges Gedicht
erzeugt hätte, so war er doch seiner Natur nach
ein Dichter. Er war der poetischste, der romantischste
Mensch, den ich je gesehen, und so war vieles in ihm, was
wir nicht erklären können, noch begreifen. Er war wirklich
ein genialischer Mensch, und in einem solchen gibt es viele
Dinge, die sich nicht erklären lassen. Aber er war von einer
Redlichkeit, Biederkeit, Echtheit des Charakters, die mir
eigentlich einen so großen Abscheu für allen Schein, für alles
Prahlen, für alles Absichtliche im Leben gegeben. Ach! er ist

nicht mehr! Ich habe einen Freund verloren, wie wenige
Frauen sich rühmen können, einen zu haben. Sein Verlust
wäre mir immer schmerzhaft gewesen, aber die Umstände,
die ihn begleiten, machen das Gefühl zerstörend in mir.
Wenn Heinrich mehr gebetet, mehr religiöse Bücher gelesen
hätte, so hätte er diesen schauderhaften Entschluß nicht gefaßt.

Groß-Gievitz, den 18. Dezember 1811

Heinrichs Tod zerreißt mein Herz. Ein Mensch mit
diesen umfassenden Anlagen, mit diesen Talenten, mit
diesem Gemüte, so nichtsnutzig enden wie ein Lafontainischer
Romanenheld. — Mit einer ganz gemeinen Frau, wie
man sagt, daß diese gewesen ist, in der er nicht einmal
verliebt war, die häßlich, alt, eitel und ruhmsüchtig, und
sich eine Zelebrität hat geben wollen auf diese Weise. Nein,
Du hast keinen Begriff von dem, was ich empfinde bei dem
Gedanken. Für mich ist der Verlust dieses Menschen, der
mir so ergeben war, unersetzlich.

## Marie v. Kleist an Peguilhen

Groß-Gievitz, den 12. Dezember 1811

Der Mensch im Herbst seines Lebens ist wie der Baum
in dieser Jahreszeit, ein Blatt fällt nach dem andern von
ihm ab, und der schönste belaubteste Baum steht trauernd,
einsam und verlassen da, bis ein anderes Frühjahr ihn zu
einem neuen Leben erweckt. — Die Verluste, die ich seit
anderthalb Jahr erlitten, haben mich mehr als entlaubt,
sie haben mir die Krone gebrochen. Hier auf Erden kann
sie nie wieder grünen.

An Heinrich Kleist habe ich den Teilnehmer an allen
meinen Freuden, an allen meinen Leiden verloren. Es
war die sanfteste, wohltuendste Gesellschaft für mein Herz.
— Der Herr geht einen eigenen Weg mit mir, es ist, als
sollte ich vom Leben nur den tiefsten, unheilvollsten Schmerz

behalten, und mit jedem Schritt vorwärts wird mein
Lebensweg zugleich dorniger und — aber verzeihen Euer
Wohlgeboren diesen Ausbruch meines Kummers, doch jeder
schöne Genuß, jede kurze Freude ist mir ein ewiger
Schmerz, und da sind Klagen wohl zu entschuldigen.

Beiträge zu meines geliebten Vetters unglücklicher
Katastrophe kann ich Euer Wohlgeboren nicht mitteilen, so
vertraut auch meine Verbindung mit ihm war. So muß
ich gestehen, daß eine nähere Bekanntschaft mit der Frau
Rendantin Vogel nie zu meinem Wissen gelangt ist. Zuweilen, wenn er mich verließ, sagte er, er ginge in dieses
Haus oder mit dieser Gesellschaft spazieren, ohne sich je über
eine engere Verbindung mit Madame Vogel auszulassen.

Sowie meine Gesundheit mir erlaubt, nach Berlin zu
reisen, muß ich mir von Euer Wohlgeboren die Gefälligkeit eines Besuches erbitten, um die Veranlassung zu dieser
traurigen Begebenheit von Euer Wohlgeboren zu erfahren.

Mein Vetter hat mir den Auftrag gegeben, der mir
sehr heilig ist, die Kosten seiner Beerdigung dem Herrn
Kassenrendant Vogel zu erstatten. Wollen Euer Wohlgeboren so gütig sein und demselben sagen, daß der Major
v. Bülow, Gouverneur des Prinzen von Hessen, diese
Sache in meiner Abwesenheit übernimmt. Mit der größten
Hochachtung habe ich die Ehre zu sein Euer Wohlgeboren

ergebene Dienerin

Marie von Kleist.

Entschuldigen Dieselben dieses Geschmier, welches aber
im Bette geschieht. —

Meine Freunde haben mir erst gestern die Briefe meines
Vetters eingehändigt — aus Schonung für meine Gesundheit —, auch habe ich erst vor acht Tagen meinen Verlust
erfahren. Sonst hätte ich nicht ermangelt, meine Dankbarkeit Euer Wohlgeboren eher zu bezeigen. —

Manze, den 17. Februar 1830

Gewaltsam war ich aus meinem Geleise gerissen, mit blutigem Herzen suchte ich die Spur meines verlornen Lebens, strebte nach Haltung. Der Verlust des einzigen Freundes, der mich durch und durch kannte, wäre schon hinreichend gewesen, ein Gemüt wie das meine gänzlich zu zerreißen. Welchen Eindruck mußte ein so bizarres tragisches Ende auf meinen Geist, auf mein Herz, auf meine Individualität machen. Ich war verloren ohne meine Kinder und sehr liebe Freunde, bei denen mich dieses unglaubliche Schicksal traf. Ich lebte still und eingezogen in meinem Zimmer. Das Lesen und Wiederlesen der letzten Briefe, geschrieben in den letzten Augenblicken seines Daseins, war eine Art Trost durch den heftigen Schmerz, den sie in mir verursachten. Ich hoffte, kein Sterblicher könnte den überleben, und so nährte ich mich von diesen Briefen. Je m'abreuvais de douleurs! Je me nourrissais de douleurs. Oh! jamais tant que le monde existe, il n'a existé des lettres de ce genre, jamais une douleur comme la mienne. Elle était si gigantesque, si fort hors de la vie vulgaire que cet excès servait quelque fois à me tranquilliser. Alle großen Schicksale der Alten, alle Dichtungen der Alten waren mir begreiflich. Ich sah deutlich eine höhere Macht. Hätte er diese Frau geliebt, so war es nichts. Daß er aber mit derselben glühenden Leidenschaft für mich zu den Füßen einer andern sich erschoß, davon hat die Menschheit noch kein Beispiel. Daß seine letzten Worte, seine letzten Gedanken nur mir waren, mit derselben Glut, wie in der ersten Zeit seiner Liebe, das geht über allen menschlichen Begriff, diese Glut, die er nur fühlen und ausdrücken konnte. Was ist alle Liebe der Sterblichen hier auf Erden, was sind alle Romane,

alle Gedichte in Vergleich mit seiner Liebe und seinen
Briefen. Solch ein Feuer konnte nur in seiner Seele,
in seinem Herzen, in seinem Busen lodern. Aber eben
daher mußte ich sie verbrennen. Solche Briefe können nur
für einen Gegenstand geschrieben sein, die sind das Heiligste
im Menschen. So spricht er sich nicht zweimal im Leben
aus, und so kann sich auch keiner wieder aussprechen, weil
keiner so empfinden, so fühlen kann, wie dieser unbegreif-
liche Sterbliche!! Eine Poesie, wie die in seinem Brief
hat noch nie existiert, so wie nie eine solche Art Liebe, geschöpft aus allen Dichtern und Dichtungen der Vorwelt.


### Kleist

Er war ein Dichter und ein Mann, wie Einer,
Er brauchte selbst dem Höchsten nicht zu weichen,
An Kraft sind Wenige ihm zu vergleichen,
An unerhörtem Unglück, glaub ich, keiner.

Er stieg empor, die Welt ward klein und kleiner,
Und auf der Höhe, die wir nicht durch Schleichen,
Die wir nur fliegend, oder nie erreichen,
Ward über ihm der Aether immer reiner.

Doch, als er nun die Welt nicht mehr erblickte,
Da hatte sie ihn längst nicht mehr gesehen
Und frech ihm selbst das Dasein abgesprochen!

Nun mußt' er darben, wie er einst erstickte,
Ihm blieb nichts übrig, als zurückzugehen,
Doch lieber hat er seine Form zerbrochen.

Friedrich Hebbel

# Literatur


Heinrich v. Kleists hinterlassene Schriften. Hersg. v. Ludwig Tieck. Berlin, G. Reimer, 1821.

Heinrich v. Kleists gesammelte Schriften. Hersg. v. Ludwig Tieck. 3 Bände. Berlin, G. Reimer, 1826.

Heinrich v. Kleists ausgewählte Schriften. Hersg. v. Ludwig Tieck. 4 Bände. Berlin, G. Reimer, 1846.

Heinrich v. Kleists Leben und Briefe. Mit einem Anhang hersg. v. Eduard v. Bülow. Berlin, W. Besser, 1848.

Heinrich v. Kleists Briefe an seine Schwester Ulrike. Hersg. v. Aug. Koberstein. Berlin, E. H. Schroeder, 1860.

Heinrich v. Kleists Politische Schriften und andere Nachträge z. s. Werken. Mit einer Einleitung hersg. v. Rud. Köpke. Berlin, A. Charisius, 1862.

Heinrich v. Kleists Briefe an seine Braut. Zum ersten Mal vollst. n. d. Original-Handschrift hersg. v. Karl Biedermann. Breslau, Schottländer, 1884.

Heinrich v. Kleists Briefe an seine Schwester Ulrike. Mit Einl., Anmerk., Photogrammen und Anhang: A. d. Tagebuch Ludw. v. Brockes, hersg. v. S. Rahmer. Berlin, B. Behr, 1905.

Heinrich v. Kleists Werke. Im Verein m. Georg Minde-Pouet und Reinhold Steig hersg. v. Erich Schmidt. 5 Bände. Leipzig, Bibliogr. Institut, 1905.

Heinrich v. Kleists Sämtliche Werke und Briefe, hersg. v. Wilh. Herzog. 6 Bände. Leipzig, Insel-Verlag, 1908—1911.

Heinrich v. Kleists Sämtliche Werke, hersg. v. Arthur Eloesser. 5 Bände. Leipzig, Tempel-Verlag, 1910.

Ferner Ausgaben der Werke bei Reclam 1 Band (Hersg. Griesebach), Hesse u. Becker 1 Band (Hersg. Siegen), Cotta 2 Bände (Hersg. Muncker), Bong 2 Bände (m. Biogr. v. Wilbrandt, Hersg. Gilow u. a.).


*           *

Goethe, aus näherem persönlichem Umgang dargestellt v. Johannes Falk. Leipzig, Brockhaus, 1832.

Rahel, ein Buch des Andenkens, für ihre Freunde hersg. v. Varnhagen von Ense. 3 Bände. Berlin, Duncker u. Humblot, 1834.

Lebensgeschichte des Baron de la Motte Fouqué, aufgezeichnet durch ihn selbst. Halle, 1840.

Eine Selbstschau v. Heinrich Zschokke. Aarau, 1844.

Briefwechsel zwischen Friedr. Gentz und Adam Heinrich Müller 1800—29. Stuttgart, Cotta, 1857.

Der Erwerb aus einem vergangenen und die Erwartungen von einem zukünftigen Leben. Eine Selbstbiographie v. Gotth. Heinrich v. Schubert. 2 Bände. Erlangen, 1855.

Lebenserinnerungen und Briefwechsel v. Friedrich Raumer. Leipzig, 1861.

Heinrich v. Kleist v. Adolf Wilbrandt. Nördlingen, C. H. Beck, 1863.

Briefe an Ludwig Tieck, ausgew. und hersg. v. Karl v. Holtei. Breslau, 1864.

Heinrich v. Kleist v. Heinrich v. Treitschke. Histor. u. polit. Aufsätze. Neue Folge, 2. Teil. Leipzig, S. Hirzel, 1872.

Ueber die letzten Lebenstage H. v. Kleists und seiner Freundin v. Paul Lindau. Die Gegenwart, 1873, Nr. 31—34.

Briefe der Familie Körner, hersg. v. Albr. Weber. Deutsche Rundschau, 1878. Bd. XV, S. 461 ff.

Heinrich v. Kleist in der Schweiz, v. Theophil Zolling. Stuttgart, W. Spemann, 1882.

Heinrich v. Kleist, Ein erweiterter Vortrag v. Erich Schmidt. Charakteristiken. Berlin, Weidmannsche Buchhandlung, 1886.

Nachträge zu H. v. Kleists Leben von Theophil Zolling. Die Gegenwart, 1883, Nr. 34—38.

Heinrich v. Kleists Reise nach Würzburg v. Max Morris. Berlin, C. Skopnik, 1899.

Heinrich v. Kleists Berliner Kämpfe v. Reinhold Steig. Berlin und Stuttgart, W. Spemann, 1901.

Neue Kunde zu H. v. Kleist v. Reinhold Steig. Berlin, G. Reimer, 1902.

Heinrich v. Kleist v. Franz Servaes. Leipzig, E. A. Seemann, 1902.

Das Kleist-Problem v. S. Rahmer. Berlin, G. Reimer, 1903.

Ulrike v. Kleist über ihren Bruder Heinrich von Paul Hoffmann. Euphorion, 1903, Bd. X, S. 105 ff.

Heinrich v. Kleist. Eine Studie v. Arthur Eloesser. Berlin, Bard, Marquardt u. Co., 1905.

Kleist und die Romantik. Ein Versuch v. Ernst Kayka. Berlin, A. Duncker, 1906.

Heinrich v. Kleist und Wilhelmine v. Zenge von Martha Krug-Genthe. Journal of english and germanic philology, 1907. Bd. VI, S. 432 ff.

Heinrich v. Kleist als Mensch und Dichter von S. Rahmer. Berlin, G. Reimer, 1909.

Marie v. Kleist. Ihre Beziehungen zu H. v. Kleist (nach eig. Aufzeichnungen) von Bruno Hennig. Sonntagsbeilage zur Voss. Ztg., Sept. 1909, Nr. 37, 38.

Heinrich v. Kleists Leben, Werke und Briefe v. Arthur Eloesser. Leipzig, Tempel-Verlag, 1910.

Heinrich v. Kleist. Darstellung des Problems v. Hanna Hellmann. Heidelberg, C. Winter, 1911.

Kleist und Luise Wieland v. Bernhard Seuffert. Die Grenzboten, 1911, S. 308 ff.

Kleists Leben und Werke, dem deutschen Volke dargestellt v. Heinrich Meyer-Benfey. Göttingen, O. Hapke, 1911.

Das Kleistbuch von Julius Hart. Berlin, Borngräber, 1912.

Heinrich v. Kleists Gespräche. Nachrichten und Ueberlieferungen aus seinem Umgange, zum ersten Male gesammelt und hrsg. v. Flodoard Frhrn. v. Biedermann. Leipzig, Hesse und Becker, 1912.